DIE EDDA

Abb. 1: Bro. Kirche. I.

Die Edda

GÖTTERLIEDER, HELDENLIEDER UND SPRUCHWEISHEITEN DER GERMANEN

Vollständige Text-Ausgabe
in der Übersetzung
von Karl Simrock

Überarbeitete Neuausgabe
mit Nachwort und Register
von Manfred Stange

Mit 17 Abbildungen

BECHTERMÜNZ VERLAG

Umschlaggestaltung: Peter Engel, München
Umschlagbilder: Archiv für Kunst und Geschichte, Berlin
Satz: Cicero Lasersatz, Augsburg
Gesamtherstellung: Bercker Graphischer Betrieb GmbH, Kevelaer
Printed in Germany
ISBN 3-86047-107-4

Nachruf
an
Jacob Grimm
(1785–1863)

Ich wagte niemals Dir ein Buch zu weihn,
Zu hocherhaben standst Du ob uns allen;
Doch durfte meine Edda Dir gefallen:
Die frohe Kunde kam mir an den Rhein.

Ach, eine trübe scholl uns hinterdrein;
Du gingst hinüber zu der Väter Hallen
An Wilhelms Hand, in Glasirs Gold zu wallen;
Uns hegt ein seidner Faden noch den Hain.

Doch welche Wunder hast Du uns erschlossen!
Die deutsche Sprache sperrten sieben Siegel
Und sieben Riegel Recht und Poesie.

Nun haben wir Odhrörirs Trank genossen,
Sahn uns in Urdas weißer Flut im Spiegel;
Dein Bild, o Meister, doch entsinkt uns nie.

Abb. 2: Klinte Hunninge I.

Inhalt

Die Absicht, unsere Landsleute in das Heiligtum der Edda, dieser Eltermutter deutscher Sage und Dichtung einzuführen, möchten wir verfehlen, wenn sie sich gleich an der Schwelle, wie leicht geschehen könnte, durch die dunkel tönenden und schwer auszudeutenden Worte der Seherin [Die Ältere Edda, 1. Völuspa, S. 13–21] abschrekken ließen. Wollen sie unserm Rate folgen, so lesen sie zuerst die übrigen zur Göttersage gehörigen Lieder der Älteren Edda, und die Völuspa nicht eher, als bis sie sich durch jene und die ersten Abschnitte der Jüngeren Edda mit den Göttern Walhalls und ihren Schicksalen vertrauter gemacht haben. Es wird gut sein, jedes Lied erst für sich zu lesen. Mit der Jüngeren Edda überhaupt den Anfang zu machen, raten wir nicht, da sie doch eigentlich nur die Götterlieder, freilich nicht bloß die uns erhaltenen, erläutern will. Am besten wird sie wohl nebst den drei ersten Erzählungen der Skaldskaparmal unmittelbar nach den Götterliedern, mit Ausnahme der Völuspa, gelesen.
[Simrock]

[Die hochgestellten Zahlen im Text der Älteren Edda verweisen auf die von 1–65 numerierten Kapitel („Dämisaga“) der Jüngeren Edda (S. 259–340), die als Kommentar der Älteren Edda aufzufassen sind.]

I.

Die Ältere Edda

Göttersage: Götterlieder

Abb. 3: Karlsruher Reiter.

Abb. 4: Bildstein von Alskog-Tjängvide I.

1. Völuspa

Der Seherin Weissagung

1 Allen Edeln gebiet' ich Andacht,
Hohen und Niedern von Heimdalls Geschlecht;
Ich will Walvaters Wirken künden,
Die ältesten Sagen, der ich mich entsinne,

2 Riesen acht' ich die Urgeborenen,
Die mich vor Zeiten erzogen haben.
Neun Welten kenn' ich, neun Äste weiß ich
An dem starken Stamm[15] im Staub der Erde.

3 Einst war das Alter, da Ymir[4] lebte:
Da war nicht Sand nicht See, nicht salz'ge Wellen,
Nicht Erde fand sich noch Überhimmel,
Gähnender Abgrund und Gras nirgend.

4 Bis Börs Söhne[8] den Boden erhoben,
Sie, die das mächtige Midgard schufen.
Die Sonne von Süden schien auf die Felsen
Und dem Grund entgrünte grüner Lauch.

5 Die Sonne von Süden, des Mondes Gesellin,
Hielt mit der rechten Hand die Himmelrosse.
Sonne wußte nicht, wo sie Sitz hätte,
Mond wußte nicht, was er Macht hätte,
Die Sterne wußten nicht, wo sie Stätte hatten.

6 Da[14] gingen die Berater zu den Richterstühlen,
Hochheilige Götter hielten Rat.
Der Nacht und dem Neumond gaben sie Namen,
Hießen Morgen und Mitte des Tags,
Under und Abend, die Zeiten zu ordnen.

7 Die Asen einten sich auf dem Idafelde,
Hof und Heiligtum hoch sich zu zimmern.[14]
(Übten die Kräfte, alles versuchend,)
Erbauten Essen und schmiedeten Erz,
Schufen Zangen und schön Gezäh.

8 Sie warfen im Hofe heiter mit Würfeln
Und darbten goldener Dinge noch nicht.
Bis drei der Thursen- töchter kamen
Reich an Macht, aus Riesenheim.[14]

9 Da gingen die Berater zu den Richterstühlen,
Hochheilige Götter hielten Rat,
Wer schaffen sollte der Zwerge Geschlecht
Aus Brimirs Blut und Blâins Gliedern.

10 Da ward Modsognir, der mächtigste
Dieser Zwerge, und Durin nach ihm.
Noch manche machten sie menschengleich
Der Zwerge von Erde, wie Durin angab.

11 Nyi und Nidi, Nordri und Sudri,
Austri und Westri, Althiofr, Dwalin,
Nar und Nain, Nipingr, Dain,
Bifur, Bafur, Bömbur, Nori,
Ann und Anarr, Ai, Miödwitnir.

12 Weigr, Gandalfr, Windalfr, Thrain,
Theckr und Thorin, Thror, Witr und Litr,
Nar und Nyradr; nun sind diese Zwerge,
Regin und Raswidr, richtig aufgezählt.

13 Fili, Kili, Fundin, Nali,
Hepti, Wili, Hannar und Swior,
Billingr, Bruni, Bildr, Buri,
Frar, Hornbori, Frägr und Loni,
Aurwangr, Jari, Eikinskjaldi.

14 Zeit ist's, die Zwerge   von Dwalins Zunft
Den Leuten zu leiten   bis Lofar hinauf,
Die aus Gestein und   Klüften strebten
Von Aurwangs Tiefen   zum Erdenfeld.

15 Da war Draupnir   und Dolgthrasir,
Har, Haugspori,   Hläwangr, Gloi,
Skirwir, Wirwir,   Skafidr, Ai
Alfr und Yngwi,   Eikinskjaldi.

16 Fialar und Frosti,   Finnar und Ginnar,
Heri, Höggstari,   Hliodolfr, Moin.
So lange Menschen   leben auf Erden,
Wird zu Lofar hinauf   ihr Geschlecht geleitet.

17 Gingen da[9] dreie   aus dieser Versammlung,
Mächtige,   milde Asen zumal,
Fanden am Ufer   unmächtig
Ask und Embla   und ohne Bestimmung.

18 Besaßen nicht Seele   und Sinn noch nicht,
Nicht Blut noch Bewegung,   noch blühende Farbe.
Seele gab Odin,   Hönir gab Sinn,
Blut gab Lodur   und blühende Farbe.

19 Eine Esche weiß ich,   heißt Yggdrasil,[15] [16]
Den hohen Baum netzt   weißer Nebel;
Davon kommt der Tau,   der in die Täler fällt.
Immergrün steht er   über Urds Brunnen.

20 Davon[15] kommen Frauen,   vielwissende,
Drei aus dem See   dort unterm Wipfel.
Urd heißt die eine,   die andre Werdandi:
Sie schnitten Stäbe;   Skuld hieß die dritte.
Sie legten Lose,   das Leben bestimmten sie
Den Geschlechtern der Menschen,   das Schicksal verkündend.

21 Allein saß sie außen,   da der Alte kam,
Der grübelnde Ase,   und ihr ins Auge sah.
Warum fragt ihr mich?   Was erforscht ihr mich?
Alles weiß ich, Odin,   wo du dein Auge bargst:

22 In der vielbekannten Quelle Mimirs.
Met trinkt Mimir allmorgendlich
Aus Walvaters Pfand! Wißt ihr, was das bedeutet?[15]

23 Ihr gab Heervater Halsband und Ringe
Für goldene Sprüche und spähenden Sinn.
Denn weit und breit sah sie über die Welten all.

24 Ich sah Walküren[36] von weither kommen,
Bereit zu reiten zum Rat der Götter.
Skuld hielt den Schild, Skögul war die andre,
Gunn, Hilde, Göndul und Geirskögul.
Hier nun habt ihr Herians Mädchen,
Die als Walküren die Welt durchreiten.

25 Da wurde Völkermord in der Welt zuerst,
Da sie mit Geeren Gullweig (die Goldkraft) stießen,
In des Hohen Halle die helle brannten.
Dreimal verbrannt, ist sie dreimal geboren,
Oft, unselten, doch ist sie am Leben.

26 Heid hieß man sie, wohin sie kam,
Die Zukunft wissende; Zauber trieb sie.
Sudkunst konnte sie, Seelenheil raubte sie,
Übler Leute Liebling allezeit.

27 Da[42] gingen die Berater zu den Richterstühlen,
Hochheilige Götter hielten Rat,
Ob die Asen sollten Untreue strafen,
Oder alle Götter Sühnopfer empfangen.

28 Gebrochen war der Burgwall den Asen,
Schlachtkundge Wanen stampften das Feld.
Odin schleuderte über das Volk den Spieß:
Da wurde Völkermord in der Welt zuerst.

29 Da gingen die Berater zu den Richterstühlen,
Hochheilge Götter hielten Rat,
Wer mit Frevel hätte die Luft erfüllt,
Oder dem Riesenvolk Odhurs Braut gegeben.

30 Von Zorn bezwungen zögerte Thor nicht,
Er säumt selten, wo er solches vernimmt:
Da schwanden die Eide, Wort und Schwüre,
Alle festen Verträge, jüngst trefflich erdacht.

31 Ich weiß Heimdalls[27] Horn verborgen
Unter dem himmelhohen heiligen Baum.
Einen Strom seh' ich stürzen mit starkem Fall
Aus Walvaters Pfand: Wißt ihr, was das bedeutet?[15]

32 Östlich saß die Alte im Eisengebüsch
Und fütterte dort Fenrirs Geschlecht.
Von ihnen allen wird eins das schlimmste:
Des Mondes Mörder übermenschlicher Gestalt.

33 Ihn mästet das Mark gefällter Männer,
Der Seligen Saal besudelt das Blut.
Der Sonne Schein dunkelt in kommenden Sommern,
Alle Wetter wüten: Wißt ihr, was das bedeutet?

34 Da saß am Hügel und schlug die Harfe
Der Riesin Hüter, der heitre Egdir.
Vor ihm sang im Vogelwalde
Der hochrote Hahn, geheißen Fialar.

35 Den Göttern gellend sang Gullinkambi,
Weckte die Helden beim Heervater,
Unter der Erde singt ein andrer,
Der schwarzrote Hahn in den Sälen Hels.

36 Ich sah dem Baldur,[49] dem blühenden Opfer,
Odins Sohne, Unheil drohen.
Gewachsen war über die Wiesen hoch
Der zarte, zierliche Zweig der Mistel.

37 Von der Mistel kam, so dünkte mich,
Häßlicher Harm, da Hödur schoß.
(Baldurs Bruder war kaum geboren,
Als einnächtig Odins Erbe zum Kampf ging.[30.53]

Die Hände nicht wusch er, das Haar nicht kämmt' er,
Eh er zum Bühle trug Baldurs Töter.)
Doch Frigg beklagte in Fensal dort
Walhalls Verlust: Wißt ihr, was das bedeutet?

38 In Ketten lag im Quellenwalde
In Unholdgestalt der arge Loki.
Da sitzt auch Sigyn unsanfter Gebärde,
Des Gatten Waise: Wißt ihr, was das bedeutet?[50]

39 Gewoben weiß da Wala Todesbande,
Und fest geflochten die Fessel aus Därmen.
Viel weiß der Weise, sieht weit voraus
Der Welt Untergang, der Asen Fall.[51]
Gräßlich heult Garm vor der Gnipahöhle,
Die Fessel bricht, und Freki rennt.

40 Ein Strom wälzt ostwärts durch Eitertäler
Schlamm und Schwerter, der Slidur[4] heißt.

41 Nördlich stand an den Nidabergen
Ein Saal aus Gold für Sindris Geschlecht.
Ein andrer stand auf Okolnir,
Des Riesen Biersaal, Brimir genannt.[52]

42 Einen Saal seh' ich, der Sonne fern
In Nastrand,[52] die Türen sind nordwärts gekehrt.
Gifttropfen fallen durch die Fenster nieder;
Mit Schlangenrücken ist der Saal gedeckt.

43 Im starrenden Strome stehn da und waten
Meuchelmörder und Meineidige
(Und die andrer Liebsten ins Ohr geraunt).
Da saugt Nidhöggr die entseelten Leiber,
Der Menschenwürger: Wißt ihr, was das bedeutet?

44 Viel weiß der Weise, sieht weit voraus
Der Welt Untergang, der Asen Fall.

45 Brüder befehden sich und fällen einander,
Geschwisterte sieht man die Sippe brechen.
Der Grund erdröhnt, üble Disen fliegen;
Der eine schont des andern nicht mehr.

46 Unerhörtes ereignet sich, großer Ehbruch.
Beilalter, Schwertalter, wo Schilde krachen,
Windzeit, Wolfszeit, eh die Welt zerstürzt.

47 Muspels Söhne spielen, der Mittelstamm entzündet sich
Beim gellenden Ruf des Giallarhorns.
Ins erhobne Horn bläst Heimdall laut,
Odin murmelt mit Mimirs Haupt.

48 Yggdrasil zittert, die Esche, doch steht sie,
Es rauscht der alte Baum, da der Riese frei wird.
(Sie bangen alle in den Banden Hels
Bevor sie Surturs[4] Flamme verschlingt.)
Gräßlich heult Garm vor der Gnipahöhle,
Die Fessel bricht, und Freki rennt.

49 Hrym[51] fährt von Osten und hebt den Schild,
Jörmungandr wälzt sich im Jötunmute.
Der Wurm schlägt die Flut, der Adler facht,
Leichen zerreißt er; los wird Naglfar.

50 Der Kiel fährt von Osten, da kommen Muspels Söhne
Über die See gesegelt; sie steuert Loki.
Die wilden Riesen sind all mit dem Wolf;
Auch Bileists Bruder ist ihm verbündet.

51 Surtur fährt von Süden mit flammendem Schwert,
Von seiner Klinge scheint die Sonne der Götter.
Steinberge stürzen, Riesinnen straucheln,
Zu Hel fahren Helden, der Himmel klafft.

52 Was ist mit den Asen? Was ist mit den Alfen?
All Jötunheim ächzt, die Asen versammeln sich.
Die Zwerge stöhnen, vor steinernen Türen,
Der Bergwege Weiser: Wißt ihr, was das bedeutet?

53 Da hebt sich Hlins[35] anderer Harm,
Da Odin eilt zum Angriff des Wolfs.
Belis Mörder[35] mißt sich mit Surtur;
Schon fällt Friggs einzige Freude.

54 Nicht säumt Siegvaters erhabner Sohn
Mit dem Leichenwolf, Widar, zu fechten:
Er stößt dem Hwedrungssohn den Stahl ins Herz
Durch gähnenden Rachen: So rächt er den Vater.

55 Da kommt geschritten Hlodyns schöner Erbe,
Wider den Wurm wendet sich Odins Sohn.
Mutig trifft ihn Midgards Segner.
Doch fährt neun Fuß weit Fiörgyns Sohn
Weg von der Natter, die nichts erschreckte.
Alle Wesen müssen die Weltstatt räumen.

56 Schwarz wird die Sonne, die Erde sinkt ins Meer,
Vom Himmel schwinden die heitern Sterne.
Glutwirbel umwühlen den allnährenden Weltbaum,
Die heiße Lohe beleckt den Himmel.

57 Da[53] seh' ich auftauchen zum andernmale
Aus dem Wasser die Erde und wieder grünen.
Die Fluten fallen, darüber fliegt der Aar,
Der auf dem Felsen nach Fischen weidet.

58 Die Asen einen sich auf dem Idafelde,
Über den Weltumspanner zu sprechen, den großen.
Uralter Sprüche sind sie da eingedenk,
Von Fimbultyr gefundner Runen.

59 Da werden sich wieder die wundersamen
Goldenen Bälle im Grase finden,
Die in Urzeiten die Asen hatten,
Der Fürst der Götter und Fiölnirs[20] Geschlecht.

60 Da werden unbesät die Äcker tragen,
Alles Böse bessert sich, Baldur kehrt wieder.
In Heervaters Himmel wohnen Hödur und Baldur,
Die walweisen Götter. Wißt ihr, was das bedeutet?

61 Da kann Hönir selbst   sein Los sich wählen,
Und beider Brüder   Söhne bebauen
Das weite Windheim.   Wißt ihr, was das bedeutet?

62 Einen Saal seh' ich   heller als die Sonne,
Mit Gold bedeckt   auf Gimils Höhn:[3.17.52]
Da werden bewährte   Leute wohnen
Und ohne Ende   der Ehren genießen.

63 Da reitet der Mächtige   zum Rat der Götter,
Der Starke von oben,   der alles steuert.
Den Streit entscheidet er,   schlichtet Zwiste,
Und ordnet ewige   Satzungen an.

64 Nun kommt der dunkle   Drache geflogen,
Die Natter hernieder   aus Nidafelsen.
Das Feld überfliegend,   trägt er auf den Flügeln,
Nidhöggur, Leichen –   und nieder senkt er sich.

2. Grimnismal

Das Lied von Grimnir

König Hraudung hatte zwei Söhne: der eine hieß Agnar, der andere Geirröd. Agnar war zehn Winter, Geirröd acht Winter alt. Da ruderten beide auf einem Boot mit ihren Angeln zum Kleinfischfang. Der Wind trieb sie in die See hinaus. Sie scheiterten in dunkler Nacht an einem Strand, stiegen hinauf und fanden einen Hüttenbewohner, bei dem sie überwinterten. Die Frau pflegte Agnars, der Mann Geirröds und lehrte ihn schlauen Rat. Im Frühjahr gab ihnen der Bauer ein Schiff, und als er sie mit der Frau an den Strand begleitete, sprach er mit Geirröd allein. Sie hatten guten Wind und kamen zu dem Wohnsitz ihres Vaters. Geirröd, der vorn im Schiffe war, sprang ans Land, stieß das Schiff zurück und sprach: fahr nun hin in böser Geister Gewalt. Das Schiff trieb in die See, aber Geirröd ging hinauf in die Burg und ward da wohl empfangen. Sein Vater war eben gestorben, Geirröd ward also zum König eingesetzt und gewann große Macht.

Odin und Frigg saßen auf Hlidskialf und überschauten die Welt. Da sprach Odin: „Siehst du Agnar, deinen Pflegling, wie er in der Höhle mit einem Riesenweibe Kinder zeugt; aber Geirröd, mein Pflegling, ist König und beherrscht sein Land." Frigg sprach: „Er ist aber solch ein Neiding, daß er seine Gäste quält, weil er fürchtet, es möchten zu viele kommen." Odin sagte, das sei eine große Lüge; da wetteten die beiden hierüber. Frigg sandte ihr Schmuckmädchen Fulla zu Geirröd und trug ihr auf, den König zu warnen, daß er sich vor einem Zauberer hüte, der in sein Land gekommen sei, und gab zum Wahrzeichen an, daß kein Hund so böse sei, der ihn angreifen möge. Es war aber eine große Unwahrheit, daß König Geirröd seine Gäste so ungern speise; doch ließ er Hand an den Mann legen, den die Hunde nicht angreifen wollten.

Er trug einen blauen Mantel und nannte sich Grimnir, sagte aber nicht mehr von sich, auch wenn man ihn fragte. Der König ließ ihn zur Rede peinigen und setzte ihn zwischen zwei Feuer, und da saß er acht Nächte. König Geirröd hatte einen Sohn, der zehn Winter alt war und Agnar hieß nach des Königs Bruder. Agnar ging zu Grimnir, gab ihm ein volles Horn zu trinken und sagte, der König täte übel, daß er ihn schuldlos peinigen ließe. Grimnir trank es aus; da war das Feuer so weit gekommen, daß Grimnirs Mantel brannte. Er sprach:

1 Heiß bist du, Flamme, zuviel ist der Glut:
Laß uns scheiden, Lohe!
Schon brennt der Zipfel, zieh ich ihn gleich empor,
Feuer fängt der Mantel.

2 Acht Nächte fanden mich zwischen Feuern hier,
Daß mir niemand Nahrung bot
Als Agnar allein; allein soll auch herrschen
Geirröds Sohn über der Goten Land.

3 Heil dir, Agnar, da Heil dir erwünscht
Der Helden Herrscher.
Für einen Trunk mag kein andrer dir
Bessere Gabe bieten.

4 Heilig ist das Land, das ich liegen sehe
Den Asen nah und Alfen.
Dort in Thrudheim[21] soll Thor wohnen,
Bis die Götter vergehen.

5 Ydalir[31] heißt es, wo Uller hat
Den Saal sich erbaut.
Alfheim[17] gaben dem Freyr die Götter im Anfang
Der Zeiten als Zahngebinde.

6 Die dritte Halle hebt sich, wo die heitern Götter
Den Saal mit Silber deckten.
Walaskialf[12.30] heißt sie, die sich erwählte
Der Ase in alter Zeit.

7 Sökkwabeck[35] heißt die vierte, kühle Flut
Überrauscht sie immer;
Odin und Saga trinken alle Tage
Da selig aus goldnen Schalen.

8 Gladsheim[14] heißt die fünfte, wo golden schimmert
Walhalls weite Halle:
Da wählt sich Odin alle Tage
Vom Schwert erschlagne Männer.

9 Leicht erkennen können, die zu Odin kommen,
Den Saal, wenn sie ihn sehen:
Aus Schäften ist das Dach gefügt und mit Schilden bedeckt,
Mit Brünnen die Bänke bestreut.

10 Leicht erkennen können, die zu Odin kommen,
Den Saal, wenn sie ihn sehen:
Ein Wolf hängt vor dem westlichen Tor
Über ihm ein Aar.

11 Thrymheim[23] heißt die sechste, wo Thiassi hauste,
Jener mächtige Jote.
Nun bewohnt Skadi, die scheue Götterbraut,
Des Vaters alte Veste.

12 Die siebente ist Breidablick:[22] da hat Baldur sich
Die Halle erhöht
In jener Gegend, wo der Greuel ich
Die wenigsten lauern weiß.

13 Himinbiörg[17.27] ist die achte, wo Heimdall soll
Der Weihestatt walten.
Der Wächter der Götter trinkt in wonnigem Hause
Da selig den süßen Met.

14 Volkwang[23] ist die neunte: da hat Freyja Gewalt
Die Sitze zu ordnen im Saal.
Der Walstatt Hälfte wählt sie täglich;
Odin hat die andre Hälfte.

15 Glitnir[17.32] ist die zehnte; auf goldnen Säulen ruht
Des Saales Silberdach.
Da thront Forseti den langen Tag
Und schlichtet allen Streit.

16 Noatun[23] ist die elfte: da hat Niördr
Sich den Saal erbaut.
Ohne Mein und Makel der Männerfürst
Waltet hohen Hauses.

17 Mit Gesträuch begrünt sich und hohem Grase
Widars Land Widi.
Da steigt der Sohn auf den Sattel der Mähre,
Den Vater zu rächen bereit.

18 Andhrimnir[38] läßt in Eldrim
Sährimnir sieden,
Das beste Fleisch; doch erfahren wenige,
Was die Einherier essen.

19 Geri und Freki[38] füttert der krieggewohnte
Herrliche Heervater,
Da nur von Wein der waffenhehre
Odin ewig lebt.

20 Hugin und Munin[38] müssen jeden Tag
Über die Erde fliegen.
Ich fürchte, daß Hugin nicht nach Hause kehrt;
Doch sorg ich mehr um Munin.

21 Thundr ertönt, wo Thiodwitnirs
Fisch in der Flut spielt;
Des Stromes Ungestüm dünkt zu stark
Durch Walglaumir zu waten.

22 Walgrind heißt das Gitter, das auf dem Grunde steht
Heilig vor heil'gen Türen.
Alt ist das Gitter; doch ahnen wenige,
Wie sein Schloß sich schließt.

23 Fünfhundert Türen und viermal zehn
Wähn' ich in Walhall.[4]
Achthundert Einherier ziehn aus je einer,
Wenn es dem Wolf zu wehren gilt.

24 Fünfhundert Stockwerke   und viermal zehn
Weiß ich in Bilskirnirs[21] Bau.
Von allen Häusern,   die Dächer haben,
Glaub' ich meines Sohns das größte.

25 Heidrun[39] heißt die Ziege   vor Heervaters Saal,
Die an Lärads Laube zehrt.
Die Schale soll sie füllen   mit schäumendem Met;
Der Milch ermangelt sie nie.

26 Eikthyrnir[39] heißt der Hirsch   vor Heervaters Saal
Der an Lärads Laube zehrt.
Von seinem Horngeweih   tropft es nach Hwergelmir:
Davon stammen alle Ströme.

27 Sid und Wid, Sökin und Eikin,   Swöll und Gunthro,
Fiörm und Fimbulthul,
Rin und Rennandi,   Gipul und Göpul,
Gömul und Geirwimul.
Um die Götterwelt wälzen sich   Thyn und Win,
Thöll und Höll,   Grad und Gunthorin.

28 Wina heißt einer,   ein anderer Wegswinn,
Ein dritter Diotnuma.
Nyt und Nöt,   Nönn und Hrönn,
Slid und Hrid,   Sylgr und Ylgr,
Wid und Wan,   Wönd und Strönd,
Giöll und Leiptr: diese laufen den Menschen näher
Und von hier zur Hel hinab.[4.39]

29 Körmt und Örmt   und beide Kerlaug
Watet Thor täglich,
Wenn er reitet,   Gericht zu halten
Bei der Esche Yggdrasil;
Denn die Asenbrücke   steht all in Lohe,
Heilige Fluten flammen.[15]

30 Gladr und Gyllir,   Gler und Skeidbrimir,
Silfrintopp und Sinir,
Gisl und Falhofnir,   Gulltopp und Lettfeti:

Diese Rosse reiten die Asen
Täglich, wenn sie reiten,   Gericht zu halten
Bei der Esche Yggdrasil.

31 Drei Wurzeln strecken sich   nach drei Seiten
Unter der Esche Yggdrasil:
Hel wohnt unter einer,   unter der andern Hrimthursen,
Aber unter der dritten Menschen.

32 Ratatöskr[16] heißt das Eichhorn,   das auf und ab rennt
An der Esche Yggdrasil:
Des Adlers Worte   oben vernimmt es
Und bringt sie Nidhögger nieder.

33 Der Hirsche[16] sind vier,   die mit krummem Halse
An der Esche Ausschüssen weiden:
Dain und Dwalin,
Duneyr und Durathror.

34 Mehr Würme liegen   unter den Wurzeln der Esche
Als einer meint der unklugen Affen.
Gôin und Môin,   Grafwitnirs Söhne,
Grabakr und Grafwölludr,
Ofnir und Swafnir   sollen ewig
Von der Wurzeln Zweigen zehren.

35 Die Esche Yggdrasil   duldet Unbill
Mehr als Menschen wissen.
Der Hirsch weidet oben,   hohl wird die Seite,
Unten nagt Nidhöggr.

36 Hrist und Mist   sollen das Horn mir reichen,
Skeggöld und Skögul,
Hlöck und Herfiötr,   Hildur und Thrudr,
Göll und Geirölul;
Randgrid und Rathgrid   und Reginleif
Schenken den Einheriern Äl.

37 Arwakur und Aswidur[11]   sollen immerdar
Schmachtend die Sonne führen.
Unter ihre Bugen   bargen milde Mächte,
Die Asen, Eisenkühle.

38 Swalin heißt der Schild, der vor der Sonne steht,
Der glänzenden Gottheit.
Brandung und Berge verbrennen zumal,
Sinkt er von seiner Stelle.

39 Sköll[12] heißt der Wolf, der der scheinenden Gottheit
Folgt in die schützende Flut;
Hati der andre, Hrodwitnirs Sohn,
Eilt der Himmelsbraut voraus.

40 Aus Ymirs[6.8] Fleisch ward die Erde geschaffen,
Aus dem Schweiße die See,
Aus dem Gebein die Berge, die Bäume aus dem Haar,
Aus der Hirnschale der Himmel.

41 Aus den Augenbrauen schufen gütige Asen
Midgard den Menschensöhnen;
Aber aus seinem Hirn sind alle hartgemuten
Wolken erschaffen worden.

42 Ullers[31] Gunst hat und aller Götter,
Wer zuerst die Lohe löscht,
Denn die Aussicht öffnet sich den Asensöhnen,
Wenn der Kessel vom Feuer kommt.

43 Iwalts Söhne[61] gingen in Urtagen
Skidbladnir zu schaffen,
Das beste der Schiffe, für den schimmernden Freyr,
Niörds nützen Sohn.

44 Die Esche Yggdrasil[16.41] ist der Bäume erster,
Skidbladnir der Schiffe.
Odin der Asen, aller Rosse Sleipnir,
Bifröst der Brücken, Bragi der Skalden,
Habrok der Habichte, der Hunde Garm.

45 Mein Antlitz sahen nun der Sieggötter Söhne,
So wird mein Heil erwachen:
Alle Asen werden Einzug halten
Zu des Wütrichs Saal,
Zu des Wütrichs Mahl.

46 Ich heiße[20] Grimr und Gangleri,
Herian und Hialmberi,
Theckr und Thridi, Thudr und Udr,
Helblindi und Har.

47 Sadr und Swipal und Sanngetal,
Herteitr und Hnikar,
Bileigr, Baleigr, Bölwerkr, Fiölnir,
Grimur und Glapswidr.

48 Sidhöttr, Sidskeggr, Siegvater, Hnikudr,
Allvater, Walvater, Atridr und Farmathyr;
Eines Namens genügte mir nie,
Seit ich unter die Völker fuhr.

49 Grimnir hießen sie mich bei Geirrödr,
Bei Asmund Jalk;
Kialar schien ich, da ich Schlitten zog;
Thror dort im Thing;
Widr den Widersachern;
Oski und Omi, Jafnhar und Biflindi,
Göndlir und Harbard bei den Göttern.

50 Swidur und Swidrir hieß ich bei Söckmimir,
Als ich den alten Thursen trog,
Und Midwitnirs mutigen Sohn
Im Einzelkampf umbrachte.

51 Toll bist du, Geirrödr, hast zuviel getrunken,
Der Met ward dir Meister.
Viel verlorst du, meiner Liebe darbend:
Aller Einherier und Odins Huld.

52 Viel sagt' ich dir: du schlugst es in den Wind,
Die Vertrauten trogen dich.
Schon seh' ich liegen meines Lieblings Schwert
Vom Blut erblindet.

53 Die schwertmüde Hülle hebt nun Yggr auf,
Da das Leben dich ließ:
Abhold sind dir die Disen, nun magst du Odin schauen:
Komm heran, wenn du kannst.

54 Odin heiß' ich nun, Yggr hieß ich eben,
Thundr hab' ich geheißen.
Wakr und Skilfinger, Wafudr und Hroptatyr,
Gautr und Jalkr bei den Göttern,
Ofnir und Swafnir: deren Ursprung weiß ich
Aller aus mir allein.

König Geirröd saß und hatte das Schwert auf den Knien halb aus der Scheide gezogen. Als er aber vernahm, daß Odin gekommen sei, sprang er auf und wollte ihn aus den Feuern führen. Da glitt ihm das Schwert aus den Händen, der Griff nach unten gekehrt. Der König strauchelte und durch das Schwert, das ihm entgegenstand, fand er den Tod. Da verschwand Odin, und Agnar war da König lange Zeit.

3. Vafthrudnismal

Das Lied von Wafthrudnir

Odin

1 Rat' du mir nun, Frigg, da mich zu fahren lüstet
Zu Wafthrudnirs Wohnungen;
Denn groß ist mein Vorwitz über der Vorwelt Lehren
Mit dem allwissenden Joten zu streiten.

Frigg

2 Daheim zu bleiben, Heervater, mahn' ich dich
In der Asen Gehegen,
Da vom Stamm der Joten ich stärker keinen
Als Wafthrudnirn weiß.

Odin

3 Viel erfuhr ich, viel versucht' ich,
Befrug der Wesen viel;
Nun will ich wissen, wie's in Wafthrudnirs
Sälen beschaffen ist.

Frigg

4 Heil denn fahre, heil denn kehre,
Heil dir auf deinen Wegen!
Dein Witz bewähre sich, da du, Weltenvater,
Mit Riesen Rede tauschest. –

5 Fuhr da Odin, zu erforschen die Weisheit
Des allklugen Joten.
Er kam zu der Halle, die Ims Vater hatte;
Eintrat Yggr alsbald.

Odin

6 Heil dir, Wafthrudnir! In die Halle kam ich,
Dich selber zu sehen,
Zuerst will ich wissen, ob du weise bist
Und ein allwissender Jote.

Wafthrudnir

7 Wer ist der Mann, der in meinem Saal
Das Wort an mich wendet?
Aus kommst du nimmer aus unsern Hallen,
Wenn du nicht weiser bist.

Odin

8 Gangradr heiß' ich, die Wege ging ich
Durstig zu deinem Saal.
Bin weit gewandert, des Wirts, o Riese,
Und deines Empfangs bedürftig.

Wafthrudnir

9 Was hältst du und sprichst an der Hausflur, Gangradr?
Nimm dir Sitz im Saale:
So wird erkannt, wer kundiger sei,
Der Gast oder der graue Redner.

Gangradr

10 Kehrt Armut ein beim Überfluß
Spreche sie gut oder schweige.
Übeln Ausgang nimmt Übergeschwätzigkeit
Bei mürrischem Manne.

Wafthrudnir

11 Sage denn, so du von der Flur versuchen willst,
Gangradr, dein Glück,
Wie heißt der Hengst, der herzieht den Tag
Über der Menschen Menge?

Gangradr

12 Skinfaxi heißt er, der den schimmernden Tag zieht
Über der Menschen Menge.
Für der Füllen bestes gilt es den Völkern,
Stets glänzt die Mähne der Mähre.

Wafthrudnir

13 Sage denn, so du von der Flur versuchen willst,
Gangradr, dein Glück,
Den Namen des Rosses, das die Nacht bringt von Osten
Den waltenden Wesen?

Gangradr

14 Hrimfaxi heißt es, das die Nacht herzieht
Den waltenden Wesen.
Mehltau fällt ihm am Morgen vom Gebiß
Und füllt mit Tau die Täler.

Wafthrudnir

15 Sage denn, so du von der Flur versuchen willst,
Gangradr, dein Glück,
Wie heißt der Strom, der dem Stamm der Riesen
Den Grund teilt und den Göttern?

Gangradr

16 Ifing heißt der Strom, der dem Stamm der Riesen
Den Grund teilt und den Göttern.
Durch alle Zeiten zieht er offen,
Nie wird Eis ihn engen.

Wafthrudnir

17 Sage denn, so du von der Flur versuchen willst,
Gangradr, dein Glück,
Wie heißt das Feld, wo zum Kampf sich finden
Surtur und die sel'gen Götter?

Gangradr

18 Wigrid heißt das Feld, da zum Kampf sich finden
Surtur und die selgen Götter.
Hundert Rasten zählt es rechts und links:
Solcher Walplatz wartet ihrer.

Wafthrudnir

19 Klug bist du, Gast: geh' zu den Riesenbänken
Und laß uns sitzend sprechen.
Das Haupt stehe hier in der Halle zur Wette,
Wandrer, um weise Worte.

Gangradr

20 Sage zum ersten, wenn der Sinn dir ausreicht
Und du es weißt, Wafthrudnir,
Erd und Überhimmel, von wannen zuerst sie
Kamen? Kluger Jote!

Wafthrudnir

21 Aus Ymirs Fleisch[6.8] ward die Erde geschaffen,
Aus dem Gebein die Berge,
Der Himmel aus der Hirnschale des eiskalten Hünen,
Aus seinem Schweiße die See.

Gangradr

22 Sag' mir zum andern, wenn der Sinn dir ausreicht
Und du es weißt, Wafthrudnir,
Von wannen der Mond kommt, der über die Menschen fährt,
Und so die Sonne?

Wafthrudnir

23 Mundilföri[11] heißt des Mondes Vater
Und so der Sonne.
Sie halten täglich am Himmel die Runde
Und bezeichnen die Zeiten des Jahrs.

Gangradr

24 Sag' mir zum dritten, so du weise dünkst
Und du es weißt, Wafthrudnir,
Wer hat den Tag gezeugt, der über die Völker zieht,
Und die Nacht mit dem Neumond?

Wafthrudnir

25 Dellingr[10] heißt des Tages Vater,
Die Nacht ist von Nörwi gezeugt.
Des Mondes Wechsel schufen milde Wesen,
Die Zeiten des Jahrs zu bezeichnen.

Gangradr

26 Sag' mir zum vierten, wenn du's erforscht hast
Und du es weißt, Wafthrudnir,
Wannen der Winter kam und der warme Sommer
Zuerst den gütgen Göttern?

Wafthrudnir

27 Windswalir[19] heißt des Winters Vater,
Und Swasudr des Sommers.
Durch alle Zeiten ziehn sie selbander,
Bis die Götter vergehen.

Gangradr

28 Sag' mir zum fünften, wenn du's erforscht hast
Und du es weißt, Wafthrudnir,
Wer von den Asen der erste oder von Ymirs Geschlecht
Im Anfang aufwuchs?

Wafthrudnir

29 Im Urbeginn der Zeiten vor der Erde Schöpfung
Ward Bergelmir[7] geboren.
Drudgelmir war dessen Vater,
Oergelmir sein Ahn.

Gangradr

30 Sag' mir zum sechsten, wenn du sinnig dünkst
Und du es weißt, Wafthrudnir,
Woher Oergelmir kam den Kindern der Riesen
Zuerst? Allkluger Jote.

Wafthrudnir

31 Aus den Eliwagar[5] fuhren Eiertropfen
Und wuchsen, bis ein Riese ward.
Dann stoben Funken aus der südlichen Welt,
Und Lohe gab Leben dem Eis.

Gangradr

32 Sag' mir zum siebenten, wenn du sinnig dünkst
Und du es weißt, Wafthrudnir,
Wie zeugte Kinder der kühne Jötun,
Da er ohne Gattin ging?

Wafthrudnir

33 Unter des Reifriesen Arm wuchs, rühmt die Sage,
Dem Thursen Sohn und Tochter.
Fuß mit Fuß gewann dem furchtbaren Riesen
Sechsgehäupteten Sohn.

Gangradr

34 Sag' mir zum achten, wenn man dich weise achtet,
Daß du es weißt, Wafthrudnir.
Wes gedenkt dir zuerst, was weißt du das älteste?
Du bist ein allkluger Jötun.

Wafthrudnir

35 Im Urbeginn der Zeiten, vor der Erde Schöpfung
Ward Bergelmir[7] geboren.
Des gedenk' ich zuerst, daß der allkluge Jötun
Im Boot geborgen ward.

Gangradr

36 Sag' mir zum neunten, wenn man dich weise nennt
Und du es weißt, Wafthrudnir,
Woher der Wind kommt, der über die Wasser fährt,
Unsichtbar den Erdgebornen.

Wafthrudnir

37 Hräswelg[18] heißt, der an Himmels Ende sitzt,
In Adlerskleid ein Jötun.
Mit seinen Fittichen facht er den Wind
Über alle Völker.

Gangradr

38 Sag' mir zum zehnten, wenn der Götter Zeugung
Du weißt, Wafthrudnir,
Wie kam Niördr aus Noatun
Unter die Asensöhne?[23]
Höfen und Heiligtümern hundert gebietet er
Und ist nicht asischen Ursprungs.

Wafthrudnir

39 In Wanaheim schufen ihn weise Nächte
Und gaben ihn Göttern zum Geisel.
Am Ende der Zeiten soll er aber kehren
Zu den weisen Wanen.

Gangradr

40 Sag' mir zum elften, wenn der Asen Geschicke
Du weißt, Wafthrudnir,
In Heervaters Halle, was die Helden schaffen,
Bis die Götter vergehen?

Wafthrudnir

41 Die Einherier[41] alle in Odins Saal
Streiten Tag für Tag;
Sie wählen den Wal und reiten vom Kampf heim,
Mit Asen Äl zu trinken,
Und Sährimnirs satt,
Sitzen sie friedlich beisammen.

Gangradr

42 Sag' mir zum zwölften, wenn der Götter Zukunft
Du alle weißt, Wafthrudnir,
Von der Joten und aller Asen Geheimnissen
Sag' mir das Sicherste,
Allkluger Jötun.

Wafthrudnir

43 Von der Joten und aller Asen Geheimnissen
Kann ich Sicheres sagen,
Denn alle Welt durchwandert' ich;
Neun Reiche bereist' ich bis Niflheim nieder;
Da fahren die Helden zu Hel.

Gangradr

44 Viel erfuhr ich, viel versucht' ich
Befrug der Wesen viel.
Wer lebt und leibt noch, wenn der lang besungne
Schreckenswinter schwand?

Wafthrudnir

45 Lif und Lifthrasir leben verborgen
In Hoddmimirs Holz.[53]
Morgentau ist all ihr Mahl:
Von ihnen stammt ein neu' Geschlecht.

Gangradr

46 Viel erfuhr ich, viel versucht' ich,
Befrug der Wesen viel.
Wie kommt eine Sonne an den klaren Himmel,
Wenn diese Fenrir fraß?

Wafthrudnir

47 Eine Tochter entstammt der strahlenden Göttin,
Eh der Wolf sie würgt:
Glänzend fährt nach der Götter Fall
Die Maid auf den Wegen der Mutter.

Gangradr

48 Viel erfuhr ich, viel versucht' ich,
Befrug der Wesen viel.
Wie heißen die Mädchen, die das Meer der Zeit
Vorwissend überfahren?

Wafthrudnir

49 Drei über der Völker Vesten schweben
Mögthrasirs Mädchen,
Die einzigen Huldinnen der Erdenkinder,
Wenn auch bei Riesen auferzogen.

Gangradr

50 Viel erfuhr ich, viel versucht' ich,
Befrug der Wesen viel.
Wer waltet der Asen des Erbes der Götter,
Wenn Surturs Lohe losch?

Wafthrudnir

51 Widar und Wali walten des Heiligtums,
Wenn Surturs Lohe losch.[53]
Modi und Magni sollen Miöllnir schwingen
Und zu Ende kämpfen den Krieg.

Gangradr

52 Viel erfuhr ich, viel versucht' ich,
Befrug der Wesen viel.
Was wird Odins Ende werden,
Wenn die Götter vergehen?

Wafthrudnir

53 Der Wolf erwürgt den Vater der Welten:
Das wird Widar rächen.
Die kalten Kiefer wird er klüften
Im letzten Streit dem starken.[51]

Gangradr

54 Viel erfuhr ich, viel versucht' ich
Befrug der Wesen viel.
Was sagte Odin ins Ohr dem Sohn,
Eh er die Scheitern bestieg?

Wafthrudnir

55 Nicht einer weiß, was in der Urzeit du
Sagtest dem Sohn ins Ohr.
Den Tod auf dem Munde meldet' ich Schicksalsworte
Von der Asen Ausgang.
Mit Odin kämpft' ich in klugen Reden;
Du wirst immer der Weiseste sein.

4. Hrafnagaldr Odins

Odins Rabenzauber

1 Allvater waltet, Alfen verstehen,
Wanen wissen, Nornen weisen,
Iwidie nährt, Menschen dulden,
Thursen erwarten, Walküren trachten.

2 Die Asen ahnten übles Verhängnis,
Verwirrt von widrigen Winken der Seherin.
Urd sollte Odhrörir bewachen,
Wenn sie wüßte so großem Schaden zu wehren.

3 Auf hub sich Hugin[38] den Himmel zu suchen;
Unheil fürchteten die Asen, verweil' er.
Thrains Ausspruch ist schwerer Traum,
Dunkler Traum ist Dains Ausspruch.

4 Den Zwergen schwindet die Stärke. Die Himmel
Neigen sich nieder zu Ginnungs Nähe.[5]
Alswidr[11] läßt sie oftmals sinken,
Oft die sinkenden hebt er aber empor.

5 Nirgend haftet Sonne noch Erde,
Es schwanken und stürzen die Ströme der Luft.
An Mimirs klarer Quelle versiegt
Die Weisheit der Männer. Wißt ihr, was das bedeutet?

6 Im Tale weilt die vorwissende Göttin
Hinab von Yggdrasils Esche gesunken,
Alfengeschlechtern Idun genannt,
Die jüngste von Iwalts[61] ältern Kindern.

7 Schwer erträgt sie dies Niedersinken
Unter des Laubbaums Stamm gebannt.
Nicht behagt es ihr bei Nörwis[10] Tochter
An heitere Wohnung gewöhnt so lange.

8 Die Sieggötter sehen die Sorge Nannas
Um die niedre Wohnung: sie geben ihr ein Wolfsfell.
Damit bekleidet, verkehrt sie den Sinn,
Freut sich der Auskunft, erneut die Farbe.

9 Wählte Widrir,[6] den Wächter der Brücke,
Den Giallarertöner,[27] die Göttin zu fragen,
Was sie wisse von den Weltgeschicken.
Ihn geleiten Loptr und Bragi.[16]

10 Weihlieder sangen, auf Wölfen ritten
Die Herrscher und Hüter der Himmelswelt.
Odin spähte von Hlidskialfs Sitz
Und wandte weit hinweg die Zeugen.

11 Der Weise fragte die Wächterin des Tranks,
Ob von den Asen und ihren Geschicken
Unten im Hause der Hel sie wüßten
Anfang und Dauer und endlichen Tod.

12 Sie mochte nicht reden, nicht melden konnte sie's:
Wie begierig sie fragten, sie gab keinen Laut.
Zähren schossen aus den Spiegeln des Haupts,
Mühsam verhehlt, und netzten die Hände.

13 Wie schlafbetäubt erschien den Göttern
Die Harmvolle, die des Worts sich enthielt.
Je mehr sie sich weigerte, je mehr sie bedrängten;
Doch mit allem Forschen erfragten sie nichts.

14 Da fuhr hinweg der Vormann der Botschaft,
Der Hüter von Herians gellendem Horn.
Den Sohn der Nal nahm er zum Begleiter;[33]
Als Wächter der Schönen blieb Odins Skalde.[26]

15 Gen Wingolf kehrten Widrirs Gesandte,
Beide von Forniots Freunden getragen.
Ein traten sie jetzt und grüßten die Asen,
Yggrs Gefährten beim fröhlichen Mahl.

16 Sie wünschten dem Odin, dem seligsten Asen,
Lang auf dem Hochsitz der Lande zu walten;
Den Göttern, beim Gastmahl vergnügt sich zu reihen,
Bei Allvater ewiger Ehren genießend.

17 Nach Bölwerks[58] Gebot auf die Bänke verteilt,
Von Sährimnir speisend, saßen die Götter.
Skögul schenkte in Hnikars Schalen
Den Met und maß ihn aus Mimirs Horn.

18 Mancherlei fragten über dem Mahle
Den Heimdall die Götter, die Göttinnen Loki,
Ob Spruch und Spähung gespendet die Jungfrau –
Bis Dunkel am Abend den Himmel deckte.

19 Übel sagten sie, sei es ergangen,
Erfolglos die Werbung, und wenig erforscht.
Nur mit List gewinnen ließe der Rat sich,
Daß ihnen die Göttliche Auskunft gäbe.

20 Antwort gab Omi,[3] sie alle hörten es:
„Die Nacht ist zu nützen zu neuem Entschluß.
Bis morgen bedenke, wer es vermag,
Glücklichen Rat den Göttern zu finden.“

21 Über die Wege von Walis Mutter
Nieder sank die Nahrung Fenris.
Vom Gastmahl schieden die Götter, entlassend
Hroptr und Frigg, als Hrimfaxi[10] auffuhr.

22 Da hebt sich von Osten aus den Eliwagar[5]
Des reifkalten Riesen[10] dornige Rute,
Mit der er in Schlaf die Völker schlägt,
Die Midgard bewohnen, vor Mitternacht.

23 Die Kräfte ermatten, ermüden die Arme,
Schwindelnd wankt der weiße Schwertgott.[27]
Ohnmacht befällt sie in der eisigen Nachtluft,
Die Sinne schwanken der ganzen Versammlung.

24 Da trieb aus dem Tore wieder der Tag
Sein schön mit Gestein geschmücktes Roß;
Weit über Mannheim glänzte die Mähne:
Des Zwergs Überlisterin zog es im Wagen.

25 Am nördlichen Rand der nährenden Erde
Unter des Urbaums äußerste Wurzel
Gingen zur Ruhe Gygien und Thursen,
Gespenster, Zwerge und Schwarzalfen.

26 Auf standen die Herrscher und die Alfenbestrahlerin;
Die Nacht sank nördlich gen Niflheim.
Ulfrunas Sohn stieg Argiöl[27] hinan,
Der Hornbläser, zu den Himmelsbergen.

Abb. 5: Gürtelblech von Watsch-Vače.

5. Vegtamskvida [oder **Baldrs draumar**]

Das Wegtamslied [oder Balders Träume]

1 Die Asen eilten all zur Versammlung
Und die Asinnen all zum Gespräch:
Darüber berieten die himmlischen Richter,
Warum den Baldur böse Träume schreckten.

2 (Ihm schien der schwere Schlaf ein Kerker,
Verschwunden des süßen Schlummers Labe.
Da fragten die Fürsten vorschaunde Wesen,
Ob ihnen das wohl Unheil bedeute?

3 Die Gefragten sprachen: „Dem Tode verfallen ist
Ullers[31] Freund, so einzig lieblich.“
Darob erschraken Swafnir und Frigg,
Und alle die Fürsten, sie faßten den Schluß:

4 „Wir wollen besenden die Wesen alle,
Frieden erbitten, daß sie Baldurn nicht schaden.“
Alles schwur Eide, ihn zu verschonen;
Frigg nahm die festen Schwür' in Empfang.

5 Allvater achtete das ungenügend,
Verschwunden schienen ihm die Schutzgeister all.
Die Asen berief er, Rat zu heischen;
Am Mahlstein gesprochen ward mancherlei.)

6 Auf stand Odin, der Allerschaffer,
Und schwang den Sattel auf Sleipnirs[42] Rücken.
Nach Niflheim hernieder ritt er;
Da kam aus Hels Haus ein Hund ihm entgegen,

7 Blutbefleckt   vorn an der Brust,
Kiefer und Rachen   klaffend zum Biß,
So ging er entgegen,   mit gähnendem Schlund,
Dem Vater der Lieder   und bellte laut.
Fort ritt Odin,   die Erde dröhnte,
Zu dem hohen Hause   kam er der Hel.

8 Da ritt Odin   ans östliche Tor,
Wo er wußte   der Wala Hügel.
Das Wecklied begann er   der Weisen zu singen
(Nach Norden schauend,   schlug er mit dem Stabe,
Sprach die Beschwörung,   Bescheid erheischend),
Bis gezwungen sie aufstand,   Unheil verkündend.

Wala

9 Welcher der Männer,   mir unbekannter,
Schafft die Beschwerde mir   solchen Gangs?
Schnee beschneite mich,   Regen beschlug mich,
Tau beträufte mich,   tot war ich lange.

Odin

10 Ich heiße Wegtam,   bin Waltams Sohn,
Wie ich von der Oberwelt,   sprich von der Unterwelt.
Wem sind die Bänke   mit Baugen (Ringen) bestreut,
Die glänzenden Betten   mit Gold bedeckt?

Wala

11 Hier steht dem Baldur   der Becher eingeschenkt,
Der schimmernde Trank,   vom Schild bedeckt.
Die Asen alle   sind ohne Hoffnung.
Genötigt sprach ich,   nun will ich schweigen.

Wegtam

12 Schweig' nicht, Wala,   ich will dich fragen,
Bis alles ich weiß.   Noch wüßt' ich gerne:
Welcher der Männer   ermordet Baldurn,
Wird Odins Erben   das Ende fügen?

Wala

13 Hierher bringt Hödur[28] den hochberühmten,
Er wird der Mörder werden Baldurs,
Wird Odins Erben das Ende fügen.[49]
Genötigt sprach ich, nun will ich schweigen.

Wegtam

14 Schweig' nicht, Wala, ich will dich fragen,
Bis alles ich weiß. Noch wüßt' ich gerne:
Wer wird uns Rache gewinnen an Hödur,
Und zum Bühle bringen Baldurs Mörder?

Wala

15 Rindur[30.36] im Westen gewinnt den Sohn,
Der einnächtig, Odins Erbe, zum Kampf geht.
Er wäscht die Hand nicht, das Haar nicht kämmt er,
Bis er zum Bühle brachte Baldurs Mörder.
Genötigt sprach ich, nun will ich schweigen.

Wegtam

16 Schweig' nicht, Wala, ich will dich fragen,
Bis alles ich weiß. Noch wüßt' ich gerne:
Wie heißt das Weib, die nicht weinen will
Und himmelan werfen des Hauptes Schleier?
Sage das eine noch, nicht eher schläfst du.

Wala

17 Du bist nicht Wegtam, wie erst ich wähnte,
Odin bist du, der Allerschaffer.

Odin

18 Du bist keine Wala, kein wissendes Weib,
Vielmehr bist du dreier Thursen Mutter.

Wala

19 Heim reit' nun, Odin, und rühme dich:
Kein Mann kommt mehr, mich zu besuchen,
Bis los und ledig Loki der Bande wird
Und der Götter Dämmerung verderbend einbricht.

6. Havamal

Des Hohen Lied
[1. Teil]

1 Der Ausgänge halber, bevor du eingehst,
Stelle dich sicher,
Denn ungewiß ist, wo Widersacher
Im Hause halten.

2 Heil dem Geber! Der Gast ist gekommen:
Wo soll er sitzen?
Atemlos ist, der unterwegs
Sein Geschäft besorgen soll.

3 Wärme wünscht, der vom Wege kommt
Mit erkaltetem Knie;
Mit Kost und Kleidern erquicke den Wandrer,
Der über Felsen fuhr.

4 Wasser bedarf, der Bewirtung sucht,
Ein Handtuch und holde Nötigung.
Mit guter Begegnung erlangt man vom Gaste
Wort und Wiedervergeltung.

5 Witz bedarf man auf weiter Reise;
Daheim hat man Nachsicht.
Zum Augengespött wird der Unwissende,
Der bei Sinnigen sitzt.

6 Doch steife sich niemand auf seinen Verstand,
Acht hab er immer.
Wer klug und wortkarg zum Wirte kommt
Schadet sich selten:
Denn festern Freund als kluge Vorsicht
Mag der Mann nicht haben.

7 Vorsichtiger Mann,   der zum Mahle kommt,
Schweigt lauschend still.
Mit Ohren horcht er,   mit Augen späht er,
Und forscht zuvor verständig.

8 Selig ist,   der sich erwirbt
Lob und guten Leumund.
Unser Eigentum   ist doch ungewiß
In des andern Brust.

9 Selig ist,   wer selbst sich mag
Im Leben löblich raten,
Denn übler Rat   wird oft dem Mann
Aus des andern Brust.

10 Nicht beßre Bürde   bringt man auf Reisen
Als Wissen und Weisheit.
So frommt das Gold   in der Fremde nicht,
In der Not ist nichts so nütze.

11 Nicht üblern Begleiter   gibt es auf Reisen
Als Betrunkenheit ist,
Und nicht so gut   als mancher glaubt
Ist Äl den Erdensöhnen,
Denn um so minder,   je mehr man trinkt,
Hat man seiner Sinne Macht.

12 Der Vergessenheit Reiher   überrauscht Gelage
Und stiehlt die Besinnung.
Des Vogels Gefieder   befing auch mich
In Gunnlöds Haus und Gehege.

13 Trunken ward ich   und übertrunken
In des schlauen Fialars Felsen.
Trunk mag taugen,   wenn man ungetrübt
Sich den Sinn bewahrt.

14 Schweigsam und vorsichtig   sei des Fürsten Sohn
Und kühn im Kampf.
Heiter und wohlgemut   erweise sich jeder
Bis zum Todestag.

15 Der unwerte Mann meint ewig zu leben,
Wenn er vor Gefechten flieht.
Das Alter gönnt ihm doch endlich nicht Frieden,
Obwohl der Speer ihn spart.

16 Der Tölpel glotzt, wenn er zum Gastmahl kommt,
Murmelnd sitzt er und mault.
Hat er sein Teil getrunken hernach,
So sieht man, welchen Sinns er ist.

17 Der weiß allein, der weit gereist ist,
Und vieles hat erfahren,
Welches Witzes jeglicher waltet,
Wofern ihm selbst der Sinn nicht fehlt.

18 Lange zum Becher nur, doch leer' ihn mit Maß,
Sprich gut oder schweig.
Niemand wird es ein Laster nennen,
Wenn du früh zur Ruhe fährst.

19 Der gierige Schlemmer, vergißt er der Tischzucht,
Schlingt sich schwere Krankheit an;
Oft wirkt Verspottung, wenn er zu Weisen kommt,
Törichtem Mann sein Magen.

20 Selbst Herden wissen, wann zur Heimkehr Zeit ist,
Und gehn vom Grase willig;
Der Unkluge kennt allein nicht
Seines Magens Maß.

21 Der Armselige, Übelgesinnte
Hohnlacht über alles
Und weiß doch selbst nicht, was er wissen sollte,
Daß er nicht fehlerfrei ist.

22 Unweiser Mann durchwacht die Nächte
Und sorgt um alle Sachen;
Matt nur ist er, wenn der Morgen kommt,
Der Jammer währt, wie er war.

23 Ein unkluger Mann meint sich alle hold,
Die ihn lieblich anlachen.
Er versieht es sich nicht, wenn sie Schlimmes von ihm reden,
So er zu Klügern kommt.

24 Ein unkluger Mann meint sich alle hold,
Die ihm kein Widerwort geben;
Kommt er vor Gericht, so erkennt er bald,
Daß er wenig Anwälte hat.

25 Ein unkluger Mann meint alles zu können,
Wenn er sich einmal zu wahren wußte.
Doch wenig weiß er, was er antworten soll,
Wenn er mit Schwerem versucht wird.

26 Ein unkluger Mann, der zu andern kommt,
Schweigt am besten still.
Niemand bemerkt, daß er nichts versteht,
So lang er zu sprechen scheut.
Nur freilich weiß, wer wenig weiß,
Auch das nicht, wann er schweigen soll.

27 Weise dünkt sich schon, wer zu fragen weiß,
Und zu sagen versteht;
Doch Unwissenheit mag kein Mensch verbergen,
Der mit Leuten leben muß.

28 Der schwatzt zuviel, der nimmer geschweigt
Eitel unnützer Worte.
Die zappelnde Zunge, die kein Zaum verhält,
Ergellt sich selten Gutes.

29 Mach' nicht zum Spott der Augen den Mann,
Der vertrauend Schutz will suchen.
Klug dünkt sich leicht, der von keinem befragt wird
Und mit heiler Haut daheim sitzt.

30 Klug dünkt sich gern, wer, Gast den Gast
Verhöhnend, Heil in der Flucht sucht.
Oft merkt zu spät, der beim Mahle Hohn sprach,
Wie grämlichen Feind er ergrimmte.

31 Zu oft geschieht's, daß sonst nicht Verfeindete
Sich als Tischgesellen schrauben.
Dieses Aufziehn wird ewig währen:
Der Gast grollt dem Gaste.

32 Bei Zeiten nehme den Imbiß zu sich,
Der nicht zu gutem Freunde fährt.
Sonst sitzt er und schnappt und will verschmachten
Und hat zum Reden nicht Ruhe.

33 Ein Umweg ist's zum untreuen Freunde,
Wohnt er gleich am Wege;
Zum trauten Freunde führt ein Richtsteig,
Wie weit der Weg sich wende.

34 Zu gehen schickt sich, nicht zu gasten stets
An derselben Statt.
Der Liebe wird leid, der lange weilt
In des andern Haus.

35 Eigen Haus, ob eng, geht vor,
Daheim bist du Herr,
Zwei Ziegen nur und dazu ein Strohdach
Ist besser als Betteln.

36 Eigen Haus, ob eng, geht vor,
Daheim bist du Herr.
Das Herz blutet jedem, der erbitten muß
Sein Mahl alle Mittag.

37 Von seinen Waffen weiche niemand
Einen Schritt im freien Feld:
Niemand weiß unterwegs, wie bald
Er seines Speers bedarf.

38 Nie fand ich so milden und kostfreien Mann,
Der nicht gerne Gab' empfing,
Mit seinem Gute so freigebig keinen,
Dem Lohn wär leid gewesen.

39 Des Vermögens, das der Mann erwarb,
Soll er sich selbst nicht Abbruch tun:
Oft spart man dem Leiden, was man dem Lieben bestimmt;
Viel fügt sich schlimmer als man denkt.

40 Freunde sollen mit Waffen und Gewändern sich erfreun,
Den schönsten, die sie besitzen:
Gab' und Gegengabe begründet Freundschaft,
Wenn sonst nichts entgegen steht.

41 Der Freund soll dem Freunde Freundschaft bewähren
Und Gabe gelten mit Gabe.
Hohn mit Hohn soll der Held erwidern,
Und Losheit mit Lüge.

42 Der Freund soll dem Freunde Freundschaft bewähren,
Ihm selbst und seinen Freunden.
Aber des Feindes Freunde soll niemand
Sich gewogen erweisen.

43 Weißt du den Freund, dem du wohl vertraust,
Und erhoffst du Holdes von ihm,
So tausche Gesinnung und Geschenke mit ihm,
Und suche manchmal sein Haus heim.

44 Weißt du den Mann, dem du wenig vertraust,
Und hoffst doch Holdes von ihm,
Sei fromm in Worten und falsch im Denken
Und zahle Losheit mit Lüge.

45 Weißt du dir wen, dem du wenig vertraust,
Weil dich sein Sinn verdächtig dünkt,
Den magst du anlachen und an dich halten:
Die Vergeltung gleiche der Gabe.

46 Jung war ich einst, da ging ich einsam
Verlaßne Wege wandern.
Doch fühlt' ich mich reich, wenn ich andere fand:
Der Mann ist des Mannes Lust.

47 Der milde, mutige   Mann ist am glücklichsten,
Den selten Sorge beschleicht;
Doch der Verzagte   zittert vor allem,
Den Geizigen reut stets das Geschenk.

48 Mein Gewand   gab ich im Walde
Moosmännern zweien.
Bekleidet dünkten   sie Kämpen sich gleich,
Während Hohn den Nackten neckt.

49 Der Dornbusch dort,   der im Dorfe steht,
Ihm bleibt nicht Blatt noch Borke.
So geht es dem Mann,   den niemand mag:
Was soll er länger leben?

50 Heißer brennt   als Feuer der Bösen
Freundschaft fünf Tage lang;
Doch sicher am sechsten   ist sie erstickt
Und alle Lieb' erloschen.

51 Die Gabe muß   nicht immer groß sein:
Oft erwirbt man mit wenigem Lob.
Ein halbes Brot,   eine Neig' im Becher
Gewann mir wohl den Gesellen.

52 Wie Körner im Sand,   klein an Verstand,
Ist kleiner Seelen Sinn.
Ungleich ist   der Menschen Einsicht;
Zwei Hälften hat die Welt.

53 Der Mann muß   mäßig weise sein,
Doch nicht allzu weise.
Das schönste Leben   ist dem beschieden,
Der recht weiß, was er weiß.

54 Der Mann muß   mäßig weise sein,
Doch nicht allzu weise.
Des Weisen Herz   erheitert sich selten,
Wenn er zu weise wird.

55 Der Mann muß mäßig weise sein,
Doch nicht allzu weise.
Sein Schicksal kenne keiner voraus,
So bleibt der Sinn ihm sorgenfrei.

56 Brand entbrennt an Brand, bis er zu Ende brennt,
Flamme belebt sich an Flamme.
Der Mann wird durch den Mann der Rede mächtig:
Im Verborgnen bleibt er blöde.

57 Früh aufstehen soll, wer den andern sinnt
Um Haupt und Habe zu bringen:
Dem schlummernden Wolf glückt selten ein Fang,
Noch schlafendem Mann ein Sieg.

58 Früh aufstehen soll, wer wenig Arbeiter hat,
Und schaun nach seinem Werke.
Manches versäumt, wer den Morgen verschläft:
Dem Raschen gehört der Reichtum halb.

59 Dürrer Scheite und deckender Schindeln
Weiß der Mann das Maß,
Und all des Holzes, womit er ausreicht
Während der Jahreswende.

60 Rein und gesättigt reit' zur Versammlung,
Um schönes Kleid unbekümmert.
Der Schuh' und der Hosen schäme sich niemand,
Noch des Hengstes, hat er nicht guten.

61 Zu sagen und zu fragen verstehe jeder,
Der nicht dumm will dünken.
Nur einem vertrau' er, nicht auch dem andern;
Wissen's dreie, so weiß es die Welt.

62 Verlangend lechzt, eh er landen mag,
Der Aar auf der ewigen See.
So geht es dem Mann in der Menge des Volks,
Der keinen Anwalt antrifft.

63 Der Macht muß der Mann, wenn er klug ist,
Sich mit Bedacht bedienen,
Denn bald wird er finden, wenn er sich Feinde macht,
Daß dem Starken ein Stärkrer lebt.

64 Umsichtig und verschwiegen sei ein jeder
Und im Zutraun zaghaft.
Worte, die andern anvertraut wurden,
Büßt man oft bitter.

65 An manchen Ort kam ich allzufrüh;
Allzuspät an andern.
Bald war getrunken das Bier, bald zu frisch;
Unlieber kommt immer zur Unzeit.

66 Hier und dort hätte mir Labung gewinkt,
Wenn ich des bedurfte.
Zwei Schinken noch hingen in des Freundes Halle,
Wo ich einen schon geschmaust.

67 Feuer ist das beste dem Erdgebornen
Und der Sonne Schein;
Nur sei Gesundheit ihm nicht versagt
Und lasterlos zu leben.

68 Ganz unglücklich ist niemand, ist er gleich nicht gesund:
Einer hat an Söhnen Segen,
Einer an Freunden, einer an vielem Gut,
Einer an trefflichem Tun.

69 Leben ist besser, auch Leben in Armut:
Der Lebende kommt noch zur Kuh.
Feuer sah ich des Reichen Reichtümer fressen,
Und der Tod stand vor der Tür.

70 Der Hinkende reite, der Handlose hüte,
Der Taube taugt noch zur Tapferkeit.
Blind sein ist besser als verbrannt werden:
Der Tote nützt zu nichts mehr.

71 Ein Sohn ist besser, ob spät geboren
Nach des Vaters Hinfahrt.
Bautasteine stehn am Wege selten,
Wenn sie der Freund dem Freund nicht setzt.

72 Zweie gehören zusammen, und doch schlägt die Zunge das Haupt.
Unter jedem Gewand erwarte ich eine Faust.

73 Der Nacht freut sich, wer des Vorrats gewiß ist,
Doch herb ist die Herbstnacht.
Fünfmal wittert es in fünf Tagen:
Wie viel mehr im Monat!

74 Wer wenig weiß, der weiß auch nicht,
Daß einen oft der Reichtum äfft;
Einer ist reich, ein andrer arm:
Den soll niemand narren.

75 Das Vieh stirbt, die Freunde sterben,
Endlich stirbt man selbst;
Doch nimmer mag ihm der Nachruhm sterben,
Welcher sich guten gewann.

76 Das Vieh stirbt, die Freunde sterben,
Endlich stirbt man selbst;
Doch eines weiß ich, das immer bleibt:
Das Urteil über den Toten.

77 Volle Speicher sah ich bei Fettlings Sprossen,
Die heuer am Hungertuch nagen:
Überfluß währt einen Augenblick,
Dann flieht er, der falscheste Freund.

78 Der alberne Geck, gewinnt er etwa
Gut oder Gunst der Frauen,
Gleich schwillt ihm der Kamm, doch die Klugheit nicht;
Nur im Hochmut nimmt er zu.

79 Was wirst du finden, befragst du die Runen,
Die hochheiligen,
Welche Götter schufen, Hohepriester schrieben?
Daß nichts besser sei als Schweigen.

***

80 Den Tag lob' abends, die Frau im Tode,
Das Schwert, wenn's versucht ist,
Die Braut nach der Hochzeit, eh es bricht, das Eis,
Das Äl, wenn's getrunken ist.

81 Im Sturm fäll' den Baum, stich bei Fahrwind in See,
Mit der Maid spiel' im Dunkeln: manch' Auge hat der Tag.
Das Schiff ist zum Segeln, der Schild zum Decken gut,
Die Klinge zum Hiebe, zum Küssen das Mädchen.

82 Trink' Äl am Feuer, auf Eis lauf' Schlittschuh,
Kauf' mager das Roß und rostig das Schwert.
Zieh' den Hengst daheim, den Hund im Vorwerk.

83 Mädchenreden vertraue kein Mann
Noch der Weiber Worten.
Auf geschwungenem Rad geschaffen ward ihr Herz,
Trug in der Brust verborgen.

84 Krachendem Bogen, knisternder Flamme,
Schnappendem Wolf, geschwätziger Krähe,
Grunzender Bache, wurzellosem Baum,
Schwellender Meerflut, sprudelndem Kessel;

85 Fliegendem Pfeil, fallender See,
Einnächtgem Eis, geringelter Natter,
Bettreden der Braut, brüchigem Schwert,
Kosendem Bären und Königskinde;

86 Siechem Kalb, gefälligem Knecht,
Wahrsagendem Weib, auf der Walstatt Besiegtem,
Heiterm Himmel, lachendem Herrn,
Hinkendem Köter und Trauerkleidern;

87 Dem Mörder deines Bruders, wie breit wär' die Straße,
Halbverbranntem Haus, windschnellem Hengst,
(Bricht ihm ein Bein, so ist er unbrauchbar):
Dem allen soll niemand voreilig trauen.

88 Frühbesätem Feld trau nicht zu viel,
Noch altklugem Kind.
Wetter braucht die Saat und Witz das Kind:
Das sind zwei zweiflige Dinge.

89 Die Liebe der Frau, die falschen Sinn hegt,
Gleicht unbeschlagnem Roß auf schlüpfigem Eis,
Mutwillig, zweijährig und übel gezähmt;
Oder steuerlosem Schiff auf stürmender Flut,
Der Gemsjagd des Lahmen auf glatter Bergwand.

90 Offen bekenn' ich, der beide wohl kennt,
Der Mann ist dem Weibe wandelbar;
Wir reden am schönsten, wenn wir am schlechtesten denken:
So wird die Klügste geködert.

91 Schmeichelnd soll reden und Geschenke bieten
Wer des Mädchens Minne will,
Den Liebreiz loben der leuchtenden Jungfrau:
So fängt sie der Freier.

92 Der Liebe verwundern soll sich kein Weiser
An dem andern Mann.
Oft fesselt den Klugen, was den Toren nicht fängt,
Liebreizender Leib.

93 Unklugheit wundre keinen am andern,
Denn viele befällt sie.
Weise zu Tröpfen wandelt auf Erden
Der Minne Macht.

* * *

94 Das Gemüt weiß allein, das dem Herzen innewohnt
Und seine Neigung verschließt,
Daß ärger Übel den Edeln nicht quälen mag
Als Liebesleid.

95 Selbst erfuhr ich das, als ich im Schilfe saß
Und meiner Holden harrte.
Herz und Seele war mir die süße Maid;
Gleichwohl erwarb ich sie nicht.

96 Ich fand Billungs Maid   auf ihrem Bette
Weiß wie die Sonne, schlafend.
Aller Fürsten Freude   fühlt' ich nichtig,
Sollt' ich ihrer länger ledig leben.

97 „Am Abend sollst du,   Odin, kommen,
Wenn du die Maid gewinnen willst.
Nicht ziemt es sich,   daß mehr als zwei
Von solcher Sünde wissen."

98 Ich wandte mich weg,   Erwidrung hoffend,
Ob noch der Neigung ungewiß;
Jedennoch dacht' ich,   ich dürft' erringen
Ihre Gunst und Liebesglück.

99 So kehrt' ich wieder: da war zum Kampf
Strenge Schutzwehr auferweckt,
Mit brennenden Lichtern,   mit lodernden Scheitern
Mir der Weg verwehrt zur Lust.

100 Am folgenden Morgen   fand ich mich wieder ein,
Da schlief im Saal das Gesind;
Ein Hündlein sah ich   statt der herrlichen Maid
An das Bett gebunden.

101 Manche schöne Maid,   wer's merken will,
Ist dem Freier falsch gesinnt.
Das erkannt' ich klar,   als ich das kluge Weib
Verlocken wollte zu Lüsten.
Jegliche Schmach   tat die Schlaue mir an,
Und wenig ward mir des Weibes.

102 Munter sei der Hausherr   und heiter bei Gästen
Nach geselliger Sitte,
Besonnen und gesprächig: so schein' er verständig,
Und rate stets zum Rechten.

103 Der wenig zu sagen weiß,   wird ein Erztropf genannt,
Es ist des Albernen Art.

104 Den alten Riesen besucht' ich, nun bin ich zurück:
Mit Schweigen erwarb ich da wenig.
Manch Wort sprach ich zu meinem Gewinn
In Suttungs Saal.

105 Gunnlöd schenkte mir auf goldnem Sessel
Einen Trunk des teuern Mets.
Übel vergolten hab' ich gleichwohl
Ihrem heiligen Herzen,
Ihrer glühenden Gunst.

106 Ratamund ließ ich den Weg mir räumen
Und den Berg durchbohren;
In der Mitte schritt ich zwischen Riesensteigen
Und hielt mein Haupt der Gefahr hin.

107 Schlauer Verwandlungen Frucht erwarb ich,
Wenig mißlingt dem Listigen.
Denn Odhrörir ist aufgestiegen
Zur weitbewohnten Erde.

108 Zweifel heg' ich, ob ich heim wär' gekehrt
Aus der Riesen Reich,
Wenn mir Gunnlöd nicht half, die herzige Maid,
Die den Arm um mich schlang.

109 Die Eisriesen eilten des andern Tags,
Des Hohen Rat zu hören
In des Hohen Halle.
Sie fragten nach Bölwerkr, ob er heimgefahren sei
Oder ob er durch Suttung fiel.

110 Den Ringeid, sagt man, hat Odin geschworen:
Wer traut noch seiner Treue?
Den Suttung beraubt' er mit Ränken des Mets
Und ließ sich Gunnlöd grämen.

[2. Teil] Loddfafnirs Lied

111 Zeit ist's zu reden vom Rednerstuhl.
An dem Brunnen Urds
Saß ich und schwieg, saß ich und dachte
Und merkte der Männer Reden.

112 Von Runen hört' ich reden und vom Ritzen der Schrift
Und vernahm auch nütze Lehren.
Bei des Hohen Halle, in des Hohen Halle
Hört' ich sagen so:

113 Dies rat' ich, Loddfafnir, vernimm die Lehre,
Wohl dir, wenn du sie merkst.
Steh nachts nicht auf, wenn die Not nicht drängt,
Du wärst denn zum Wächter geordnet.

114 Das rat' ich, Loddfafnir, vernimm die Lehre,
Wohl dir, wenn du sie merkst.
In der Zauberfrau Schoß schlaf du nicht,
So daß ihre Glieder dich gürten.

115 Sie betört dich so, du entsinnst dich nicht mehr
Des Gerichts und der Rede der Fürsten,
Gedenkst nicht des Mahls noch männlicher Freuden,
Sorgenvoll suchst du dein Lager.

116 Das rat' ich, Loddfafnir, vernimm die Lehre,
Wohl dir, wenn du sie merkst.
Des andern Frau verführe du nicht
Zu heimlicher Zwiesprach.

117 Das rat' ich, Loddfafnir, vernimm die Lehre,
Wohl dir, wenn du sie merkst.
Über Furten und Felsen so du zu fahren hast,
So sorge für reichliche Speise.

118 Dem übeln Mann eröffne nicht,
Was dir Widriges widerfährt:
Von argem Mann erntest du nimmer doch
So guten Vertrauns Vergeltung.

119 Verderben stiften einem Degen sah ich
Üblen Weibes Wort:
Die giftige Zunge gab ihm den Tod,
Nicht seine Schuld.

120 Gewannst du den Freund, dem du wohl vertraust,
So besuch ihn nicht selten,
Denn Strauchwerk grünt und hohes Gras
Auf dem Weg, den niemand wandelt.

121 Das rat' ich, Loddfafnir, vernimm die Lehre,
Wohl dir, wenn du sie merkst.
Guten Freund gewinne dir zu erfreuender Zwiesprache;
Heilspruch lerne, so lange du lebst.

122 Altem Freunde sollst du der erste
Den Bund nicht brechen.
Das Herz frißt dir Sorge, magst du keinem mehr sagen
Deine Gedanken all.

123 Das rat' ich, Loddfafnir, vernimm die Lehre,
Wohl dir, wenn du sie merkst.
Mit ungesalznem Narren sollst du
Nicht Worte wechseln.

124 Von albernem Mann magst du niemals
Guten Lohn erlangen.
Nur der Wackere mag dir erwerben
Guten Leumund durch sein Lob.

125 Das ist Seelentausch, sagt einer getreulich
Dem andern alles, was er denkt.
Nichts ist übler als unstet sein:
Der ist kein Freund, der zu Gefallen spricht.

126 Das rat' ich, Loddfafnir, vernimm die Lehre,
Wohl dir, wenn du sie merkst.
Drei Worte nicht sollst du mit dem Schlechtern wechseln:
Oft unterliegt der Gute,
Der mit dem Schlechten streitet.

127 Schuhe nicht sollst du noch Schäfte machen
Für andre als für dich:
Sitzt der Schuh nicht, ist krumm der Schaft,
Wünscht man dir alles Übel.

128 Das rat' ich, Loddfafnir, vernimm die Lehre,
Wohl dir, wenn du sie merkst.
Wo Not du findest, deren nimm dich an;
Doch gib dem Feind nicht Frieden.

129 Das rat' ich, Loddfafnir, vernimm die Lehre,
Wohl dir, wenn du sie merkst.
Dich soll andrer Unglück nicht freuen;
Ihren Vorteil laß dir gefallen.

130 Das rat' ich, Loddfafnir, vernimm die Lehre,
Wohl dir, wenn du sie merkst.
Nicht aufschaun sollst du im Schlachtgetöse:
Ebern ähnlich wurden oft Erdenkinder;
So aber zwingt dich kein Zauber.

131 Willst du ein gutes Weib zu deinem Willen bereden
Und Freude bei ihr finden,
So verheiß ihr Holdes und halt es treulich:
Des Guten wird die Maid nicht müde.

132 Sei vorsichtig, doch sei's nicht allzusehr.
Am meisten sei's beim Met
Und bei des andern Weib; auch wahre dich
Zum dritten vor der Diebe List.

133 Mit Schimpf und Hohn verspotte nicht
Den Fremden noch den Fahrenden.
Selten weiß, der zu Hause sitzt,
Wie edel ist, der einkehrt.

134 Laster und Tugenden liegen den Menschen
In der Brust beieinander.
Kein Mensch ist so gut, daß nichts ihm mangle,
Noch so böse, daß er zu nichts nützte.

135 Haarlosen Redner verhöhne nicht:
Oft ist gut, was der Greis spricht.
Aus welker Haut kommt oft weiser Rat;
Hängt ihm die Hülle gleich,
Schrinden ihn auch Schrammen,
Der unter Wichten wankt.

136 Das rat' ich, Loddfafnir, vernimm die Lehre,
Wohl dir, wenn du sie merkst.
Den Wandrer fahr' nicht an noch weis' ihm die Tür:
Gib den Gehrenden gern.

137 Stark wär' der Riegel, der sich rücken sollte,
Allen aufzutun.
Gib einen Scherf; dies Geschlecht sonst wünscht
Dir alles Unheil an.

138 Dies rat' ich, Loddfafnir, vernimm die Lehre,
Wohl dir, wenn du sie merkst:
Wo Äl getrunken wird, ruf' die Erdkraft an:
Erde trinkt und wird nicht trunken.
Feuer hebt Krankheit, Eiche Verhärtung,
Ähre Vergiftung,
Der Hausgeist häuslichen Hader.
Mond mindert Tobsucht,
Hundbiß heilt Hundshaar,
Rune Beredung;
Die Erde nehme Naß auf.

[3. Teil] Odins Runenlied

139 (1) Ich weiß, daß ich hing am windigen Baum
Neun lange Nächte,
Vom Speer verwundet, dem Odin geweiht,
Mir selber ich selbst,
Am Ast des Baums, dem man nicht ansehn kann,
Aus welcher Wurzel er sproß.

140 (2) Sie boten mir nicht Brot noch Met;
Da neigt' ich mich nieder
Auf Runen sinnend, lernte sie seufzend:
Endlich fiel ich zur Erde.

141 (3) Hauptlieder neun lernt' ich von dem weisen Sohn
Bölthorns, des Vaters Bestlas,
Und trank einen Trunk des teuern Mets,
Aus Odhrörir geschöpft.[57]

142 (4) Zu gedeihen begann ich und begann zu denken,
Wuchs und fühlte mich wohl.
Wort aus dem Wort verlieh mir das Wort,
Werk aus dem Werk verlieh mir das Werk.

143 (5) Runen wirst du finden und Ratstäbe,
Sehr starke Stäbe,
Sehr mächtige Stäbe.
Erzredner ersann sie, Götter schufen sie,
Sie ritzte der hehrste der Herrscher.

144 (6) Odin den Asen, den Alfen Dâin,
Dwalin den Zwergen,
Alswidr aber den Riesen; einige schnitt ich selbst.

145 (7) Weißt du zu ritzen? Weißt du zu erraten?
Weißt du zu finden? Weißt zu erforschen?
Weißt du zu bitten? Weißt Opfer zu bieten?
Weißt du, wie man senden, weißt, wie man tilgen soll?

146 (8) Besser nicht gebetet, als zu viel geboten:
Die Gabe will stets Vergeltung.
Besser nichts gesendet, als zu viel getilgt;
So ritzt' es Thundr zur Richtschnur den Völkern.
Dahin entwich er, von wannen er ausging.

147 (9) Lieder kenn' ich, die kann die Königin nicht
Und keines Menschen Kind.
Hilfe verheißt mir eins, denn helfen mag es
In Streiten und Zwisten und in allen Sorgen.

148 (10) Ein andres weiß ich, des alle bedürfen,
Die heilkundig heißen.

149 (11) Ein drittes weiß ich, des ich bedarf,
Meine Feinde zu fesseln.
Die Spitze stumpf' ich dem Widersacher;
Mich verwunden nicht Waffen noch Listen.

150 (12) Ein viertes weiß ich, wenn der Feind mir schlägt
In Bande die Bogen der Glieder,
So bald ich es singe, so bin ich ledig,
Von den Füßen fällt mir die Fessel,
Der Haft von den Händen.

151 (13) Ein fünftes kann ich: fliegt ein Pfeil gefährdend
Übers Heer daher,
Wie hurtig er fliege, ich mag ihn hemmen,
Erschau' ich ihn nur mit dem Auge.

152 (14) Ein sechstes kann ich, so wer mich versehrt
Mit harter Wurzel des Holzes:
Den andern allein, der mir es antut,
Verzehrt der Zauber, ich bleibe frei.

153 (15) Ein siebentes weiß ich, wenn hoch der Saal steht
Über den Leuten in Lohe,
Wie breit sie schon brenne, ich berge sie noch:
Den Zauber weiß ich zu zaubern.

154 (16) Ein achtes weiß ich, das allen wäre
Nützlich und nötig:
Wo unter Helden Hader entbrennt,
Da mag ich schnell ihn schlichten.

155 (17) Ein neuntes weiß ich, wenn Not mir ist
Vor der Flut das Fahrzeug zu bergen,
So wend' ich den Wind von den Wogen ab
Und beschwichtige rings die See.

156 (18) Ein zehntes kann ich, wenn Zaunreiterinnen
Durch die Lüfte lenken,
So wirk' ich so, daß sie wirre zerstäuben
Und als Gespenster schwinden.

157 (19) Ein elftes kann ich, wenn ich zum Angriff soll
Die treuen Freunde führen,
In den Schild sing' ich's, so ziehen sie siegreich,
Heil in den Kampf, heil aus dem Kampf,
Bleiben heil, wohin sie ziehn.

158 (20) Ein zwölftes kann ich, wo am Zweige hängt
Vom Strang erstickt ein Toter,
Wie ich ritze das Runenzeichen,
So kommt der Mann und spricht mit mir.

159 (21) Ein dreizehntes kann ich, soll ich ein Degenkind
In die Taufe tauchen,
So mag er nicht fallen im Volksgefecht,
Kein Schwert mag ihn versehren.

160 (22) Ein vierzehntes kann ich, soll ich dem Volke
Der Götter Namen nennen,
Asen und Alfen kenn' ich allzumal;
Wenige sind so weise.

161 (23) Ein fünfzehntes kann ich, das Volkrörir der Zwerg
Vor Dellings Schwelle sang;
Den Asen Stärke, den Alfen Gedeihn,
Hohe Weisheit dem Hroptatyr.

162 (24) Ein sechzehntes kann ich, will ich schöner Maid
In Lieb und Luft mich freuen,
Den Willen wandl' ich der Weißarmigen,
Daß ganz ihr Sinn sich mir gesellt.

163 (25) Ein siebzehntes kann ich, daß schwerlich wieder
Die holde Maid mich meidet.
Dieser Lieder, magst du, Loddfafnir,
Lange ledig bleiben.
Doch wohl dir, weißt du sie,
Heil dir, behältst du sie,
Selig, singst du sie!

164 (26) Ein achtzehntes weiß ich, das ich aber nicht singe
Vor Maid noch Mannesweibe
Als allein vor ihr, die mich umarmt,
Oder sei es, meiner Schwester.
Besser ist, was einer nur weiß;
So frommt das Lied mir lange.

165 (27) Des Hohen Lied ist gesungen
In des Hohen Halle,
Den Erdensöhnen not, unnütz den Riesensöhnen.
Wohl ihm, der es kann, wohl ihm, der es kennt,
Lange lebt, der es erlernt,
Heil allen, die es hören.

7. Harbardsliod

Das Harbardslied

Thor kam von der Ostfahrt her an einen Sand; jenseits stand der Fährmann mit dem Schiffe. Thor rief:

1 Wer ist der Gesell der Gesellen, der überm Sunde steht?

Harbard

2 Wer ist der Kerl der Kerle, der da kreischt überm Wasser?

Thor

3 Über den Sund fahr' mich, so füttr' ich dich morgen.
Einen Korb hab' ich auf dem Rücken, beßre Kost gibt es nicht.
Eh ich ausfuhr, aß ich in Ruh
Hering und Hafermus: davon hab ich noch genug.

Harbard

4 Allzuvorlaut rühmst du dein Frühmahl;
Du weißt das weitre nicht:
Traurig ist dein Hauswesen, tot deine Mutter.

Thor

5 Das hör' ich nun hier, was das Herbste scheint
Jedem Mann, daß meine Mutter tot sei.

Harbard

6 Du hältst dich nicht, als hättest du guter Höfe drei:
Barbeinig stehst du in Bettlersgewand,
Nicht einmal Hosen hast du an.

Thor

7 Steure nur her die Eiche, die Stätte zeig' ich dir,
Doch wem gehört das Schiff, das du hältst am Ufer?

Harbard

8 Hildolf heißt er, der mich's zu halten bat,
Der ratkluge Recke, der in Radseisund wohnt.
Er widerriet mir, Strolche und Roßdiebe zu fahren:
Nur ehrliche Leute und die mir lange kund sind.
Sag' deinen Namen, wenn du über den Sund willst.

Thor

9 Den sag' ich dir frei, obgleich ich hier friedlos bin,
Und all mein Geschlecht. Ich bin Odins Sohn,
Meilis Bruder und Magnis Vater,
Der Kräftiger der Götter; du kannst mit Thor hier sprechen.
Ich habe zu fragen nun: wie heißest du?

Harbard

10 Harbard heiß ich, ich hehle den Namen selten.

Thor

11 Was solltest du ihn hehlen, wenn du schuldlos bist?

Harbard

12 Obschon ich nicht schuldlos bin, schütz' ich mich doch leicht
Vor einem wie du bist; mein Ende wüßt' ich denn nah.

Thor

13 Es dünkt mich beschwerlich, zu dir hinüber
Durchs Wasser zu waten und mein Gewand zu netzen;
Sonst, Lotterbube, lohnt' ich wahrlich
Deinen Stachelreden, stünd' ich überm Sund.

Harbard

14 Hier will ich stehen und dich erwarten.
Du fandst wohl keinen dir härtern seit Hrungnirs Tod.[59]

Thor

15 Des gedenkst du nun, daß ich mit Hrungnir stritt,
Dem starkherz'gen Riesen, dem von Stein das Haupt war;
Doch ließ ich ihn stürzen, in Staub sinken.
Was tatest du derweil, Harbard?

Harbard

16 Ich war bei Fiölwar fünf volle Winter
Auf einem Eiland, das Allgrün heißt.
Wir fochten und fällten die Feinde da,
Versuchten manches und freiten Mädchen.

Thor

17 Wie ward es da mit euern Weibern?

Harbard

18 Wir hatten zierliche Weiber, wären sie zahmer gewesen;
Wir hatten hübsche Weiber, wären sie uns holder gewesen.
Aber Stricke wanden sie am Strand aus Sand,
Gruben den Grund
Aus tiefem Tal.
Ich allein war allen überlegen mit List,
Lag bei sieben Schwestern und genoß im Scherz ihre Gunst.
Was tatest du derweil, Thor?

Thor

19 Ich tötete Thiassi,[56] den übermütigen Thursen,
Auf warf ich die Augen des Sohnes Oelwalts
An den heitern Himmel:
Die wurden meiner Werke größte Wahrzeichen,
Allen Menschen sichtbar seitdem.
Was tatest du derweil, Harbard?

Harbard

20 Allerlei Liebeskünste übt' ich bei Nachtreiterinnen,
Die ich mit List ihren Männern entlockte.
Ein harter Riese, halt ich, ist Hlebard gewesen:
Er gab mir seine Wünschelrute, damit raubt' ich ihm den Witz.

Thor

21 Gute Gabe galtst du mit übelm Lohn.

Harbard

22 Eine Eiche muß fallen, sonst fertigt man den Kahn nicht;
Jeder sorgt für sich.
Was tatest du derweil, Thor?

Thor

23 Ich war im Osten, überwand der Riesen
Böswillige Bräute, da sie zum Berge gingen.
Übermächtig würden die Riesen, wenn sie alle lebten,
Mit den Menschen wär' es in Mitgard aus.
Was tatest du derweil, Harbard?

Harbard

24 Ich war in Walland, des Kampfs zu warten,
Verfeindete Fürsten dem Frieden wehrend.
Odin hat die Fürsten, die da fallen im Kampf,
Thor hat der Thräle (Knechte) Geschlecht.

Thor

25 Unter die Asen teiltest du ungleich die Menschen,
Hättest du der Wünsche Gewalt.

Harbard

26 Thor hat Macht genug, aber nicht Mut.
Aus feiger Furcht fuhrst du in den Handschuh,[45]
Trautest nicht mehr Thor zu sein.
Nicht wagtest du nur, so warst du in Not,
Zu niesen noch zu f –, daß es Fialar hörte.[57]

Thor

27 Harbard, Schändlicher! Zu Hel schickt' ich dich,
Möcht' ich über den Sund setzen.

Harbard

28 Was solltest du überm Sund, wo du nichts zu schaffen hast?
Was tatest du weiter, Thor?

Thor

29 Ich war im Osten und wehrt' einem Fluß;
Da griffen Swarangs Söhne mich an.
Sie schlugen mich mit Steinen und schadeten mir nicht.
Sie mußten bald zuerst mich bitten um Frieden.
Was tatest du derweil, Harbard?

Harbard

30 Ich war im Osten, mit einer zu kosen,
Spielte mit der Schneeweißen und sprach lange mit ihr.
Ich erfreute die goldschöne; der Scherz gefiel der Maid.

Thor

31 Da hattet ihr willige Weiber.

Harbard

32 Da hätt' ich bedurft, Thor, deiner Hilfe,
Die Schleierweiße zu entwenden.

Thor

33 Die hätt' ich dir gewährt, wär' dazu Zeit gewesen.

Harbard

34 Ich hätte dir auch vertraut; oder hättest du mich betrogen?

Thor

35 Bin ich denn so ein Fersenzwicker wie ein alter Schuh im Frühjahr?

Harbard

36 Was tatest du weiter, Thor?

Thor

37 Berserkerbräute bändigt' ich auf Hlesey:
Das Ärgste hatten sie getrieben, betrogen alles Volk.

Harbard

38 Unrühmlich tatest du, Thor, daß du Weiber tötetest.

Thor

39 Wölfinnen waren es, Weiber kaum.
Sie zerschellten mein Schiff, das ich auf Pfähle gestellt,
Trotzten mir mit Eisenkeulen und vertrieben Thialfi.
Was tatest du derweil, Harbard?

Harbard

40 Ich war beim Heere, das eben hierher
Kriegsfahnen erhob, den Speer zu färben.

Thor

41 Des gedenkst du nun,
Wie du auszogst uns   zur Überlast.

Harbard

42 Das büß' ich dir gern   mit goldnen Handringen
Nach Schiedsrichterspruch,   der uns versöhnen mag.

Thor

43 Woher hast du nur   die Hohnreden all?
Ich hörte niemals   so höhnische.

Harbard

44 Von den alten Leuten   lernt' ich sie,
Die in den Wäldern wohnen.

Thor

45 Du gibst den Gräbern   zu guten Namen,
Wenn du sie Wälder-   Wohnungen nennst.

Harbard

46 So denk' ich von der Art   Dingen nun.

Thor

47 Deine Wortklugheit   kommt dir noch übel,
Wenn ich durchs Wasser wate.
Lauter als ein Wolf   wirst du aufschrein,
Wenn ich dich mit dem Hammer haue.

Harbard

48 Sif[61] hat einen Buhlen,   du wirst ihn bei ihr finden:
Der erfahre deine Kraft,   das frommt dir mehr.

Thor

49 Du redest nach dcines Mundes Rat,   nur recht mich zu kränken.
Verworfner Wicht!   Ich weiß, daß du lügst.

Harbard

50 Und ich sage, so ist's!   Säumig betreibst du die Fahrt.
Schon wärst du weit, Thor,   wenn du verwandelt fuhrst.

Thor

51 Harbard, Schändlicher! Du hast mich hier so lang verweilt.

Harbard

52 Dem Asathor, wähnt' ich, wehrte so leicht nicht
Ein Viehhirt die Fahrt.

Thor

53 Einen Rat will ich dir raten; rudre die Fähre hierher.
Hab ein Ende der Hader! Hole den Vater Magnis.

Harbard

54 Fahr' nur weg vom Sund, verweigert bleibt dir die Fahrt.

Thor

55 Weise mir nur den Weg, willst du mich nicht
Über den Sund setzen.

Harbard

56 Geringes verlangst du, doch lang ist der Weg:
Eine Stunde zum Stocke, zum Stein eine andre.
Den linken Weg wähle, bis du Werland erreichst.
Da trifft Fjörgyn Thor ihren Sohn:
Die wird ihm der Verwandten Wege zeigen
Zu Odins Land.

Thor

57 Komm ich heute noch hin?

Harbard

58 Du erreichst es mit Eil' bei noch obenstehender Sonne,
Wenn ich erst von dannen ging.

Thor

59 Kurz wird noch unser Gespräch, da du nur spöttisch sprichst.
Die verweigerte Überfahrt lohn' ich ein andermal.

Harbard

60 Fahr immer zu in übler Geister Gewalt!

8. Hymiskvida

Das Lied von Hymir

1 Einst nahmen die Walgötter die erwaideten Tiere,
Zu schlemmen gesonnen noch ungesättigt;
Sie schüttelten Stäbe, besahen das Opferblut,
Und fanden, Degirn fehle der Braukessel.

2 Saß der Felswohner froh wie ein Kind,
Doch ähnlich eher der dunkeln Abkunft.
Ihm in die Augen sah Odins Sohn:
„Gib alsbald den Göttern Trank."

3 Der Ungestüme schuf Angst dem Riesen;
Doch rasch erdachte der Rach' an den Göttern:
Er ersuchte Sifs Gatten: „Schaff' mir den Kessel,
So brau' ich alsbald das Bier euch darin."

4 Den mochten nicht die mächtigen Götter
Irgendwo finden, die Fürsten des Himmels,
Bis Tyr dem Hlorridi getreulich sagte,
Ihm allein, Auskunft und Rat:

5 „Im Osten wohnt der Eliwagar[5]
Der hund[ertfach]weise Hymir an des Himmels Ende.
Einen Kessel hat mein kraftreicher Vater,
Ein räumig Gefäß, eine Raste tief."

6 "Meinst du, den Saftsieder sollten wir haben?" –
„Mit List gelingt es, ihn zu erlangen."
Sie fuhren schleunig den selben Tag
Von Asgard hin zu des Übeln Haus.

7 Selbst stallt' er die Böcke, die stattlich gehörnten;
Sie eilten zur Halle, die Hymir bewohnte.
Der Sohn fand die Ahne, die er ungern sah;
Sie hatte der Häupter neunmal hundert.

8 Eine andre kam allgolden hervor,
Weißbrauig, und brachte das Bier dem Sohn.

9 „Verwandte der Riesen, ich will euch beide,
Ihr kühnen Männer, unter Kesseln bergen.
Manches Mal ist mein Geselle
Gästen gram und grimmes Mutes."

10 Der übel Gesinnte spät abends kam,
Der hartmutge Hymir, heim von der Jagd.
Er ging in den Saal, die Gletscher dröhnten;
Ihm war, als er kam, der Kinnwald gefroren.

11 „Heil dir, Hymir, sei hohen Muts:
Der Sohn ist gekommen in deinen Saal,
Den wir erwartet von langem Wege.
Ihm folgt hierher der Freund der Menschen,
Unser Widersacher, Weor genannt.

12 Du siehst sie sitzen an des Saales Ende;
So bangen sie, daß die Säule sie birgt."
Die Säule zersprang von des Riesen Blick,
Und entzweigebrochen sah man den Balken.

13 Acht Kessel fielen, und einer nur,
Ein hart gehämmerter, kam heil herab.
Vor gingen die Gäste; der graue Riese
Faßt' ins Auge den Feind sich scharf.

14 Wenig Gutes sagte der Geist ihm voraus,
Als der Trollenbetrüger in den Vorsaal trat.
Da sah man Stiere drei geschlachtet,
Die alsbald zu braten gebot der Riese.

15 Man ließ um den Kopf sie kürzen beide
Und setzte sie zum Sieden ans Feuer.
Sifs Gemahl, eh er schlafen ging,
Zwei Ochsen Hymirs verzehrt' er allein.

16 Da schien dem grauen Gesellen Hrungnirs
Hlorridis Mahlzeit so mäßig nicht:
„Nun müssen wir drei uns morgen abend
Mit des Waidwerks Gewinn selber bewirten."

17 Bereit war Weor, ins Wasser zu rudern,
Wenn der kühne Jötun den Köder gäbe.
„Geh hin zur Herde, wenn du das Herz hast,
Zerschmettrer des Berggeschlechts, und suche den Köder.

18 „Ich weiß gewiß, dir wird nicht schwer,
Die Lockspeise vom Stier zu erlangen."
Zum Walde wandte sich Weor alsbald:
Da fand er stehen allschwarzen Stier.

19 Der Thursentöter, abbrach er dem Tiere
Der beiden Hörner erhabnen Sitz.
„Im Schaffen scheinst du schlimmer um vieles,
Lenker der Kiele, als in bequemer Ruh."

20 Da bat der Böcke Gebieter den Affengott,
Ferner in die Flut das Seeroß zu führen.
Aber der Jötun gab ihm zur Antwort,
Ihn lüste wenig, noch länger zu rudern.

21 Da hob am Hamen Hymir der starke
Zwei Walfische aus den Wellen allein.
Am Steuer inzwischen Odins Erzeugter
Festigte listig ein Fischseil, Weor.

22 An die Angel steckte der Irdischen Gönner
Als Köder den Stierkopf zum Kampf mit dem Wurm.
Gähnend haschte der gottverhaßte
Erdumgürter[34.48] nach solcher Atzung.

23 Tapfer zog   Thor, der Gewaltige,
Den schimmernden Giftwurm   zum Schiffsrand auf.
Das häßliche Haupt   mit dem Hammer traf er,
Das felsenfeste,   dem Freunde des Wolfs.

24 Felsen krachten,   Klüfte heulten,
Die alte Erde   fuhr ächzend zusammen:
Da senkte sich   in die See der Fisch.

25 Nicht geheuer war's   auf der Heimkehr dem Riesen:
Der starke Hymir   verstummte ganz;
Wider den Wind nur   wandt' er das Ruder:

26 „Willst du die Hälfte   haben der Arbeit:
Entweder die Wale   zur Wohnung tragen,
Oder das Boot   fest binden am Ufer?"

27 Hlorridi ging   und ergriff am Steven,
Ohn' erst auszuschöpfen   das Schiff erfaßt' er
Allein mit Rudern   und Schöpfgerät;
Trug auch die Fische   des Thursen heim
In das kesselgleiche   Berggeklüft.

28 Aber der Jötun,   wie immer trotzig,
Mit Thor um die Stärke   stritt er aufs neu:
Der Macht ermangle   der Mann, wie er rudre,
Könne er dort   den Kelch nicht zerbrechen.

29 Als er dem Hlorridi   zu Händen kam,
Zerstückt' er den starrenden   Stein damit:
Sitzend schleudert' er   durch Säulen den Kelch;
In Hymirs Hand   doch kehrt' er heil.

30 Aber die freundliche   Frille lehrt' ihn
Wohl wichtigen Rat;   sie wußt' ihn allein:
„Wirf ihn an Hymirs Haupt: härter ist das
Dem kostmüden Jötun   als ein Kelch mag sein."

31 Der Böcke Gebieter   bog die Knie
Mit aller Asenkraft   angetan:
Heil dem Hünen   blieb der Helmsitz,
Doch brach alsbald   der Becher entzwei.

32 „Die liebste Lust verloren weiß ich,
Da mir der Kelch vor den Knien liegt.
Oft sagt' ich ein Wort; nicht wieder sag ich's
Von heut an je; zu heiß ist der Trank!

33 Noch mögt ihr versuchen, ob ihr Macht habt,
Aus der Halle hinaus zu heben die Kufe."
Zweimal ihn zu rücken mühte sich Tyr:
Des Kessels Wucht stand unbewegt.

34 Aber Modis Vater erfaßt' ihn am Rand,
Stieg vom Estrich in den untern Saal.
Aufs Haupt den Hafen hob sich Sifs Gemahl;
An den Knöcheln klirrten ihm die Kesselringe.

35 Sie fuhren lange, eh lüstern ward
Odins Sohn sich umzuschauen:
Da sah er aus Höhlen mit Hymir von Osten
Volk ihm folgen, vielgehauptet.

36 Da harrt' er und hob den Hafen von den Schultern,
Schwang den mordlichen Miöllnir entgegen
Und fällte sie all, die Felsungetüme,
Die ihn anliefen in Hymirs Geleit.

37 (Sie fuhren nicht lange, so lag am Boden
Von Hlorridis Böcken halbtot der eine.
Scheu vor den Strängen schleppt' er den Fuß:
Das hatte der listige Loki verschuldet.

38 Doch hörtet ihr wohl – wer hat davon
Der Gottesgelehrten ganze Kunde? –,
Welche Buß' er empfing von dem Bergbewohner:
Den Schaden zu sühnen, gab er der Söhne zwei.)

39 Kraftgerüstet kam er zum Göttermahl
Und hatte den Hafen, den Hymir besessen.
Daraus sollen trinken die seligen Götter
Äl in Oegirs Haus jede Leinernte.

9. Oegisdrecka

Oegirs Trinkgelag

Oegir, der mit anderm Namen Gymir hieß, bereitete den Asen ein Gastmahl, nachdem er den großen Kessel erlangt hatte, wie eben gesagt ist. Zu diesem Gastmahl kam Odin und Frigg sein Weib. Thor kam nicht, denn er war auf der Ostfahrt. Sif war zugegen, Thors Weib, desgleichen Bragi und Idun sein Gemahl. Auch Tyr war da, der nur eine Hand hatte, denn der Fenriswolf hatte ihm die andre abgebissen, als er gebunden wurde. Da war auch Niörd und Skadi sein Weib; Freyr und Freyja, und Widar, Odins Sohn. Auch Loki war da und Freyrs Diener Beyggwir und Beyla. Da waren noch viele Asen und Alfen.

Oegir hatte zwei Diener, Funafengr und Eldir. Leuchtendes Gold diente statt brennenden Lichtes. Das Äl trug sich selber auf. Der Ort hatte sehr heiligen Frieden. Alle Gäste rühmten, wie gut Oegirs Leute sie bedienten. Loki, der das nicht hören mochte, erschlug den Funafengr. Da schüttelten die Asen ihre Schilde und rannten wider Loki und verfolgten ihn in den Wald und fuhren dann zu dem Mahl. Loki kam wieder und sprach zu Eldir, den er vor dem Saale fand:

1 Sage mir, Eldir, eh du mit einem
Fuße vorwärts schreitest,
Was für Tischgespräche tauschen hier innen
Der Sieggötter Söhne?

Eldir

2 Von Waffen reden und ruhmvollen Kämpfen
Der Sieggötter Söhne.
Asen und Alfen, die hier innen sind,
Keiner weiß von dir ein gutes Wort.

Loki

3 Ein will ich treten in Oegis Hallen,
Selber dies Gelag' zu sehn.
Schimpf und Schande schaff' ich den Asen
Und mische Gift in ihren Met.

Eldir

4 Wisse, wenn du eintrittst in Oegis Halle,
Selber dies Gelag' zu sehn,
Und die guten Götter übergießest mit Schmach,
Gib acht, sie trocknen sie ab an dir.

Loki

5 Wisse das, Eldir, wenn miteinander wir
In scharfen Worten streiten,
Üppiger werd' ich in Antworten sein,
Was du auch zu reden weißt.

Da ging Loki in die Halle. Jene aber, die darinnen waren, als sie ihn eintreten sahen, schwiegen alle still.

Loki

6 Durstig komm' ich in diese Halle
Loptr den langen Weg,
Die Asen zu bitten, mir einen Trunk
Zu schenken ihres süßen Mets.

7 Warum schweigt ihr still, verstockte Götter,
Und erwidert nicht ein Wort?
Sitz und Stelle sucht mir bei dem Mahl
Oder heißt mich hinnen weichen.

Bragi[26]

8 Sitz und Stelle suchen dir bei dem Mahl,
Die Asen nun und nimmer.
Die Asen wissen wohl, wem sie sollen
Anteil gönnen am Gelag'.

Loki

9 Gedenkt dir, Odin, wie in Urzeiten wir
Das Blut mischten beide?
Du gelobtest, nimmer dich zu laben mit Trank,
Würd' er uns beiden nicht gebracht.

Odin

10 Steh denn auf, Widar,[29] dem Vater des Wolfs
Sitz zu schaffen beim Mahl,
Daß länger Loki uns nicht lästere
Hier in Oegis Halle.

Da stand Widar auf und schenkte dem Loki. Als er aber getrunken hatte, sprach er zu den Asen:

11 Heil euch, Asen, Heil euch, Asinnen,
Euch hochheiligen Göttern all,
Außer dem Asen allein, der da sitzt
Auf Bragis Bank.

Bragi

12 Schwert und Schecken aus meinem Schatze zahl' ich
Und einen Baug (Ring) zur Buße,
Daß du den Asen nicht Ärgernis gebest:
Mache dir nicht gram die Götter.

Loki

13 Roß und Ringe, nicht allzureich doch
Weiß ich dich, Bragi, der beiden!
Von Asen und Alfen, die hier inne sind,
Scheut keiner so den Streit,
Flieht Geschosse keiner feiger.

Bragi

14 Ich weiß doch, wär' ich draußen, wie ich drinnen bin
Hier in Oegis Halle,
Dein Haupt hätt' ich in meiner Hand schon;
Also lohnt' ich dir die Lüge.

Loki

15 Sitzend bist du schnell, doch schwerlich leistest du's,
Bragi, Bänkehüter!
Zum Zweikampf vor, wenn du zornig bist:
Der Tapfre sieht nicht um und säumt.

Idun

16 Ich bitte dich, Bragi, bei deiner Gebornen
Und aller Wünschelsöhne Wohl,
Sprich zu Loki nicht mit lästernden Worten
Hier in Oegis Halle.

Loki

17 Schweig', Idun! Von allen Frauen
Mein' ich dich die männertollste:
Du legtest die Arme, die leuchtenden, gleich
Um den Mörder deines Bruders.

Idun

18 Zu Loki sprech' ich nicht mit lästernden Worten
Hier in Oegis Halle;
Den Bragi sänft' ich, den bierberauschten,
Daß er im Zorn den Zweikampf meide.

Gefion

19 Ihr Asen beide, was ist's, daß ihr euch
Mit scharfen Worten streitet?
Loptr träumt sich nicht, daß er betrogen ist,
Ihn hier die Himmlischen hassen.

Loki

20 Schweig' du, Gefion! Sonst vergeß ich's nicht,
Wie dich zur Lust verlockte
Jener weiße Knabe, der dir das Kleinod gab,
Als du den Schenkel um ihn schlangst.

Odin

21 Irr' bist du, Loki, und aberwitzig;
Wenn du Gefion gram dir machst:
Aller Lebenden Lose weiß sie
Ebenwohl als ich.

Loki

22 Schweig' nur, Odin, ungerecht zwischen
Den Sterblichen teilst du den Streit:
Oftmals gabst du, dem du nicht geben solltest,
Dem schlechtern Manne den Sieg.

Odin

23 Weißt du, daß ich gab, dem ich nicht geben sollte,
Dem schlechtern Manne den Sieg,
Unter der Erde acht Winter warst du
Milchende Kuh und Mutter.
(Denn du gebarest da:
Das dünkt mich eines Argen Art.)

Loki

24 Du schlichest, sagt man, in Samsö umher
Von Haus zu Haus als Wala.
Vermummter Zauberer, trogst du das Menschenvolk:
Das dünkt mich eines Argen Art.

Frigg

25 Euer Geschicke solltet ihr nie
Erwähnen vor der Welt,
Was ihr Asen beide in Urzeiten triebet:
Die frühsten Taten bergt dem Volk.

Loki

26 Schweig' du, Frigg! Fiörgyns Tochter bist du
Und den Männern allzumild,
Die Wili und We als Widrirs Gemahlin
Beide bargst in deinem Schoß.

Frigg

27 Wisse, hätt' ich hier in den Hallen Oegirs
Einen Sohn wie Baldur schnell,
Nicht kämst du hinaus von den Asensöhnen,
Du hättest schon zu fechten gefunden.

Loki

28 Und willst du, Frigg, daß ich ferner gedenke
Meiner Meintaten,
So bin ich schuld, daß du nicht mehr schauen wirst
Baldur reiten zum Rat der Götter.

Freyja

29 Irr' bist du, Loki, daß du selber anführst
Die schnöden Schandtaten.
Wohl weiß Frigg alles, was sich begibt,
Ob sie schon es nicht sagt.

Loki

30 Schweig' du, Freyja, dich vollends kenn' ich:
Keines Makels mangelst du;
Der Asen und Alfen, die hier inne sind,
Bist du jedes Buhlerin.

Freyja

31 Deine Zunge frevelt; doch fürcht' ich, daß sie dir
Wenig Gutes gellt.
Abhold sind dir die Asen und die Asinnen,
Unfröhlich fährst du nach Haus.

Loki

32 Schweig' du, Freyja, Gift führst du mit dir,
Bist alles Unheils voll.
Vor den Göttern umarmtest du den eigenen Bruder:
So böser Wind entfuhr dir, Freyja!

Niördr

33 Die Schöngeschmückten, das schadet nicht,
Wählen Männer wie sie mögen;
Des Verworfnen Weilen bei den Asen wundert nur,
Der Kinder konnte gebären.

Loki

34 Schweig' du, Niördr, von Osten gesendet
Als Geisel bist du den Göttern.
Hymirs Töchter nahmen dich da zum Nachtgeschirre
Und machten dir in den Mund.

Niördr

35 Des Schadens tröstet mich, seit ich gesendet ward
Fernher als Geisel den Göttern,
Daß mir erwuchs der Sohn, wider den niemand ist,
Der für den Ersten der Asen gilt.

Loki

36 Laß endlich, Niördr, den Übermut,
Ich hab' es länger nicht Hehl:
Mit der eignen Schwester den Sohn erzeugtest du,
Der eben so arg ist wie du.

Tyr

37 Freyr ist der beste von allen, die Bifröst
Trägt zu der Hohen Halle:
Keine Maid betrübt er, keines Mannes Weib,
Einen jeden nimmt er aus Nöten.

Loki

38 Schweig' du, Tyr! Du taugst zum Kampfe nicht
Zu gleicher Zeit mit zweien.
Deine rechte Hand ist dir geraubt,
Fenrir fraß sie, der Wolf.

Tyr

39 Der Hand muß ich darben; so darbst du Fenrirs.
Eins ist schlimm wie das andre;
Auch der Wolf ist freudenlos: gefesselt erwartet er
Der Asen Untergang.

Loki

40 Schweig' du, Tyr! Deinem Weibe geschah's,
Daß sie von mir ein Kind bekam.
Nicht Pfennigsbuße empfingst du für die Schmach:
Habe dir das, du Hahnrei!

Freyr

41 Gefesselt liegt Fenrir vor des Flusses Ursprung,
Bis die Götter vergehen.
So soll auch dir geschehn, wenn du nicht schweigen wirst
Endlich, Unheilschmied.

Loki

42 Mit Gold erkauftest du Gymirs Tochter
Und gabst dem Skirnir dein Schwert.
Wenn aber Muspels Söhne durch Myrkwidr reiten,
Womit willst du streiten, Unselger?

Beyggwir

43 Wär' ich so edeln Stamms als Yngwi-Freyr,
Und hätte so erhabnen Sitz,
Morscher als Mark, malmt' ich dich, freche Krähe,
Und lähmte dir alle Gelenke.

Loki

44 Was ist Winziges dort, das ich wedeln sehe
Nach Speise schnappend?
Dem Freyr in die Ohren bläst es immerdar,
Und müht sich mit Mägdearbeit.

Beyggwir

45 Beyggwir bin ich, bieder rühmen mich
Die Asen all und Menschen.
Behende helf' ich hier, daß Hropts Freunde trinken
Äl in Oegis Halle.

Loki

46 Schweig' du, Beyggwir, übel verstehst du
Der Männer Mahl zu ordnen.
Unterm Bettstroh verbargst du dich feige,
Wenn es zum Kampfe kam.

Heimdall

47 Trunken bist du, Loki! Vertrankst den Verstand!
Laß endlich ab, Loki,
Denn im Rausche reden die Leute viel
Und wissen nicht was.

Loki

48 Schweig' du, Heimdall! In der Schöpfung Beginn
Ward dir ein leidig Los.
Mit feuchtem Rücken fängst du den Tau auf
Und wachst, der Götter Wärter![27]

Skadi

49 Lustig bist du, Loki; doch lange magst du nicht
Spielen mit losem Schweif,
Da auf die scharfe Kante des kalten Felsens bald
Mit Därmen dich die Götter binden.[50]

Loki

50 Wenn auf die scharfe Kante des reifkalten Felsens
Sie mich mit Därmen binden bald,
So war ich der erste und auch der eifrigste,
Als es Thiassi zu töten galt.[55]

Skadi

51 Warst du der erste und auch der eifrigste,
Als es Thiassi zu töten galt,
So soll aus meinem Hof und Heiligtum
Immer kalter Rat dir kommen.

Loki

52 Gelinder sprachst du zu Laufeyjas Sohn,
Als du mich auf dein Lager ludst.
Dessen gedenk ich nun, da es genauer gilt,
Unsre Meintaten zu melden.

Da trat Sif vor und schenkte dem Loki Met in den Eiskelch und sprach:

53 Heil dir nun, Loki, den Eiskelch lang' ich dir
Firnen Metes voll.
Daß du mich eine doch von den Asenkindern
Ungelästert lassest.

Jener nahm den Kelch, trank und sprach:

54 Du einzig bliebst verschont, wärest du immer keusch
Und dem Gatten ergeben gewesen.
Einen weiß ich und weiß ihn gewiß,
Der auch den Hlorridi zum Hahnrei machte.[61]
(Und das war der listige Loki.)

Beyla

55 Alle Felsen beben, von der Bergfahrt kehrt
Hlorridi heim.
Zum Schweigen bringt er den, der hier mit Schmach belädt
Die Götter all und Gäste.

Loki

56 Schweig' du, Beyla! Du bist Beyggwirs Weib
Und aller Untat voll.
Kein ärger Ungeheuer ist unter den Asenkindern,
Ganz bist du mit Schmutz besudelt.

Da kam Thor an und sprach:

57 Schweig', unreiner Wicht, sonst soll mein Hammer
Miöllnir den Mund dir schließen.
Vom Halse hau' ich dir die Schulterhügel,
Daß dich das Leben läßt.

Loki

58 Der Erde Sohn ist eingetreten:
Nun kannst du knirschen, Thor;
Doch wenig wagst du, wenn du den Wolf bestehen sollst,
Der den Siegvater schlingt.

Thor

59 Schweig', unreiner Wicht, sonst soll mein Hammer
Miöllnir den Mund dir schließen.
Oder auf gen Osten werf' ich dich,
Daß kein Mann dich mehr erschaut.

Loki

60 Deine Ostfahrten würden unbesprochen
Allzeit besser bleiben,
Seit im Däumling du, Kämpe, des Handschuhs kauertest
Und selbst nicht meintest Thor zu sein.[45]

Thor

61 Schweig', unreiner Wicht, sonst soll mein Hammer
Miöllnir den Mund dir schließen.
Mit Hrungnirs Töter[59] trifft diese Hand dich
Und bricht dir alle Gebeine.

Loki

62 Noch lange Jahre zu leben denk' ich
Trotz deiner Hammerhiebe.
Hart schienen dir Skrymirs Knoten;[45]
Du mußtest der Mahlzeit darben,
Ob du vor Heißhunger vergingst.

Thor

63 Schweig', unreiner Wicht, sonst soll mein Hammer
Miöllnir den Mund dir schließen.
Hrungnirs Töter schickt dich zu Hel hinab
Hinter der Toten Gittertor.

Loki

64 Ich sang vor Asen, sang vor Asensöhnen,
Was ich auf dem Herzen hatte.
Nun wend' ich mich weg: dir weich' ich allein,
Denn ich zweifle nicht, daß du zuschlägst.

65 Ein Mahl gabst du, Oegir; nicht mehr hinfort
Wirst du die Götter bewirten.
All mein Eigentum, das hier innen ist,
Frißt die Flamme
Und raschelt dir über den Rücken.

Darauf nahm Loki die Gestalt eines Lachses an und entsprang in den Wasserfall Franangr. Da fingen ihn die Asen und banden ihn mit den Gedärmen seines Sohnes Nari. Sein anderer Sohn Narfi aber ward in einen Wolf verwandelt. Skadi nahm eine Giftschlange und hing sie auf über Lokis Antlitz. Der Schlange entträufelte Gift. Sigyn, Lokis Weib, setzte sich neben ihn und hielt eine Schale unter die Gifttropfen. Wenn aber die Schale voll war, trug sie das Gift hinweg: unterdessen träufelte das Gift in Lokis Angesicht, wobei er sich so stark wand, daß die ganze Erde zitterte. Das wird nun Erdbeben genannt.

10. Thrymskvida oder Hamarsheimt

Das Thrym-Lied oder des Hammers Heimholung

1 Wild ward Wing-Thor, als er erwachte
Und seinen Hammer vorhanden nicht sah.
Er schüttelte den Bart, er schlug das Haupt,
Allwärts suchte der Erde Sohn.

2 Und es war sein Wort, welches er sprach zuerst:
„Höre nun, Loki, und lausche der Rede:
Was noch auf Erden niemand ahnt,
Noch hoch im Himmel: mein Hammer ist geraubt."

3 Sie gingen zum herrlichen Hause der Freyja,
Und es war sein Wort, welches er sprach zuerst:
„Willst du mir, Freyja, dein Federhemd leihen,
Ob meinen Miöllnir ich finden möge?"

Freyja

4 Ich wollt' es dir geben und wär' es von Gold,
Du solltest es haben und wär' es von Silber. –

5 Flog da Loki, das Federhemd rauschte,
Bis er hinter sich hatte der Asen Gehege
Und jetzt erreichte der Joten Reich.

6 Auf dem Hügel saß Thrym, der Thursenfürst,
Schmückte die Hunde mit goldnem Halsband
Und strählte den Mähren die Mähnen zurecht.

Thrym

7 Wie steht's mit den Asen? Wie steht's mit den Alfen?
Was reisest du einsam gen Riesenheim?

Loki

Schlecht steht's mit den Asen, mit den Alfen schlecht;
Hältst du Hlorridis Hammer verborgen?

Thrym

8 Ich halte Hlorridis Hammer verborgen
Acht Rasten unter der Erde tief,
Und wieder erwerben fürwahr soll ihn keiner,
Er brächte denn Freyja zur Braut mir daher. –

9 Flog da Loki, das Federhemd rauschte,
Bis er hinter sich hatte der Riesen Gehege
Und endlich erreichte der Asen Reich.
Da traf er den Thor vor der Türe der Halle,
Und es war sein Wort, welches er sprach zuerst:

10 „Hast du den Auftrag vollbracht und die Arbeit?
Laß hier von der Höhe mich hören die Kunde.
Dem Sitzenden manchmal mangeln Gedanken,
Da leicht im Liegen die List sich ersinnt."

Loki

11 Ich habe den Auftrag vollbracht und die Arbeit:
Thrym hat den Hammer, der Thursenfürst;
Und wieder erwerben fürwahr soll ihn keiner,
Er brächte denn Freyja zur Braut ihm daher. –

12 Sie gingen Freyja, die schöne zu finden,
Und es war Thors Wort, welches er sprach zuerst:
„Lege, Freyja, dir an das bräutliche Linnen;
Wir beide, wir reisen gen Riesenheim."

13 Wild ward Freyja, sie fauchte vor Wut,
Die ganze Halle der Götter erbebte;
Der schimmernde Halsschmuck schoß ihr zur Erde:
„Mich mannstoll meinen möchtest du wohl,
Reisten wir beide gen Riesenheim."

14 Bald eilten die Asen all zur Versammlung
Und die Asinnen all zu der Sprache:
Darüber berieten die himmlischen Richter,
Wie sie dem Hlorridi den Hammer lösten.

15 Da hob Heimdall an, der hellste der Asen,
Der weise war den Wanen gleich:
„Das bräutliche Linnen legen dem Thor wir an,
Ihn schmücke das schöne, schimmernde Halsband.

16 Auch laß er erklingen Geklirr der Schlüssel
Und weiblich Gewand umwalle seine Knie;
Es blinke die Brust ihm von blitzenden Steinen,
Und hoch umhülle der Schleier sein Haupt."

17 Da sprach Thor also, der gestrenge Gott:
„Mich würden die Asen weibisch schelten,
Legt' ich das bräutliche Linnen mir an."

18 Anhob da Loki, Laufeyjas Sohn:
„Schweig nur, Thor, mit solchen Worten.
Bald werden die Riesen Asgard bewohnen,
Holst du den Hammer nicht wieder heim."

19 Das bräutliche Linnen legten dem Thor sie an,
Dazu den schönen, schimmernden Halsschmuck.
Auch ließ er erklingen Geklirr der Schlüssel,
Und weiblich Gewand umwallte sein Knie;
Es blinkte die Brust ihm von blitzenden Steinen,
Und hoch umhüllte der Schleier sein Haupt.

20 Da sprach Loki, Laufeyjas Sohn:
„Nun muß ich mit dir als deine Magd:
Wir beide, wir reisen gen Riesenheim."

21 Bald wurden die Böcke vom Berge getrieben
Und vor den gewölbten Wagen geschirrt.
Felsen brachen, Funken stoben,
Da Odins Sohn reiste gen Riesenheim.

22 Anhob da Thrym, der Thursenfürst:
„Auf steht, ihr Riesen, bestreut die Bänke,
Und bringet Freyja zur Braut mir daher,
Die Tochter Niörds aus Noatun.

23 Heimkehren mit goldnen Hörnern die Kühe,
Rabenschwarze Rinder, dem Riesen zur Lust.
Viel schau' ich der Schätze, des Schmuckes viel:
Fehlte nur Freyja zur Frau mir noch."

24 Früh fanden Gäste zur Feier sich ein,
Man reichte reichlich den Riesen das Äl.
Thor aß einen Ochsen, acht Lachse dazu,
Alles süße Geschleck, den Frauen bestimmt,
Und drei Kufen Met trank Sifs Gemahl.

25 Anhob da Thrym, der Thursenfürst:
„Wer sah je Bräute gieriger schlingen?
Nie sah ich Bräute so gierig schlingen,
Nie mehr des Mets ein Mädchen trinken."

26 Da saß zur Seite die schmucke Magd,
Bereit, dem Riesen Rede zu stehn:
„Nichts genoß Freyja acht Nächte lang,
So sehr nach Riesenheim sehnte sie sich."

27 Kußlüstern lüftete das Linnen der Riese;
Doch weit wie der Saal schreckt' er zurück:
„Wie furchtbar flammen der Freyja die Augen;
Mich dünkt, es brenne ihr Blick wie Glut."

28 Da saß zur Seite die schmucke Magd,
Bereit, dem Riesen Rede zu stehn:
„Acht Nächte nicht genoß sie des Schlafes,
So sehr nach Riesenheim sehnte sie sich."

29 Ein trat die traurige Schwester Thryms,
Die sich ein Brautgeschenk zu erbitten wagte.
„Reiche die roten Ringe mir dar,
Eh dich verlangt nach meiner Liebe,
Nach meiner Liebe und lautern Gunst."

30 Da hob Thrym an, der Thursenfürst:
„Bringt mir den Hammer, die Braut zu weihen,
Legt den Miöllnir der Maid in den Schoß
Und gebt uns zusammen nach ehlicher Sitte."

31 Da lachte dem Hlorridi das Herz im Leibe,
Als der hartgeherzte den Hammer erkannte.
Thrym traf er zuerst, den Thursenfürsten,
Und zerschmetterte ganz der Riesen Geschlecht.

32 Er schlug auch die alte Schwester des Joten,
Die sich das Brautgeschenk zu erbitten gewagt.
Ihr schollen Schläge an der Schillinge Statt,
Und Hammerhiebe erhielt sie für Ringe.
So holte Odins Sohn seinen Hammer wieder.

Abb. 6: Reiterstein von Hornhausen und Morsleben.

11. Alvissmal

Das Lied von Alwis

Alwis

1 Gedeckt sind die Bänke: so sei die Braut nun
Mit mir zu reisen bereit.
Für allzuhastig hält man mich wohl;
Doch daheim, wer raubt uns die Ruhe?

Thor

2 Wer bist du, Bursch'? Wie so bleich um die Nase?
Hast du bei Leichen gelegen?
Vom Thursen ahn' ich etwas in dir:
Bist solcher Braut nicht geboren.

Alwis

3 Alwis heiß' ich; unter der Erde
Steht mein Haus im Gestein.
Warnen will ich den Wagenlenker:
Breche niemand festen Bund.

Thor

4 Ich will ihn brechen: die Braut hat der Vater
Allein zu gewähren Gewalt.
Ich war nicht daheim, da sie dir verheißen ward;
Kein anderer gibt sie der Götter.

Alwis

5 Wer ist der Recke, der sich rühmt, zu schalten
Über die blühende Braut?
Als Landstreicher lästert dich niemand:
Wer hat dich mit Ringen beraten?

Thor

6 Wingthor heiß' ich, der weitgewanderte;
Sidgranis Sohn.
Wider meinen Willen erwirbst du das Mädchen nicht
Noch das Jawort je.

Alwis

7 So wünsch' ich denn, deine Bewilligung
Und das Jawort zu gewinnen.
Besser zu haben als zu entbehren
Ist mir das milchweiße Mädchen.

Thor

8 Des Mädchens Minne mag ich dir,
Weiser Gast, nicht weigern,
Kannst du aus allen Welten mir kund tun,
Was ich zu wissen wünsche.

Alwis

9 Versuch' es, Wingthor, da du gesonnen bist
An des Zwerges Wissen zu zweifeln.
Alle neun Himmel hab' ich durchmessen
Und weiß von allen Wesen.

Thor

10 So sage mir, Alwis, da alle Wesen,
Kluger Zwerg, du erkennst,
Wie heißt die Erde, die allernährende,
In den Welten allen?

Alwis

11 Erde den Menschen, den Asen Feld,
Die Wanen nennen sie Weg,
Allgrün die Joten, die Alfen Wachstum,
Lehm heißen sie höhere Mächte.

Thor

12 Sage mir, Alwis, da alle Wesen,
Kluger Zwerg, du erkennst,
Wie heißt der Himmel, der hoch sich wölbt,
In den Welten allen?

Alwis

13 Himmel den Menschen, den Himmlischen Dach,
Windweber den Wanen,
Riesen Überwelt, Elfen Glanzhelm,
Zwergen Träufeltor.

Thor

14 Sage mir, Alwis, da alle Wesen,
Kluger Zwerg, du erkennst,
Wie heißt der Mond, den die Menschen schaun,
In den Welten allen?

Alwis

15 Mond sagen Sterbliche, Scheibe Götter,
Bei Hel sagt man rollendes Rad,
Sputer bei Riesen, Schein bei Zwergen,
Jahrzähler aber bei Alfen.

Thor

16 Sage mir, Alwis, da alle Wesen,
Kluger Zwerg, du erkennst,
Wie heißt die Sonne, die den Geschlechtern leuchtet,
In den Welten allen?

Alwis

17 Sonne sagen Menschen, Gestirn die Seligen,
Zwerge Zwergs Überlisterin,
Lichtauge Joten, Alfen Glanzkreis,
Allklar der Asen Freunde.

Thor

18 Sage mir, Alwis, da alle Wesen,
Kluger Zwerg, du erkennst,
Wie nennt man die Wolken, die nebelfeuchten,
In den Welten allen?

Alwis

19 Menschen sagen Wolken, Wässerer Götter,
Windschiff die Wanen,
Riesen Regenbringer, Alfen Raschwetter,
Bei Hel heißen sie Nebelhelm.

Thor

20 Sage mir, Alwis, da alle Wesen,
Kluger Zwerg, du erkennst,
Wie heißt der Wind, der weithin fährt,
In den Welten allen?

Alwis

21 Wind bei den Menschen, Wehen bei den Göttern,
Wieherer höhern Wesen,
Greiner bei Joten, bei Alfen Lärmer,
Bei Hel heißt er Heuler.

Thor

22 Sage mir, Alwis, da alle Wesen,
Kluger Zwerg, du erkennst,
Wie heißt die Luftstille, die liegen soll
Über allen Welten?

Alwis

23 Den Menschen Luft, Lager den Göttern,
Windflucht sagen die Wanen;
Schwüle die Riesen, Alfen Morgenruhe,
Zwerge heißen sie Heiterkeit.

Thor

24 Sage mir, Alwis, da alle Wesen,
Kluger Zwerg, du erkennst,
Wie heißt das Meer, das Männer berudern,
In den Welten allen?

Alwis

25 See sagen Menschen, Spiegler die Götter,
Wanen nennen es Woge,
Riesen Aalheim, Alfen Wasserschatz,
Zwerge heißen es hohes Meer.

Thor

26 Sage mir, Alwis, da alle Wesen,
Kluger Zwerg, du erkennst,
Wie heißt das Feuer, das den Völkern brennt,
In den Welten allen?

Alwis

27 Den Menschen Feuer, Flamme den Göttern,
Woger sagen Wanen,
Riesen Raschler, Zwerge Zünder,
Bei Hel heißt es Wüster.

Thor

28 Sage mir, Alwis, da alle Wesen,
Kluger Zwerg, du erkennst,
Wie heißt der Wald, der ewig wachsen soll,
In den Welten allen?

Alwis

29 Wald heißt er Menschen, Göttern Haar der Berge,
Bei Hel Hügelmoos,
Bei Riesen Indieglut, bei Alfen Schönverzweigt,
Wanen heißt er Heister.

Thor

30 Sage mir, Alwis, da alle Wesen,
Kluger Zwerg, du erkennst,
Wie heißt die Nacht, die Nörwis[10] Tochter ist,
In den Welten allen?

31 Nacht bei den Menschen, Nebel den Göttern,
Hülle höhern Wesen,
Riesen Ohnelicht, Alfen Schlummerlust
Traumgenuß nennen sie Zwerge.

Thor

32 Sage mir, Alwis, da alle Wesen,
Kluger Zwerg, du erkennst,
Wie heißt die Saat, die da gesät wird,
In den Welten allen?

Alwis

33 Bei Menschen Saat, Samen bei Göttern,
Gewächs bei den Wanen,
Bei Riesen Atzung, bei Alfen Stoff,
Bei Hel heißt sie wallende See.

Thor

34 Sage mir, Alwis, da alle Wesen,
Kluger Zwerg, du erkennst,
Wie heißt das Äl, das alle trinken,
In den Welten allen?

Alwis

35 Bei Menschen Äl, bei Asen Bier,
Wanen sagen Saft,
Bei Hel heißt es Met, bei Riesen helle Flut,
Geschlürf bei Suttungs[57] Söhnen.

Thor

36 Aus einer Brust alter Kunde
Vernahm ich nie so viel.
Mit schlauen Lüsten verlorst du die Wette,
Der Tag verzaubert dich, Zwerg:
Die Sonne scheint in den Saal.

12. Skirnisför

Skirnirs Fahrt

Freyr, der Sohn Niörds, hatte sich einst auf Hlidskialf gesetzt und überschaute die Welten alle. Da sah er nach Jötunheim und sah eine schöne Jungfrau aus ihres Vaters Haus in ihre Frauenkammer gehen. Daraus erwuchs ihm große Gemütskrankheit. Skirnir hieß Freyrs Diener. Niördr bat ihn, Freyr zum Reden zu bringen. Da sprach

Skadi[23]

1 Steh nun auf, Skirnir, ob du unsern Sohn
Magst zum Reden zu bringen
Und das zu erkunden, wem der kluge wohl
So bitterböse sei.

Skirnir

2 Übler Antwort verseh' ich mich von euerm Sohne,
Wenn ich die Red' an ihn richte,
Um das zu erkunden, wem der kluge wohl
So bitterböse sei.

3 Sage mir, Freyr, volkwaltender Gott,
Was ich zu wissen wünsche:
Was weilst du allein im weiten Saal,
Herr, den heilen Tag?

Freyr

4 Wie soll ich sagen dir jungem Gesellen
Der Seele großen Gram?
Die Alfenbestrahlerin leuchtet alle Tage,
Doch nicht zu meiner Liebeslust.

Skirnir

5 Dein Gram mag so groß nicht sein,
Daß du ihn mir nicht sagen solltest.
Teilten wir doch die Tage der Jugend:
So mögen wir zwei uns Zutraun schenken.

Freyr

6 In Gymirs[37] Gärten sah ich gehen
Mir liebe Maid.
Ihre Arme leuchteten, und Luft und Meer
Schimmerten von dem Scheine.

7 Mehr lieb ich die Maid als ein Jüngling mag
Im Lenz seines Lebens.
Von Asen und Alfen will es nicht einer,
Daß wir beisammen seien.

Skirnir

8 Gib mir dein rasches Roß, das mich sicher
Durch die flackernde Flamme führt;
Gib mir das Schwert, das von selbst sich schwingt
Gegen der Reifriesen Brut.

Freyr

9 Nimm denn mein rasches Roß, das dich sicher
Durch die flackernde Flamme führt;
Nimm mein Schwert, das von selbst sich schwingt
In des Beherzten Hand.

Skirnir sprach zu dem Rosse

10 Dunkel ist's draußen: wohl dünkt es mich Zeit
Über feuchte Berge zu fahren.
Wir beide vollführen's, fängt uns nicht beide
Jener kraftreiche Riese.

Skirnir fuhr gen Jötunheim zu Gymirs Wohnung. Da waren wütige Hunde an die Türe des hölzernen Zaunes gebunden, der Gerdas Saal umschloß. Er tritt dahin, wo der Viehhirt am Hügel saß, und sprach zu ihm:

11 Sage mir, Hirt, der am Hügel sitzt
Und die Wege bewacht,
Wie mag ich schauen die schöne Maid
Vor Gymirs Grauhunden?

Der Hirt

12 Bist du dem Tode nah oder tot bereits
(Mann auf der Mähre Rücken?),
Zu sprechen ungegönnt bleibt dir immerdar
Mit Gymirs göttlicher Tochter.

Skirnir

13 Kühnheit steht besser als Klagen ihm an,
Der da fertig ist zur Fahrt.
Bis auf einen Tag ist mein Alter bestimmt
Und meines Lebens Länge.

Gerda

14 Welch Getöse ertönen hör' ich
Hier in unsern Hallen?
Die Erde bebt davon, und alle Wohnungen
In Gymirsgard erzittern.

Die Magd

15 Ein Mann ist hier außen von der Mähre gestiegen
Und läßt sie im Grase grasen.

Gerda

16 Bitt' ihn einzutreten in unsern Saal
Und den milden Met zu trinken,
Obwohl mir ahnt, daß hier außen sei
Meines Bruders Mörder.

17 Wer ist es der Alfen oder Asensöhne
Oder weisen Wanen?
Durch flackernde Flamme, was fuhrst du allein,
Unsre Säle zu schauen?

Skirnir

18 Bin nicht von den Alfen noch den Asensöhnen
Noch den weisen Wanen;
Durch flackernde Flamme doch fuhr ich allein,
Eure Säle zu schauen.

19 Der Äpfel elf hab' ich allgolden,
Die will ich, Gerda, dir geben,
Deine Liebe zu kaufen, daß du Freyr bekennst,
Daß dir kein liebrer lebe.

Gerda

20 Der Äpfel elf nehm' ich nicht an
Um eines Mannes Minne,
Noch mag ich und Freyr, dieweil wir atmen beide,
Je zusammen sein.

Skirnir

21 Den Ring geb' ich dir, der in der Glut lag
Mit Odins jungem Erben.
Acht entträufeln ihm ebenschwere
In jeder neunten Nacht.

Gerda

22 Den Ring verlang' ich nicht, der in der Lohe lag
Mit Odins jungem Erben.
In Gymisgard bedarf ich Goldes nicht:
Mir schont der Vater die Schätze.

Skirnir

23 Siehst du, Mädchen, das Schwert, das scharfe, zaubernde,
Das ich halt in der Hand?
Das Haupt hau' ich vom Hals dir ab,
So du dich ihm weigern willst.

Gerda

24 Zu keiner Zeit werd' ich Zwang erdulden
Um eines Mannes Minne.
Wohl aber wähn' ich, gewahrt dich Gymir,
Daß ihr Kühnen zum Kampfe kommt.

Skirnir

25 Siehst du, Mädchen, das Schwert, das scharfe, zaubernde,
Das ich halt' in der Hand?
Seine Schneide erschlägt den alten Riesen,
Fällt deinen Vater tot.

26 Mit der Zauberrute zwingen werd' ich dich,
Maid, zu meinem Willen.
Dahin wirst du kommen, wo Kinder der Menschen
Dich nicht mehr sollen sehen.

27 Auf des Aaren Felsen in der Frühe sollst du sitzen,
Weg von der Welt gewandt zu Hel.
Speise sei dir widriger als wem auf Erden
Der menschenleide Midgardswurm.

28 Ein scheußliches Wunder wirst du draußen,
Daß Hrimnir dich angafft, dich alles anstarrt.
Weitkunder wirst du als der Wächter der Götter:
Gaffe denn hervor am Gitter.

29 Einsamkeit und Abscheu, Zwang und Ungeduld
Mehren dir Trübsinn und Tränen.
Sitze nieder, so sag ich dir
Des Leides schwellenden Strom,
Den zweischneidigen Schmerz.

30 Riegel sollen dich ängsten all den Tag
Hier im Gehege der Joten.
Vor der Hrimthursen Hallen sollst du den heilen Tag
Dich krümmen kostberaubt,
Dich krümmen kostverzweifelt.
Leid für Lust wird dir zum Lohn,
Mit Tränen trägst du dein Unglück.

31 Mit dreiköpfigem Thursen teilst du das Leben
Oder alterst unvermählt.
Sehnsucht scheucht dich
Von Morgen zu Morgen;
Wie die Distel dorrst du, die sich gedrängt hat
In des Ofens Öffnung.

32 Zum Hügel ging ich, ins tiefe Holz,
Zauberruten zu finden:
Zauberruten fand ich.

33 Gram ist dir Odin, gram ist dir der Asenfürst,
Freyr verflucht dich.
Flieh, üble Maid, bevor dich vernichtet
Der Götter Zauberzorn.

34 Hört es, Joten, hört es, Hrimthursen,
Suttungs Söhne,[57] ihr Asen selber!
Wie ich verbiete, wie ich banne
Mannes Gesellschaft der Maid,
Mannes Gemeinschaft.

35 Hrimgrimnir heißt der Riese, der dich haben soll
Hinterm Totentor,
Wo verworfene Knechte in knotige Wurzeln
Dir Geißenharn gießen.
Anderer Trank wird dir nicht eingeschenkt,
Maid, nach deinem Willen,
Maid, nach meinem Willen!

36 Ein Thurs (Th) schneid' ich dir und drei Stäbe:
Ohnmacht, Unmut, Ungeduld.
So schneid' ich es ab, wie ich es einschnitt,
Wenn es Not tut so zu tun.

Gerda

37 Heil sei dir vielmehr, Held, und nimm den Eiskelch
Firnen Metes voll.
Ahnte mir doch nie, daß ich einen würde
Vom Stamm der Wanen wählen.

Skirnir

38 Meiner Werbung Erfolg wüßt' ich gesichert gern,
Eh ich mich hinnen hebe.
Wann meinst du in Minne dem mannlichen Sohn
Des Niördr zu nahen?

Gerda

39 Barri heißt, den wir beide wissen,
Stiller Wege Wald:
Nach neun Nächten will Niörds Sohne da
Gerda Freude gönnen.

Da ritt Skirnir heim. Freyr stand draußen, grüßte ihn und fragte nach der Zeitung:

40 Sage mir, Skirnir, eh du den Sattel abwirfst
Oder vorrückst den Fuß,
Was du ausgerichtet hast in Riesenheim
Nach meiner Meinung und deiner.

Skirnir

41 Barri heißt, den wir beide wissen,
Stiller Wege Wald:
Nach neun Nächten wird Niörds Sohne da
Gerda Freude gönnen.

Freyr

42 Lang ist eine Nacht, länger sind zweie:
Wie mag ich dreie dauern?
Oft dünkt ein Monat mich minder lang
Als eine halbe Nacht des Harrens.

13. Grogaldr

Groas Erweckung

[Swipdagr]

1 Wache, Groa, erwache, gutes Weib,
Ich wecke dich am Totentor.
Gedenkt dir das nicht? Zu deinem Grab
Hast du den Sohn beschieden.

[Groa]

2 Was bekümmert nun mein einziges Kind?
Welch Unheil ängstet dich,
Daß du die Mutter anrufst, die in der Erde ruht,
Menschliche Wohnungen längst verließ?

[Swipdagr]

3 Zu üblem Spiel beschiedst du mich, Arge:
Die mein Vater umfing,
Lud an den Ort mich, den kein Lebender kennt,
Eine Frau hier zu finden.

[Groa]

4 Lang ist die Wanderung, die Wege sind lang,
Lang ist der Menschen Verlangen.
Wenn es sich fügt, daß sich erfüllt dein Wunsch,
So lacht dir günstiges Glück.

[Swipdagr]

5 Heb' ein Lied an, das heilsam ist,
Kräftige, Mutter, dein Kind.
Unterwegs fürcht' ich den Untergang,
Allzujung eracht' ich mich.

[Groa]

6 So heb' ich zuerst an ein heilkräftig Lied,
Das Rinda sang der Ran:
Hinter die Schultern wirf, was du beschwerlich wähnst,
Dir selbst vertraue selber.

7 Zum andern sing' ich dir, da du irren sollst
Auf weiten Wegen wonnelos:
Der Urd Riegel sollen dich allseits wahren,
Wo du Schändliches siehst.

8 Zum dritten sing' ich dies, wenn wo verderblich
Flutende Flüsse brausen,
Der reißende, rauschende rinne dem Abgrund zu.
Vor dir versand' er und schwinde.

9 Dies sing' ich zum vierten, so Feinde dir dräuend
Am Galgenweg begegnen,
Ihnen mangle der Mut, die Macht sei bei dir,
Bis sie zum Frieden sich fügen.

10 Dies sing' ich zum fünften, so Fesseln sich dir
Um die Gelenke legen,
Lösende Glut gießt dir mein Lied um die Glieder,
Der Haft springt von der Hand,
Von den Füßen die Fessel.

11 Dies sing' ich zum sechsten, stürmt die See
Wilder als Menschen wissen,
Sturm und Flut faß' in den Schlauch,
Daß sie frohe Fahrt gewähren.

12 Dies sing' ich zum siebenten, wenn dich schaurig umweht
Der Frost auf Felsenhöhen,
Kein Glied verletze dir der grimmige Hauch,
Noch soll er die Sehnen dir straff ziehn.

13 Dies sing' ich zum achten, überfällt dich
Die Nacht auf nebligem Wege,
Nichts desto minder mag dir nicht schaden
Ein getauftes totes Weib.

14 Zum neunten sing' ich dir, wird dir Not mit dem Joten,
Dem schwertgeschmückten, zu reden,
Wortes und Witzes sei im bewußten Herzen
Fülle dir und Überfluß.

15 Nun fahre getrost der Gefahr entgegen,
Dich mag kein Hindernis hemmen.
Ich stand auf dem Stein an der Schwelle des Grabs
Und ließ mein Lied dir erklingen.

16 Nimm mit dir, Sohn, der Mutter Worte
Und behalte sie im Herzen:
Heils genug hast du immer,
Dieweil mein Wort dir gedenkt.

14. Fiölsvinnsmal

Das Lied von Fiölswidr

1 Vor der Veste sah er den Fremdling nahn,
Den Riesensitz ersteigen.

Wächter (Fiölswidr)
Welch Ungetüm ist's, das vor dem Eingang steht,
Die Waberlohe umwandelnd?

2 Wes verlangt dich hier, was erlauerst du?
Was willst du, Freundloser, wissen?
Auf feuchten Wegen hebe dich weg von hier,
Hier ist deines Bleibens nicht, Bettler!

Fremdling
3 Welch Ungetüm ist's, das vor dem Eingang steht,
Und weigert dem Wanderer Gastrecht?
Gönnst du nicht Gruß und Wort, so bist du gar nichts wert:
Hebe dich heim von hinnen.

Fiölswidr
4 Fiölswidr heiß ich und habe klugen Sinn,
Bin meines Mahls nicht milde.
Zu diesen Mauern magst du nicht eingehn:
Rechtloser, hebe dich hinnen.

Fremdling
5 Von Augenweide wendet sich ungern,
Wer Liebes sucht und Süßes.
Die Gürtung scheint zu glühen um goldne Säle:
Hier möcht' ich Frieden finden.

Fiölswidr

6 Welcher Eltern Kind bist du, Knabe, geboren,
Welchem Stamm entstiegen?

Fremdling

Windkaldr heiß ich, Warkaldr hieß mein Vater,
Des Vater war Fiölkaldr.

7 Sage mir, Fiölswidr, was ich dich fragen will
Und zu wissen wünsche:
Wer schaltet hier, das Reich besitzend,
Mit Gut und milder Gabe?

Fiölswidr

8 Menglada heißt sie, die Mutter zeugte sie
Mit Swafr, Thorins Sohne.
Die schaltet hier, das Reich besitzend,
Mit Gut und milder Gabe.

Windkaldr

9 Sage mir, Fiölswidr, was ich dich fragen will
Und zu wissen wünsche:
Wie heißt das Gitter? Nie sahn bei den Göttern
So üble List die Leute.

Fiölswidr

10 Thrymgialla (Donnerschall) heißt es, das haben drei
Söhne Solblindis gemacht.
Die Fessel faßt jeden Fahrenden,
Der es hinweg will heben.

Windkaldr

11 Sage mir, Fiölswidr, was ich dich fragen will
Und zu wissen wünsche:
Wie heißt die Gürtung? Nie sahn bei den Göttern
So üble List die Leute.

12 Gastropnir heißt sie, ich habe sie selber
Aus des Lehmriesen Gliedern erbaut
Und so stark gestützt, daß sie stehen wird,
So lange Leute leben.

Windkaldr

13 Sage mir, Fiölswidr, was ich dich fragen will
Und zu wissen wünsche:
Wie heißen die Hunde? Ich hatte so grimmige
Lange nicht im Land gesehen.

Fiölswidr

14 Gifr heißt einer und Geri der andre,
Weil du's zu wissen wünschest.
Elf Wachten müssen sie wachen,
Bis die Götter vergehen.

Windkaldr

15 Sage mir, Fiölswidr, was ich dich fragen will
Und zu wissen wünsche:
Ob einer der Menschen eingehn möge,
Dieweil die schnaufenden schlafen?

Fiölswidr

16 Abwechselnd zu schlafen war ihnen auferlegt,
Seit sie hier Wächter wurden:
Einer schläft tags, der andre nachts,
Und so mag niemand hinein.

Windkaldr

17 Sage mir, Fiölswidr, was ich dich fragen will
Und zu wissen wünsche:
Gibt es keine Kost, sie kirre zu machen
Und einzugehn, weil sie essen?

Fiölswidr

18 Zwei Flügel siehst du an Widofnirs Seiten,
Weil du's zu wissen wünschest.
Das ist die Kost, sie kirre zu machen
Und einzugehn, weil sie essen.

Windkaldr

19 Sage mir, Fiölswidr, was ich dich fragen will
Und zu wissen wünsche:
Wie heißt der Baum, der die Zweige breitet
Über alle Lande?

Fiölswidr

20 Mimameidr heißt er, Menschen wissen selten
Aus welcher Wurzel er wächst.
Niemand erfährt auch, wie er zu fällen ist,
Da Schwert noch Feuer ihm schadet.

Windkaldr

21 Sage mir, Fiölswidr, was ich dich fragen will
Und zu wissen wünsche:
Welchen Nutzen bringt der weltkunde Baum,
Da Feuer noch Schwert ihm schadet?

Fiölswidr

22 Mit seinen Früchten soll man feuern,
Wenn Weiber nicht wollen gebären.
Aus ihnen geht dann, was innen bliebe:
So wird er der Leute Lebensbaum.

Windkaldr

23 Sage mir, Fiölswidr, was ich dich fragen will
Und zu wissen wünsche:
Wie heißt der Hahn auf dem hohen Baum,
Der ganz von Golde glänzt?

Fiölswidr

24 Widofnir heißt er, der im Winde leuchtet
Auf Mimameidis Zweigen.
Beschwerden schafft er, und schwerlich raubt
Den Schwarzen wer sich zur Speise.

Windkaldr

25 Sage mir, Fiölswidr, was ich dich fragen will
Und zu wissen wünsche:
Ist keine Waffe, die Widofnir möchte
Zu Hels Behausung senden?

Fiölswidr

26 Häwatein heißt der Zweig, Loptr hat ihn gebrochen
Vor dem Totentor.
In eisernem Schrein birgt ihn Sinmara
Unter neun schweren Schlössern.

Windkaldr

27 Sage mir, Fiölswidr, was ich dich fragen will
Und zu wissen wünsche:
Mag lebend kehren, der nach ihm verlangt
Und will die Rute rauben?

Fiölswidr

28 Lebend mag kehren, der nach ihm verlangt
Und will die Rute rauben,
Wenn das er schenkt, was wenige besitzen,
Der Dise des leuchtenden Lehms.

Windkaldr

29 Sage mir, Fiölswidr, was ich dich fragen will
Und zu wissen wünsche:
Gibt's einen Hort, den man haben mag,
Der die fahle Vettel freut?

Fiölswidr

30 Die blinkende Sichel birg im Gewand,
Die in Widofnirs Schweife sitzt,
Gib sie Sinmara'n, so wird sie gerne
Die blutige Rute dir borgen.

Windkaldr

31 Sage mir, Fiölswidr, was ich dich fragen will
Und zu wissen wünsche:
Wie heißt der Saal, der umschlungen ist
Weise mit Waberlohe?

Fiölswidr

32 Glut wird er genannt, der weisend sich dreht
Wie auf des Schwertes Spitze.
Von dem seligen Hause soll man immerdar
Nur von Hörensagen hören.

Windkaldr

33 Sage mir, Fiölswidr, was ich dich fragen will
Und zu wissen wünsche:
Wer hat gebildet, was vor der Brüstung ist,
Unter den Asensöhnen?

Fiölswidr

34 Uni und Iri, Bari und Ori,
Warr und Wegdrasil.
Dorri und Uri, Dellingr und Atwardr,
Lidskialfr, Loki.

Windkaldr

35 Sage mir, Fiölswidr, was ich dich fragen will
Und zu wissen wünsche:
Wie heißt der Berg, wo ich die Braut,
Die wunderschöne, schaue?

Fiölswidr

36 Hyfiaberg heißt er, Heilung und Trost
Nun lange der Lahmen und Siechen.
Gesund ward jede, wie verjährt war das Übel,
Die den steilen erstieg.

Windkaldr

37 Sage mir, Fiölswidr, was ich dich fragen will
Und zu wissen wünsche:
Wie heißen die Mädchen, die vor Mengladas Knien
Einig beisammen sitzen?

Fiölswidr

38 Hlif heißt eine, die andere Hlifthursa,
Die dritte Dietwarta,
Biört und Blid, Blidur und Frid,
Eir und Oerboda.

Windkaldr

39 Sage mir, Fiölswidr, was ich dich fragen will
Und zu wissen wünsche:
Schirmen sie alle, die ihnen opfern,
Wenn sie des bedürfen?

Fiölswidr

40 Jeglichen Sommer, so ihnen geschlachtet
Wird an geweihtem Orte,
Welche Krankheit überkommt die Menschenkinder,
Jeden nehmen sie aus Nöten.

Windkaldr

41 Sage mir, Fiölswidr, was ich dich fragen will
Und zu wissen wünsche:
Mag ein Mann wohl in Mengladas
Sanften Armen schlafen?

Fiölswidr

42 Kein Mann mag in Mengladas
Sanften Armen schlafen,
Swipdagr allein: die sonnenglänzende
Ist ihm verlobt seit langem.

Windkaldr

43 Auf reiß die Türe, schaff weiten Raum,
Hier magst du Swipdagr schauen.
Doch frage zuvor, ob noch erfreut
Mengladen meine Minne.

Fiölswidr

44 Höre, Menglada! Ein Mann ist gekommen:
Geh und beschaue den Gast.
Die Hunde freuen sich, das Haus erschloß sich selbst,
Ich denke, Swipdagr sei's.

Menglada

45 Glänzende Raben am hohen Galgen
Hacken dir die Augen aus,
Wenn du das lügst, daß der Verlangte endlich
Zu meiner Halle heimkehrt.

46 Von wannen kommst du? Wo warst du bisher?
Wie hieß man dich daheim?
Nenne genau Namen und Geschlecht,
Bin ich als Braut dir verbunden.

Swipdagr

47 Swipdagr heiß ich, Solbiart hieß mein Vater,
Her führten mich windkalte Wege.
Urds Ausspruch ändert niemand,
Ob er unverdient auch träfe.

Menglada

48 Willkommen seist du, mein Wunsch erfüllt sich,
Den Gruß begleite der Kuß.
Unversehenes Schauen beseligt doppelt,
Wo rechte Liebe verlangt.

49 Lange saß ich auf liebem Berge
Dich erharrend Tag um Tag;
Nun geschieht, was ich hoffte, da du heimgekehrt bist,
Süßer Freund, in meinen Saal.

Swipdagr

50 Sehnlich Verlangen hatt' ich nach deiner Liebe
Und du nach meiner Minne.
Nun ist gewiß, wir beide werden
Miteinander ewig leben.

15. Rigsmal

Das Lied von Rigr

So wird gesagt in alten Sagen, daß einer der Asen, der Heimdall hieß, auf seiner Fahrt zu einer Meeresküste kam. Da fand er ein Haus und nannte sich Rigr. Und nach dieser Sage wird dies gesungen:

1 Einst, sagen sie, ging auf grünen Wegen
Der kraftvolle, edle, vielkundige As,
Der rüstige, rasche Rigr einher.

2 Weiter wandelnd des Weges inmitten
Traf er ein Haus mit offener Tür.
Er ging hinein, am Estrich glüht' es;
Da saß ein Ehpaar, ein altes, am Feuer,
Ai und Edda in üblem Gewand.

3 Zu raten wußte Rigr den alten;
Er saß zu beiden der Bank inmitten,
Die Eheleute zur Linken und Rechten.

4 Da nahm Edda einen Laib aus der Asche,
Schwer und klebricht, der Kleien voll.
Mehr noch trug sie auf den Tisch alsbald:
Suppe in der Schüssel ward aufgesetzt,
Und das beste Gericht war ein Kalb in der Brühe.

5 Auf stand danach des Schlafes begierig
Rigr, der ihnen wohl raten konnte,
Legte zu beiden ins Bett sich mitten,
Die Eheleute zur Linken und Rechten.

6 Da blieb er drauf drei Nächte lang,
Dann ging er und wanderte des Wegs inmitten.
Danach vergingen der Monden neun.

7 Edda genas, genetzt ward das Kind,
Weil schwarz von Haut, geheißen Thräl.

8 Es begann zu wachsen und wohl zu gedeihn.
Rauh an den Händen war dem Rangen das Fell,
Die Gelenke knotig (von Knorpelgeschwulst),
Die Finger feist, fratzig das Antlitz,
Der Rücken krumm, vorragend die Hacken.

9 In kurzem lernt' er die Kräfte brauchen,
Mit Bast binden und Bürden schnüren.
Heim schleppt' er Reiser den heilen Tag.

10 Da kam auf den Hof die Krummbeinige,
Schwären am Hohlfuß, die Arme sonnverbrannt,
Gedrückt die Nase Thyr, die Dirne.

11 Breit auf der Bank alsbald nahm sie Platz,
Ihr zur Seite des Hauses Sohn.
Redeten, raunten, ein Lager bereiteten,
Da der Abend einbrach, der Enk und die Dirne.

12 Sie lebten knapp und zeugten Kinder,
Geheißen, hört' ich, Hreimr und Fiosnir,
Klur und Kleggi, Kefir, Fulnir,
Drumbr, Digraldi, Dröttr und Höswir,
Lutr und Leggialdi. Sie legten Hecken an,
Misteten Äcker, mästeten Schweine,
Hüteten Geißen und gruben Torf.

13 Die Töchter hießen Trumba und Kumba,
Oeckwinkalfa und Arinnefja;
Ysja und Ambatt, Eikintiasna,
Tötrughypia und Trönubenja.
Von ihnen entsprang der Knechte Geschlecht.

14 Weiter ging Rigr geraden Weges,
Kam an ein Haus, halboffen die Tür.
Er ging hinein, am Estrich glüht' es;
Da saß ein Ehpaar geschäftig am Werk.

15 Der Mann schälte die Weberstange,
Gestrählt war der Bart, die Stirne frei.
Knapp lag das Kleid an, die Kiste stand am Boden.

16 Das Weib daneben bewand den Rocken
Und führte den Faden zu feinem Gespinst.
Auf dem Haupt die Haube, am Hals ein Schmuck,
Ein Tuch um den Nacken, Nesteln an der Achsel:
Afi und Amma im eigenen Haus.

17 Rigr wußte den Werten zu raten;
Auf stand er vom Tische, des Schlafs begierig.
Da legt' er zu beiden ins Bette sich mitten,
Die Eheleute zur Linken und Rechten.

18 Da blieb er drauf drei Nächte lang;
(Dann ging er und wanderte des Wegs inmitten.)
Danach vergingen der Monden neun.
Amma genas, genetzt ward das Kind
Und Karl geheißen; das hüllte das Weib.
Rot war's und frisch mit funkelnden Augen.

19 Er begann zu wachsen und wohl zu gedeihn:
Da zähmt' er Stiere, zimmerte Pflüge,
Schlug Häuser auf, erhöhte Scheuern,
Führte den Pflug und fertigte Wagen.

20 Da fuhr in den Hof, mit Schlüsseln behängt,
Im Ziegenkleid die Verlobte Karls;
Snör (Schnur) geheißen; sie saß im Linnen.
Sie wohnten beisammen und wechselten Ringe,
Breiteten Betten und bauten ein Haus.

21 Sie zeugten Kinder und zogen sie froh:
Halr und Drengr, Höldr, Degn und Smidr,
Breidrbondi, Bundinskeggi,
Bui und Boddi, Brattskeggr und Seggr.

22 Die Töchter nannten sie mit diesen Namen:
Snot, Brudr, Swanni, Swarri, Spracki,
Fliod, Sprund und Wif, Feima, Ristil.
Von den beiden entsprang der Bauern Geschlecht.

---

23 Weiter ging Rigr geraden Weges;
Er kam zum Saal mit südlichem Tor.
Angelehnt war's, mit leuchtendem Ring.

24 Er trat hinein, bestreut war der Estrich.
Die Eheleute saßen und sahen sich an,
Vater und Mutter an den Fingern spielend.

25 Der Hausherr saß, die Sehne zu winden,
Den Bogen zu spannen, Pfeile zu schäften;
Dieweil die Hausfrau die Hände besah,
Die Falten ebnete, am Ärmel zupfte.

26 Im Schleier saß sie, ein Geschmeid an der Brust,
Die Schleppe wallend am blauen Gewand;
Die Braue glänzender, die Brust weißer,
Lichter der Nacken als leuchtender Schnee.

27 Rigr wußte dem Paare zu raten,
Zu beiden saß er der Bank inmitten,
Die Eheleute zur Linken und Rechten.

28 Da brachte die Mutter geblümtes Gebild
Von schimmerndem Lein, den Tisch zu spreiten.
Linde Semmel legte sie dann
Von weißem Weizen gewandt auf das Linnen.

29 Setzte nun silberne Schüsseln auf
Mit Speck und Wildbret und gesottnen Vögeln;
In kostbaren Kelchen und Kannen war Wein:
Sie tranken und sprachen, bis der Abend sank.

30 Rigr stand auf, das Bett war bereit.
Da blieb er drauf drei Nächte lang:
Dann ging er und wanderte des Weges inmitten.
Danach vergingen der Monden neun.

31 Die Mutter gebar und barg in Seide
Ein Kind, das genetzt und genannt ward Jarl.
Licht ward die Locke und leuchtend die Wange,
Die Augen scharf, wie Schlangen blicken.

32 Daheim erwuchs in der Halle der Jarl:
Den Schild lernt' er schütteln, Sehnen winden,
Bogen spannen und Pfeile schäften,
Spieße werfen, Lanzen schießen,
Hunde hetzen, Hengste reiten,
Schwerter schwingen, den Sund durchschwimmen.

33 Aus dem Walde kam der rasche Rigr gegangen,
Rigr gegangen, ihn Runen zu lehren;
Nannte mit dem eignen Namen den Sohn,
Ihm gab er zu eigen die Ahnenhöfe.
Die Ahnenhöfe und alten Sitze.

34 Da ritt er dannen auf dunkelm Pfade
Durch feuchtes Gebirg bis vor die Halle.
Da schwang er die Lanze, den Lindenschild,
Spornte das Roß und zog das Schwert.
Kampf ward erweckt, die Wiese gerötet,
Der Feind gefällt, erfochten das Land.

35 Nun saß er und herrschte in achtzehn Höfen.
Verteilte die Schätze, alle beschenkend
Mit Schmuck und Geschmeide und schlanken Pferden.
Er spendete Ringe, hieb Spangen entzwei.

36 Da fuhren Edle auf feuchten Wegen,
Kamen zur Halle vom Hersir bewohnt.
Entgegen ging ihm die Gürtelschlanke,
Adlige, artliche, Erna geheißen.

37 Sie freiten und führten dem Fürsten sie heim,
Des Jarls Verlobte, sie ging im Linnen.
Sie wohnten beisammen und waren sich hold,
Führten fort den Stamm froh bis ins Alter.

38 Bur war der älteste, Barn der andere,
Jod und Adal, Arfi, Mögr,
Nidr und Nidjungr; Spielen geneigt
Sonr und Swein, sie schwammen und würfelten;
Kundr hieß einer, Konur der jüngste.

39 Da wuchsen auf des Edeln Söhne,
Zähmten Hengste, zierten Schilde,
Schälten den Eschenschaft, schliffen Pfeile.

40 Konur der junge kannte Runen,
Zeitrunen und Zukunftrunen;
Zumal vermocht' er Menschen zu bergen,
Schwerter zu stumpfen, die See zu stillen.

41 Vögel verstand er, wußte Feuer zu löschen,
Den Sinn zu beschwichtigen, Sorgen zu heilen.
Auch hatt' er zumal acht Männer Stärke.

42 Er stritt mit Rigr, dem Jarl, in Runen,
In allerlei Wissen erwarb er den Sieg.
Da ward ihm gewährt, da war ihm gegönnt,
Selbst Rigr zu heißen und runenkundig.

43 Jung Konur ritt durch Rohr und Wald,
Warf das Geschoß und stellte nach Vögeln.

44 Da sang vom einsamen Ast die Krähe:
„Was willst du, Fürstensohn, Vögel beizen?
Dir ziemte besser – – –
Hengste reiten und Heere fällen!

45 Danr hat und Danpr nicht schönere Hallen,
Erb und Eigen reicher als Ihr.
Sie können wohl auf Kielen reiten,
Schwerter prüfen und Wunden hauen."

(Schluß scheint zu fehlen.)

16. Hyndluliod

Das Hyndlalied

Freyja

1 Wache, Maid der Maide, meine Freundin, erwache!
Hyndla, Schwester, Höhlenbewohnerin.
Nacht ist's und Nebel; reiten wir nun
Wallhall zu, geweihten Stätten.

2 Laden Heervatern in unsre Herzen:
Er gönnt und gibt das Gold den Werten.
Er gab Hermodur Helm und Brünne,
Ließ den Sigmund das Schwert gewinnen.

3 Gibt Sieg den Söhnen, gibt andern Gold,
Worte manchem und Witz den Mannen,
Fahrwind den Schiffern, den Skalden Lieder,
Mannheit und Mut dem heitern Mann.

4 Dem Thor werd' ich opfern, werd' ihn erflehen,
Daß er günstig immerdar sich dir erweise,
Ob freilich kein Freund der Riesenfrauen.

5 Nun wähl' aus dem Stall deiner Wölfe einen,
Und laß ihn rennen mit dem Runenhalfter.

Hyndla

Dein Eber ist träg, Götterwege zu treten:
Ich will mein Roß, das rasche, nicht satteln.

6 Verschmitzt bist du, Freyja, daß du mich versuchst
Und also die Augen wendest zu uns.
Hast du den Mann doch dahin zum Gefährten,
Ottar den jungen, Innsteins Sohn.

Freyja

7 Du faselst, Hyndla, träumt dir vielleicht?
Daß du sagst, mein Geselle sei mein Mann.
Meinem Eber glühn die goldnen Borsten,
Dem Hildiswin, den herrlich schufen
Die beiden Zwerge Dain und Nabbi.

8 Laß uns im Sattel sitzen und plaudern
Und von den Geschlechtern der Fürsten sprechen,
Den Stämmen der Helden, die Göttern entsprangen.
Darüber wetteten um goldnes Erbe
Ottar der junge und Angantyr.

9 Wir helfen billig, daß dem jungen Helden
Sein Vatergut werde nach seinen Freunden:

10 Er hat mir aus Steinen ein Haus errichtet,
Gleich dem Glase nun glänzen die Mauern.
So oft tränkt' er sie mit Ochsenblut.
Immer den Asinnen war Ottar hold.

11 Die Reihen der Ahnen rechne nun her
Und die entsprungnen Geschlechter der Fürsten.
Welche sind Skiöldunge? Welche sind Skilfinge?
Welche sind Oedlinge? Welche sind Ynglinge?
Welche sind Wölfinge? Welche sind Wölsunge?
Wer stammt von Freien? Wer stammt von Hersen
Unter den Männern, die Midgard bewohnen?

Hyndla

12 Ottar, du bist von Innstein gezeugt,
Alf dem Alten ist Innstein entstammt.
Alf von Ulfr, Ulfr von Säfar,
Aber Säfar von Swan dem Roten.

13 Deines Vaters Mutter, die festlich geschmückte,
Hle-Dis, wähn' ich, hieß sie, die Priesterin.
Ihr Vater war Frodi, Friant ihre Mutter.
Übermenschlich schien all dies Geschlecht.

14 Ali war der Männer mächtigster einst,
Halfdan der alte, der hehrste der Skiöldungen.
Bekannt sind die Kämpfe, die die Kühnen fochten;
Ihre Taten flogen zu des Himmels Gefilden.

15 Sein Schwäher Eymund half ihm, der höchste der Männer,
Den Sygtrygg schlug er mit kaltem Schwert.
Almweig ehlicht' er, die edle Frau;
Almweig gebar ihm achtzehn Söhne.

16 Daher die Skiöldunge, daher die Skilfinge,
Daher die Oedlinge, daher die Ynglinge,
Daher die Wölfinge, daher die Wölsunge,
Daher die Freien, daher die Hersen,
Die Blüte der Männer, die Midgard bewohnen.
Dies all ist dein Geschlecht, Ottar du Blöder!

17 Hildigunna war der Hehren Mutter,
Swawas Tochter und des Seekönigs.
Dies ist all dein Geschlecht, Ottar du Blöder!
Dies wiss' und bewahre: willst du noch mehr?

18 Dag hatte Thora, die Heldenmutter:
Dem Stamm entstiegen der Streiter beste:
Fradmar und Gyrdr und beide Freki,
Am, Jösur, Mar und Alf der Alte.
Dies wiss' und bewahre: willst du noch mehr?

19 Ketil ihr Freund, der Erbe Klypis,
War deiner Mutter Muttervater.
Frodi ward früher als Kari,
Aber der älteste Alf geboren.

20 Die nächste war Nanna, Nöckis Tochter,
Ihr Sohn war Vetter deines Vaters.
Alt ist die Sippe, ich schreite weiter.
Ich kannte beide Brodd und Hörfi:
Dies all ist dein Geschlecht, Ottar du Blöder!

21 Isolf und Asolf,   Oelmods Söhne
Und Skurhildens,   der Tochter Skeckils.
Auf steigt dein Ursprung   zu vielen Ahnen.
Dies all ist dein Geschlecht,   Ottar du Blöder!

22 Gunnar, Balkr,   Grimr, Ardskafi,
Jarnskiöldr, Thorir   und Ulf, der Gähnende –
(Herwardr, Hiörwardr,   Hrani, Angantyr)
Bui und Brami,   Barri und Reifnir,
Tindr und Tyrfinger,   zwei Haddinge:
Dies all ist dein Geschlecht,   Ottar du Blöder!

23 Zu Sorgen und Arbeit   hatte die Söhne
Arngrim gezeugt   und Eyfura,
Daß Schauer und Schrecken   von Berserkerschwärmen
Über Land und Meer   gleich Flammen lohten:
Dics all ist dcin Gcschlccht,   Ottar du Blöder!

24 Ich kannte beide,   Brodd und Hörfi,
Dort am Hofe   Hrolfs des Alten.
Die alle stammen   von Jörmunrek,
Dem Eidam Sigurds   – ich sage dir's –
Des volkgrimmen,   der Fafnirn erschlug.

25 So war der König,   dem Wölsung entstammt,
Und Hiördisa   von Hraudungr,
Eilimi aber   von den Oedlingen.
Dies all ist dein Geschlecht,   Ottar du Blöder!

26 Gunnar und Högni   waren Giukis Erben,
Desgleichen Gudrun,   Gunnars Schwester.
Nicht war Gutthorm   von Giukis Stamm,
Gleichwohl ein Bruder   war er der beiden.
Dies all ist dein Geschlecht,   Ottar du Blöder!

27 Harald Hildetann,   Hröreks Erzeugter,
Des Ringverschleudrers,   war Audas Sohn.
Auda, die überreiche,   war Iwars Tochter,
Aber Radbard   Randwers Vater.
Dies waren Helden   den Göttern geweiht,
Dies all ist dein Geschlecht,   Ottar du Blöder!

28 Elfe wurden der Asen gezählt,
Als Baldur[49] beschritt die tödlichen Scheite.
Wali bewährte sich wert, ihn zu rächen,[30]
Da er den Mörder des Bruders bemeisterte.
Dies all ist dein Geschlecht, Ottar du Blöder!

29 Baldurn erzeugte Buris Erbe.
Freyr nahm Gerda, Gymirs Tochter,
Den Riesen anverwandt und der Aurboda.[37]
So war auch Thiassi verwandt mit ihr,
Der hochmütige Thurse, dessen Tochter Skadi war.[56]

30 Vieles erwähnt' ich, mehr noch weiß ich;
Wißt und bewahrt es: wollt ihr noch mehr?

31 Von Hwednas Söhnen war Haki der schlimmste nicht;
Hwednas Vaters war Hiörwardr.
Heidr und Hrossthiof sind Hrimnirn entstammt.

32 Von Widolf kommen die Walen alle,
Alle Zaubrer sind Wilmeidis Erzeugte.
Die Sudkünstler stammen von Swarthöfdi,
Aber von Ymir alle die Riesen.

33 Vieles erwähnt' ich, mehr noch weiß ich;
Wißt und bewahrt es: wollt ihr noch mehr?

34 Geboren ward einer am Anfang der Tage,
Ein Wunder an Stärke, göttlichen Stamms.
Neune gebaren ihn, der Frieden verliehn hat,
Der Riesentöchter am Erdenrand.

35 Gialp gebar ihn, Greip gebar ihn,
Ihn gebar Eistla und Angeyja,
Ulfrun gebar ihn und Eyrgiafa,
Imdr und Atla und Jarnsaxa.

36 Dem Sohn mehrte die Erde die Macht,
Windkalte See und Sonnenstrahlen.
Vieles erwähnt' ich, mehr noch weiß ich;
Wißt und bewahrt es: wollt ihr noch mehr?

37 Den Wolf zeugte Loki   mit Angurboda,[34]
Den Sleipnir empfing er   von Swadilfari.[42]
Ein Scheusal schien   das allerabscheulichste:
Das war von Bileistis   Bruder erzeugt.

38 Ein gesottnes Herz   aß Loki im Holz,
Da fand er halbverbrannt   das steinharte Frauenherz.
Lopturs List kommt   von dem losen Weibe;
Alle Ungetüme   sind ihm entstammt.

39 Meerwogen heben sich   zur Himmelswölbung
Und lassen sich nieder,   wenn die Luft sich abkühlt.
Dann kommt der Schnee   und stürmische Winde:
Das ist das Ende   der ewigen Güsse.

40 Allen überhehr   ward einer geboren;
Dem Sohn mehrte   die Erde die Macht.
Ihn rühmt man der Herrscher   reichsten und größten,
Durch Sippe gesippt   den Völkern gesamt.

41 Einst kommt ein andrer,   mächtiger als er;
Doch noch ihn zu nennen,   wage ich nicht.
Wenige werden   weiter blicken,
Als bis Odin   den Wolf angreift.

Freyja

42 Reiche das Äl   meinem Gast zur Erinnerung,
Daß Bewußtsein ihm währe   von deinen Worten
Am dritten Morgen,   und deiner Reden all,
Wenn er und Angantyr   die Ahnen zählen.

Hyndla

43 Nun scheide von hier,   zu schlafen begehr ich:
Wenig erlangst du   noch Liebes von mir.
Lauf in Liebesglut   Nächte lang,
Wie zwischen Böcken   die Ziege rennt.

44 Du liefst bis zur Wut nach Männern verlangend;
Mancher schon schlüpfte dir unter die Schürze.
Lauf in Liebesglut Nächte lang,
Wie zwischen Böcken die Ziege rennt.

Freyja

45 Die Waldbewohnerin umweb' ich mit Feuer,
So daß du schwerlich entrinnst der Stätte.
(Lauf in Liebesglut Nächte lang,
Wie zwischen Böcken die Ziege rennt.)

Hyndla

46 Feuer seh' ich glühen, die Erde flammen:
Sein Leben muß ein jeder verlieren.
So reiche das Äl Ottar deinem Liebling:
Der Met vergeb ihm, der giftgemischte.

Freyja

47 Wenig verfangen soll dein Fluch,
Obgleich du, Riesenbraut, ihm Böses sinnst.
Schlürfen soll er segnenden Trank:
Ottar, dir erfleh' ich aller Götter Hilfe.

II.

Die Ältere Edda

Heldensage: Heldenlieder

Abb. 7: Goldbrakteat von Gerete.

Abb. 8: Bullion, Invergowrie, Angus, Schottland.

17. Völundarkvida

Das Lied von Wölundur

Nidudr hieß ein König in Schweden. Er hatte zwei Söhne und eine Tochter; die hieß Bödwild. Es waren drei Brüder, Söhne des Finnenkönigs (?); der eine hieß Slagfidr, der andere Egil, der dritte Wölundur. Die schritten auf dem Eise und jagten das Wild. Sie kamen nach Ulfdalir (Wolfstal) und bauten sich da Häuser. Da ist ein Wasser, das heißt Ulfsiar (Wolfssee). Früh am Morgen fanden sie am Wasserstrand drei Frauen, die spannen Flachs; bei ihnen lagen ihre Schwanenhemden; es waren Walküren. Zwei von ihnen waren Töchter König Lödwers: Hladgud Swanhwit (Schwanweiß) und Herwör Alhwit (Allweiß); aber die dritte war Älrun, die Tochter Kiars von Walland. Die Brüder führten sie mit sich heim. Egil nahm die Älrun, Slagfidr die Swanhwit und Wölundur die Alhwit. Sie wohnten sieben Winter beisammen; da flogen die Weiber, Kampf zu suchen, und kamen nicht wieder. Da schritt Egil aus, die Älrun zu suchen, und Slagfidr suchte Swanhwit; aber Wölundur saß in Ulfdalir. Er war der kunstreichste Mann, von dem man in alten Sagen weiß. König Nidudr ließ ihn handgreifen, so wie hier besungen ist.

1 Durch Myrkwidr flogen   Mädchen von Süden,
Alhwit die junge,   Urlog zu entscheiden.
Sie saßen am Strande   der See und ruhten;
Schönes Linnen spannen   die südlichen Frauen.

2 Eine von ihnen   Egil herzte,
Die liebliche Maid,   am lichten Busen;
Die andre war Swanhwit,   die Schwanfedern trug
(Um Slagfidr   schlang sie die Hände);
Doch die dritte,   deren Schwester,
Umwand Wölundurs   weißen Hals.

3 So saßen sie sieben Winter lang;
Den ganzen achten grämten sie sich,
Bis im neunten die Not sie schied:
Die Mädchen verlangte nach Myrkwidr;
Alhwit die junge wollt' Urlog treiben.

4 Hladgud und Herwör stammten von Hlödwer;
Verwandt war Älrun, die Tochter Kiars.
Die schritt geschwinde den Saal entlang,
Stand auf dem Estrich und erhob die Stimme:
„Sie freun sich nicht, die aus dem Forste kommen."

5 Vom Waidwerk kamen die wegmüden Schützen,
Slagfidr und Egil, fanden öde Säle,
Gingen aus und ein und sahen sich um.
Da schritt Egil ostwärts Älrunen nach
Und südwärts Slagfidr, Swanhwit zu finden.

6 Derweil im Wolfstal saß Wölundur,
Schlug funkelnd Gold um festes Gestein
Und band die Ringe mit Lindenbast.
Also harrt' er seines holden
Weibes, wenn sie ihm wiederkäme.

7 Das hörte Nidudr, der Niaren Trost,
Daß Wölundur einsam in Wolfstal säße.
Bei Nacht fuhren Männer in genagelten Brünnen (Panzern);
Ihre Schilde schienen wider den geschnittnen Mond.

8 Stiegen vom Sattel an des Saales Giebelwand,
Gingen dann ein, den ganzen Saal entlang.
Sahen am Baste schweben die Ringe,
Siebenhundert zusammen, die der Mann besaß.

9 Sie banden sie ab und wieder an den Bast,
Außer einem, den ließen sie ab.
Da kam vom Waidwerk der wegmüde Schütze,
Wölundur, den weiten Weg daher.

10 Briet am Feuer der Bärin Fleisch:
Bald flammt' am Reisig die trockne Föhre,
Das winddürre Holz, vor Wölundur.

11 Ruht' auf dem Bärenfell, die Ringe zählt' er,
Der Alfengesell: einen vermißt' er,
Dachte, den hätte Hlödwers Tochter:
Alhwit die holde wär heimgekehrt.

12 Saß er so lange, bis er einschlief,
Doch er erwachte wonneberaubt.
Merkt' harte Bande sich um die Hände,
Fühlt' um die Füße Fesseln gespannt.

13 „Wer sind die Leute, die in Bande legten
Den freien Mann? Wer fesselte mich?"

14 Da rief Nidudr, der Niaren Trost:
„Wo erwarbst du, Wölundur, Weiser der Alfen,
Unsere Schätze in Ulfdalir?"

Wölundur

15 Hier war kein Gold wie auf Granis Wege,
Fern ist dies Land den Felsen des Rheins.
Mehr der Kleinode mochten wir haben,
Da wir heil daheim in der Heimat saßen.

König Nidudur gab seiner Tochter Bödwild den Goldring, den er vom Baste gezogen in Wölundurs Haus; aber er selber trug das Schwert, das Wölundur hatte. Da sprach die Königin:

16 „Er wird die Zähne blecken vor Zorn, wenn er das Schwert erkennt
Und unsres Kindes Ring.
Wild glühn die Augen dem gleißenden Wurm.
So zerschneidet ihm der Sehnen Kraft
Und laßt ihn sitzen in Säwarstadr."

So wurde getan, ihm die Sehnen in den Kniekehlen zerschnitten und er in einen Holm gesetzt, der vor dem Strande lag und Säwarstadr hieß. Da schmiedete er dem König allerhand Kleinode, und niemand getraute sich, zu ihm zu gehen, als der König allein. Wölundur sprach:

17 „Es scheint Nididurn ein Schwert am Gürtel,
Das ich schärfte, so geschickt ich mochte,
Das ich härtete, so hart ich konnte.
Die lichte Waffe, entwendet ist sie mir:
Nicht wird sie Wölundurn zur Schmiede getragen!

18 Bödwild trägt nun meiner Getrauten
Roten Ring: rächen will ich das!"
Schlaflos saß er und schlug den Hammer;
Trug schuf er Nididurn schnell genug.

19 Liefen zwei Knaben, lauschten an der Türe,
Die Söhne Nididurs, nach Säwarstadr;
Kamen zur Kiste, den Schlüssel erkundend;
Offen war das Unheil, als sie hineinsahn.

20 Viel Kleinode sahn sie, die Knaben dünkt es
Rotes Gold und glänzend Geschmeid.
„Kommt allein, ihr zwei, kommt andern Tags,
So soll euch das Gold gegeben werden.

21 Sagt es den Mägden nicht noch dem Gesinde,
Laßt es niemand hören, daß ihr hier gewesen."
Zeitig riefen die zweie sich an,
Bruder den Bruder: „Komm die Brustringe schaun!"

22 Sie kamen zur Kiste die Schlüssel erkundend;
Offen war das Unheil, da sie hineinsahn.
Um die Köpfe kürzt' er die Knaben beide;
Unterm Fesseltrog barg er die Füße.

23 Aber die Schädel unter dem Schopfe
Schweift er in Silber, sandte sie Nididurn.
Aus den Augen macht' er Edelsteine,
Sandte sie der falschen Frauen Nididurs.

24 Aus den Zähnen   aber der zweie
Bildet' er Brustgeschmeid,   sandt' es Bödwilden.
Da begann den Ring   zu rühmen Bödwild;
Sie bracht' ihn Wölundurn,   da er zerbrochen war:
„Keinem darf ich's sagen   als dir allein."

Wölundur

25 Ich beßre dir so   den Bruch am Goldring,
Deinen Vater   dünkt er schöner,
Deine Mutter   merklich besser;
Aber dich selber   noch eben so gut. –

26 Er betrog sie mit Met,   der schlauere Mann;
In den Sessel sank   und einschlief die Maid.
„Nun hab' ich gerächt   Harm und Schäden
Alle bis auf einen,   den unheilvollen."

27 „Wohl mir," sprach Wölundur,   „wär ich auf den Sehnen,
Die mir Nidudurs   Männer nahmen."
Lachend hob sich   in die Luft Wölundur;
Bödwild wandte   sich weinend vom Holm
Um des Friedels Fahrt sorgend   und des Vaters Zorn.

28 Außen stand Nidudurs   arges Weib,
Ging hinein   den ganzen Saal entlang;
– Auf des Saales Sims   saß er und ruhte –
„Wachst du, Nidudur,   Niaren-Trost?" –

Nidudur

29 Immer wach' ich,   wonnelos lieg' ich,
Mich gemahnt's   an meiner Söhne Tod.
Das Haupt friert mir   von deinen falschen Räten:
Nun wollt' ich wohl   mit Wölundur rechten:

30 Bekenne mir, Wölundur,   König der Alfen,
Was ward aus meinen   wonnigen Söhnen?

Wölundur

31 Erst sollst du alle   Eide mir leisten,
Bei Schwertes Spitze   und Schiffes Bord,
Bei Schildes Rand   und Rosses Bug,

32 Daß du Wölundurs Weib nicht tötest,
Noch meiner Braut zum Mörder werdest,
Hätt' ich ein Weib auch euch nah verwandt,
Oder hätte hier im Haus ein Kind. –

33 So geh zur Schmiede, die du mir schufest,
Da liegen die Bälge mit Blut bespritzt.
Die Häupter schnitt ich deinen Söhnen ab;
Unterm Fesseltrog barg ich die Füße.

34 Aber die Schädel unter dem Schopfe
Schweift' ich in Silber, schenkte sie Nidudurn.
Aus den Augen macht' ich Edelsteine,
Sandte sie der falschen Frauen Nidudurs.

35 Aus den Zähnen der zweie dann
Bildet' ich Brustgeschmeid und sandt' es Bödwilden.
Nun geht Bödwild mit Kindesbürde,
Euer beider einzige Tochter."

Nidudur

36 Nie sagtest du ein Wort, das so mich betrübte,
Nie wünscht' ich dich härter, Wölundur, zu strafen.
Doch kein Mann ist so rasch, der vom Roß dich nähme,
So geschickt kein Schütze, der dich niederschösse,
Wie du hoch dich hebst zu den Wolken. –

37 Lachend hob sich in die Luft Wölundur;
Traurig Nidudur schaut' ihm nach:

38 „Steh auf, Thankrad, meiner Thräle bester,
Bitte Bödwild, die brauenschöne,
Daß die ringbereifte mit dem Vater rede.

39 Ist das wahr, Bödwild, was man mir sagte:
Saßest du mit Wölundur zusammen im Holm?"

Bödwild

40 Wahr ist das, Nidudur, was man dir sagte:
Ich saß mit Wölundur zusammen im Holm,
Hätte nie sein sollen! Eine Angststunde lang.
Ich verstand ihm nicht zu widerstehen,
Ich vermocht' ihm nicht zu widerstehen!

18. Helgakvida Hjörvardssonar

Das Lied von Helgi dem Sohn Hiörwards

I.

Hiörward hieß ein König, der hatte vier Frauen. Eine hieß Alfhild und der beiden Sohn Hedin; die andere hieß Säreid und der beiden Sohn Humlungr; die dritte hieß Sinriöd und der beiden Sohn Hymlingr. Hiörward hatte verheißen, die Frau zu ehelichen, die er die schönste wüßte. Da hörte er, daß König Swafnir eine allerschönste Tochter hätte, Sigurlinn geheißen. Idmundr hieß sein Jarl. Atli, dessen Sohn, fuhr dem König Sigurlinn zu freien. Er blieb einen Winter lang bei König Swafnir. Franmar hieß da ein Jarl, der Pfleger Sigurlinns, und dessen Tochter Alof. Der Jarl riet, daß die Maid verweigert würde: da fuhr Atli heim.

Atli Jarlssohn stand eines Tages an einem Walde: da saß ein Vogel oben in den Zweigen über ihm und hatte zugehört, da seine Mannen die Frauen die schönsten nannten, die Hiörward hatte. Der Vogel zwitscherte, und Atli lauschte, was er sagte. Er sang:

1 Sahest du Sigurlinn, Swafnirs Tochter,
Die schönste Maid in Munarheim?
Und hier behagen doch Hiörwards Frauen
Deinen Leuten in Glasislundr.

Atli

2 Willst du mit Atli, Idmundurs Sohn,
Vielkluger Vogel, Ferneres reden?

Der Vogel

Ja, wenn der Edling mir opfern wollte;
Doch wähl' ich, was ich will aus des Königs Wohnung.

Atli

3 Wenn du Hiörward nicht wählst noch seine Kinder,
Noch des Fürsten schöne Frauen,
Wähle keine von des Königs Bräuten:
Laß uns wohl handeln, das ist Freundes Weise.

Der Vogel

4 Einen Hof will ich haben und Heiligtümer,
Goldgehörnte Kühe aus des Königs Stall,
Wenn Sigurlinn ihm schläft im Arm
Und frei dem Fürsten folgt zu Haus.

Dieses geschah, eh Atli heimfuhr; als er aber nach Hause kam und der König ihn nach den Zeitungen fragte, sprach er:

5 Wir hatten Arbeit und übeln Erfolg:
Unsre Rosse keuchten auf dem Kamm des Gebirgs,
Dann mußte man durch Moore waten;
Doch ward uns Swafnirs Tochter geweigert,
Die spangengeschmückte, die wir haben wollten.

Der König bat, daß sie zum andern Mal hinführen, und fuhr selbst mit. Aber da sie auf den Berg kamen und hinblickten auf Swawaland, sahen sie großen Landbrand und Staub von Rossen. Da ritt der König vom Berge herab ins Land und nahm sein Nachtlager bei einem Flusse. Atli, der die Warte [Wache] hatte, fuhr über den Fluß und fand da ein Haus. Darin saß ein großer Vogel als Hüter und war eingeschlafen. Atli schoß mit dem Spieß den Vogel tot. In dem Hause fand er Sigurlinn, die Königstochter, und Alof, die Jarlstochter. Die nahm er beide mit sich fort. Franmar Jarl hatte sich in Adlergestalt gekleidet und die Jungfrauen durch Zauberei vor dem Heere gehütet. Hrodmar hieß ein König, der Freier Sigurlinns: der hatte den Swawakönig erschlagen und das Land verheert und verwüstet. Da nahm König Hiörward Sigurlinn, und Atli nahm Alof zur Ehe.

II.

Hiörward und Sigurlinn hatten einen Sohn, der groß und schön war. Er war aber stumm, und kein Name wurde ihm beigelegt. Einst saß er am Hügel, da sah er neun Walküren reiten; darunter war eine die herrlichste. Sie sang:

6 Spät wirst du, Helgi, die Schätze beherrschen.
Du reicher Schlachtbaum, und Rödulswöllir,
(Früh sang's ein Adler), da du immer schweigst,
Wie kühnen Kampfmut du König bewährst.

Helgi

7 Was gibst du mir noch zu dem Namen Helgi,
Blühende Braut, den du mir botest?
Erwäge den ganzen Gruß mir wohl:
Ich nehme den Namen nicht ohne dich.

Sie sprach

8 Schwerter weiß ich liegen in Sigarsholm
Viere weniger als fünfmal zehn.
Eins ist von allen darunter das beste,
Der Schilde Verderben, beschlagen mit Gold.

9 Am Heft ist ein Ring, und Herz in der Klinge,
Schrecken in der Spitze vor dem, der es schwingt.
Die Schneide birgt einen blutigen Wurm,
Aber am Stichblatt wirft die Natter den Schweif.

Eilimi hieß ein König, seine Tochter war Swawa; sie war Walküre und ritt über Luft und Meer. Sie gab dem Helgi den Namen und schirmte ihn oft seitdem in den Schlachten. Da sprach

III.

Helgi

10 Du bist Hiörward, kein heilwaltender König,
Führer des Volksheers, wieviel man dich rühmt:
Lässest Feuer der Fürsten Vesten verzehren,
Die nie noch Böses verbrachen wider dich.

11 Aber Hrodmar wird der Ringe walten,
Die unsre Freunde zuvor besaßen.
Wenig fürchtet der Fürst um sein Leben:
Hofft er der Toten Erbe zu beherrschen?

Hiörward antwortete, er wolle dem Helgi Beistand nicht versagen, wenn er seinen Muttervater zu rächen gedächte. Da suchte Helgi das Schwert, das ihm Swawa angewiesen. Da fuhren er und Atli und fällten Hrodmar und vollbrachten manch Heldenwerk. Er schlug Hati den Riesen, als er auf einem Berge saß. Helgi und Atli lagen mit den Schiffen in Hatafiord. Atli hatte die Warte [Wache] die erste Hälfte der Nacht. Da sprach Hrimgerd, Hatis Tochter:

12 Wie heißen die Helden in Hatafiord?
Mit Schilden ist gezeltet auf euern Schiffen.
Frevel gebart ihr, scheint wenig zu fürchten.
Nennet mir des Königs Namen.

Atli

13 Helgi heißt er; doch hoffe nimmer,
Den Fürsten zu gefährden.
Eisenburgen bergen die Flotte:
Hexen haben uns nichts an.

Hrimgerd

14 Wie heißest du, übermütiger Held?
Wie nennt man dich mit Namen?
Viel vertraut dir der Fürst, der dich vorn im schönen
Schiffssteven stehen läßt.

Atli

15 Atli heiß' ich, heiß will ich dir werden,
Denn unhold bin ich Unholden.
Am feuchten Steven stets hab ich gestanden
Und Nachtmaren gemordet.

16 Wie heißt du, Hexe, leichenhungrige?
Nenne, Vettel, den Vater.
Daß du neun Rasten niedrer lägest
Und ein Baum dir schöß aus dem Schoße!

Hrimgerd

17 Hrimgerd heiß' ich, Hati war mein Vater,
Ich kannte nicht kühneren Joten.
Aus den Häusern hat er viel Bräute geholt,
Bis ihn Helgi tödlich traf.

Atli

18 Du standest, Hexe, vor den Schiffen des Königs
Und stautest die Mündung des Stroms,
Des Fürsten Recken der Ran zu liefern;
Doch kam dir der Speer in die Quere.

Hrimgerd

19 Töricht bist du, Atli, du träumst, sag ich,
Wie du die Brauen wirfst über die Wimpern.
Meine Mutter stand vor des Königs Schiffen,
Und ich ertränkte die Tapfern.

20 Wiehern wolltest du, Atli, wärst du nicht entmannt:
Hrimgerd schwingt den Schweif.
Hintenhin fiel dir, wähn' ich, Atli, das Herz,
Wie laut du auch lachst und lärmest.

Atli

21 Ein Hengst schein' ich dir, wenn du's versuchen willst,
So ich steig an den Strand aus der Flut.
Ganz erlahmst du, wenn der Grimm mich faßt,
Und senkst den Schweif, Hrimgerd.

Hrimgerd

22 Betritt nur das Land, vertraust du der Kraft,
Daß in Warins-Wik wir ringen.
Rippenverrenkung, Recke, begegnet dir,
Kommst du mir in die Krallen.

Atli

23 Ich mag nicht von hier, bis die Männer erwachen
Und halten Hut [Wacht] dem König:
Zu gewarten hab ich hier, daß Hexen auftauchen
Unter unsern Schiffen.

24 Wache, Helgi, und büße Hrimgerden,
Daß du Hati hast erschlagen.
Eine Nacht will sie bei dem Fürsten schlafen:
Das schafft ihr Schadens Buße.

Helgi

25 Lodin labe dich, die Menschenleide,
Der Thurs, der in Tholley wohnt,
Der hundweise Riese, der Riffwohner ärgster:
Der mag dir zum Manne geziemen.

Hrimgerd

26 Die möchtest du, Helgi, die das Meer besah
In Nächten mit den Männern,
Die Maid auf dem Goldroß, der Macht nicht gebrach:
Hier stieg sie zum Strand aus der Flut,
Eurer beider Flotte zu festigen.
Sie allein ist schuld, daß ich unfähig bin,
Des Königs Mannen zu morden.

Helgi

27 Höre, Hrimgerd, ob den Harm ich dir büße;
Doch erst gib Kunde dem König:
War sie es allein, die die Schiffe mir barg,
Oder fuhren viele beisammen?

Hrimgerd

28 Dreimal neun Mädchen; doch ritt voraus
Unterm Helm die eine licht.
Die Mähren schüttelten sich, aus den Mähnen troff
Tau in tiefe Täler,
Hagel in hohe Bäume:
Das macht die Felder fruchtbar.
Unlieb war mir alles, was ich sah.

Atli

29 Blick ostwärts, Hrimgerd, ob dich Helgi hat
Getroffen mit Todesstäben.
Auf Land und Flut geborgen ist des Edlings Flotte
Und des Königs Mannen zumal.

30 Der Tag scheint, Hrimgerd: dir bestimmte hier
Atli den Untergang.
Ein lächerlich' Wahrzeichen wirst du dem Hafen,
Wie du da stehst als Steinbild.

IV.

König Helgi war ein allgewaltiger Kriegsmann. Er kam zu König Eilimi und bat um Swawa, dessen Tochter. Helgi und Swawa verlobten sich und liebten sich über alles. Swawa war daheim bei ihrem Vater, aber Helgi im Heerzug. Swawa war Walküre nach wie vor. Hedin war daheim bei seinem Vater Hiörward, König in Noreg. Da fuhr Hedin auf Julabend einsam heim aus dem Walde und fand ein Zauberweib. Sie ritt einen Wolf und hatte Schlangen als Zaumzeug und bot dem Hedin ihr Geleit an. Nein, sprach er. Da sprach sie: Das sollst du mir entgelten bei Bragis Becher. Abends wurden Gelübde verheißen und der Sühneber vorgeführt, auf den die Männer die Hände legten und bei Bragis Becher Gelübde taten. Hedin vermaß sich eines Gelübdes auf Swawa, Eilimis Tochter, seines Bruders Geliebte. Danach gereute es ihn so sehr, daß er fortging auf wilden Stegen südlich ins Land, wo er seinen Bruder Helgi traf. Helgi sprach:

31 Heil dir, Hedin! Was hast du zu sagen
Neuer Mären aus Norwegen?
Was führte, Fürst, dich fort aus dem Lande,
Daß du allein mich aufsuchst?

Hedin

32 Ein allzugroßes Unheil betraf mich:
Ich hab erkoren die Königstochter
Beim Schwurbecher: deine Braut!

Helgi

33 Klage dich nicht an! Noch kann sich erfüllen,
Hedin, unser Älgelübde.
Mich hat ein Held zum Holmgang [Zweikampf] entboten:
Da find' ich den Feind in Frist dreier Nächte.
Ich werde wohl nicht wiederkehren:
Doch kann's auch gut gehen, wenn das Schicksal will.

Hedin

34 Du sagtest, Helgi, Hedin wäre
Dir Gutes und großer Gaben wert.
Dir scheint schicklicher, das Schwert zu röten,
Als deinen Feinden Frieden zu geben.

Jenes sprach Helgi, weil ihm sein Tod ahnte und auch, weil seine Folgegeister den Hedin aufgesucht hatten, als er das Weib den Wolf reiten sah. Alfur hieß ein König, Hrodmars Sohn, der den Helgi zum Kampf entboten hatte gen Sigarswöllr in dreier Nächte Frist. Da sprach Helgi:

35 Es ritt den Wolf, da rings es dunkelte,
Eine Frau, die dem Bruder ihr Geleit bot.
Sie wußte wohl, es würde fallen
Sigurlinns Sohn bei Sigarswöllr.

Da geschah eine große Schlacht, und Helgi empfing die Todeswunde.

36 Helgi sandte den Sigar, zu reiten
Hin nach Eilimis einziger Tochter:
„Bitte sie, bald bei mir zu sein,
Wenn sie den Fürsten will finden am Leben.“

Sigar

37 Mich hat Helgi hergesendet,
Selber zu sprechen, Swawa, mit dir,
Dich zu schauen sehn' er sich, sagte der König,
Ehe den Atem der edle verhaucht.

Swawa

38 Was ist mit Helgi, Hiörwards Sohne?
Hart hat das Unheil mich heimgesucht.
Wenn die See ihn schlang, das Schwert ihn fällte,
So will ich des Werten Rächerin werden.

Sigar

39 Hier fiel in der Frühe bei Frekastein
Der Edlinge edelster unter der Sonne.
Des vollen Sieges freut sich Alfur:
Das hätte es diesmal nicht bedurft!

Helgi

40 Heil dir Swawa! Teile dein Herz.
Wir werden uns wieder auf der Welt nicht sehn.
Zehn Wunden fließen siehst du dem Fürsten:
Dem Herzen kam mir die Klinge zu nah.

41 Ich bitte dich, Swawa (Braut, weine nicht),
Willst du vernehmen, was ich dir sage,
So breite meinem Bruder Hedin ein Bette
Und schlinge die Arme um den jungen Helden.

Swawa

42 Das hab' ich verheißen zu Munarheim,
Als Helgi der Braut die Ringe bot,
Nie wollt' ich froh nach des Königs Fall
Einen andern Helden im Arme hegen.

Hedin

43 Küsse mich, Swawa, ich kehre nicht wieder,
Rögsheim zu sehn noch Rödulfsfiöll,
Gerächt hab ich denn Hiörwards Sohn,
Der Edlinge Edelsten unter der Sonne.

Von Helgi und Swawa wird gesagt, daß sie wiedergeboren wären.

19. Helgakvida Hundingsbana fyrri

Das erste Lied von Helgi dem Hundingstöter

I.

1 In alten Zeiten, als Aare sangen,
Heilige Wasser rannen von Himinwangi,
Da hatte Helgi den großherzigen
Borghild geboren in Bralundr.

2 Nacht in der Burg war's, Nornen kamen,
Die dem Edeling das Alter bestimmten.
Sie geboten dem König, der Kühnste zu werden,
Aller Fürsten edelster zu dünken.

3 Sie schnürten scharf die Schicksalsfäden,
Daß die Burgen brachen in Bralundr.
Goldene Fäden fügten sie weit,
Sie mitten festigend unterm Mondessaal.

4 Westlich und östlich die Enden bargen sie,
In der Mitte lag des Königs Land.
Einen Faden nordwärts warf Neris Schwester,
Ewig zu halten, hieß sie dies Band.

5 Eins schuf Angst dem Uelfingensohn,
Und ihr, der Frau, die Freude gebar:
Rabe sprach zum Raben (auf ragendem Baum
Saß er ohne Atzung): „Ich weiß etwas.

6 Es steht der Sohn Sigmunds im Panzer,
Einen Tag alt: unser Tag bricht an.
Er schärft die Augen (so schauen Helden),
Der Wölfe Freund: freuen wir uns!“

7 Dem Volke schien sein Fürst geboren,
Sie wünschten sich Glück zu goldener Zeit.
Der König selber ging aus dem Schlachtlärm,
Dem jungen Edling edeln Lauch [unklar] zu bringen.

8 Er hieß ihn Helgi und gab ihm Hringstadr,
Solfiöll, Snäfiöll und Sigarswöllr,
Hringstadr, Hatun und Himinwangi,
Gab ein blutig Schwert Sinfiötlis Bruder.

9 Da begann zu wachsen an Verwandter Brust
Die ragende Rüster in des Ruhmes Licht.
Er vergalt und gab das Gold den Werten,
Sparte das Schwert nicht, das blutbespritzte.

II.

10 Kurz ließ der König auf Kampf ihn warten:
Fünfzehn Winter alt war der Fürst,
Da hatt' er den harten Hunding erschlagen,
Der Land und Leute so lange beherrschte.

11 Da sprachen Sigmunds Sprößling an
Um Gold und Schätze die Söhne Hundings.
Zu vergelten hatten sie Güterraubs viel
Dem jungen Fürsten und des Vaters Tod.

12 Doch nicht gewährte der Fürst dafür die Buße,
Weigerte jegliches Wergeld den Söhnen:
Gewarten möchten sie mächtigen Wetters,
Grauer Gere und des Grames Odins.

13 Zur Schlachtstätte stapften die Fürsten,
Die sie gelegt gen Logafiöll.
Frodis Frieden zerbrach zwischen Feinden:
Granis Grauhunde fuhren gierig durchs Land.

14 Saß der König, da erschlagen er hatte
Alf und Eyolf, unter dem Aarstein,
Dazu Hiörward und Haward, Hundings Söhne;
Gefällt war des Gerriesen ganzes Geschlecht.

15 Da brach ein Licht aus Logafiöll,
Und aus dem Lichte kam Wetterleuchten.
Helmträgerinnen sah man auf Himinwangi:
Ihre Brünnen waren mit Blut bespritzt,
Und Strahlen standen still auf den Geeren.

16 Es fragte in der Frühe der Männerfürst
Die südlichen Frauen vom Schlachtfeld her:
Ob sie daheim bei den Helden wollten
Bleiben bei der Nacht? Die Bogen schnurrten.

17 Aber vom Hengste sprach Högnis Tochter
– Der Schildlärm schwieg – zu dem König:
„Wir haben wohl anderes hier zu schaffen
Als, Ringbrecher, bei dir Bier zu trinken.

18 Mein Vater hat mich, seine Maid,
Versprochen Granmars grimmem Sohne.
Doch hab' ich, Helgi, den Hödbrodd genannt
Einen König so kühn wie ein Katzensohn.

19 Nun wird er kommen nach wenigen Nächten,
Wofern du den Fürsten nicht forderst zum Kampf,
Oder mich, die Maid, ihm raubst."

Helgi

20 „Fürchte nicht mehr den Mörder Isungs:
Erst tobt Getöse, ich sei denn tot." –

21 Boten sandt' alsbald der gebietende König,
Hilfe zu fordern über Flut und Land,
Um mehr als genug den Mannen zu bieten
Und ihren Söhnen des schimmernden Goldes:

22 „Heißet sie schnell zu den Schiffen gehn,
Daß sie aus Brandey uns Hilfe bringen."
Da harrte der König, bis sich versammelten
Helden vielhundert von Hedinsey.

23 Da sah man von Stränden und Stafnesnes
Die Schiffe gesegelt, die goldgeschmückten.
Helgi fragte den Hiörleif alsbald:
„Hast du erkundet der Kühnen Zahl?"

24 Aber der Königssohn sagte dem andern:
„Schwer," sprach er, „fällt es, von der Schnabelspitze
Die langen Schiffe, die Segler, zu zählen,
Die da außen in Oerwasund fahren.

25 Zwölfhundert zählst du Zuverlässiger:
Doch harrt in Hatun noch halbmal mehr
Der Scharen des Königs: der Schlacht harre ich nun."

26 Da warf der Steurer die Stevenzelte nieder,
Der Männer Menge damit zu erwecken,
Daß die Fürsten sähen den kommenden Tag.
An die Segelstangen schnürten die Helden
Die Segel auf bei Warins Bucht.

27 Die Ruder ächzten, das Eisen klang,
Schild scholl an Schild, die Seehelden ruderten.
Unter den Edlingen eilend ging
Des Fürsten Flotte den Landen fern.

28 So war's zu hören, da hart sich stießen
Die kühlen Wellen und die langen Kiele,
Als ob Berg oder Brandung brechen wollten.

29 Helgi hieß das Hochsegel aufziehn,
Als wider Wogen da Woge schlug
Und die tobende Tochter Oegirs
Die starren Rosse zu stürzen gedachte.

30 Aber Sigrun kam kühn aus den Wolken
Und schützte sie selber und ihre Schiffe.
Kräftig riß sich der Ran aus der Hand
Des Königs Langschiff bei Gnipalundr.

31 Da saß er geborgen in der Bucht am Abend;
Die schmucken Schiffe schossen dahin.
Aber Granmars Söhne von Swarinshügel
Erspähten sein Volk mit feindlichem Sinn.

32 Da fragte Gudmundr, der gottgeborne:
„Wie heißt der Herzog, der dem Heer gebeut,
Dies furchtbare Volk und führt zu Land?“

33 Sinfiötli versetzte, und schlug am Rah
Ein rotes Schild auf, des' Rand war von Gold.
Er war ein Sundwart, der sprechen konnte
Und Worte wechseln mit werten Männern:

34 „Sag das am Abend, wenn du Schweine fütterst
Und eure Hunde zur Atzung lockst:
Die Uelfinge seien von Osten gekommen,
Des Kampfs begierig vor Gnipalundr.

35 Hier wird Hödbroddr den Helgi finden,
Den fluchtträgen Fürsten, in der Flotte Mitten.
Oftmals hat er Aare gesättigt,
Dieweil du in der Mühle Mägde küßtest.“

Gudmundr

36 Nicht folgst du, Fürst, der Vorzeit Lehren,
Da du die Edlinge mit Unrecht verrufst.
Du hast im Walde mit Wölfen geschwelgt,
Hast deinen Brüdern den Tod gebracht.
Oft sogst du mit eisigem Atem Wunden,
Bargst allverhaßt dich unter Steinen.

Sinfiötli

37 Du warst ein Zauberweib auf Warinsey,
Ein luchslistiges! Du brautest Lügen zusammen.
Keinen Mann, meintest du, möchtest du haben
Von allen den Kriegern außer Sinfiötli.

38 Du warst die schädlichste Walkürenhexe,
Aber, bei Allvater, allvermögend.
Man sah die Einherier alle sich raufen,
Verwettertes Weib, um deinetwillen.
Neune hatten wir auf Nefisaga
Wölfe gezeugt: ich war ihr Vater.

Gudmundr

39 Nicht warst du der Vater der Fenriswölfe,
Obgleich ärger als alle, das leuchtet ein,
Denn längst entmannten dich, eh du Gnipalundr sahst,
Thursentöchter bei Thorsnes dort.

40 Siggeirs Stiefsohn, lagst du hinter Stückfässern,
An Wolfsgeheul gewöhnt in den Wäldern draußen.
Alles Unheil kam über dich,
Als du den Brüdern die Brust durchbohrtest,
Dich landrüchig machtest durch Lasterwerke.

Sinfiötli

41 Du warst Granis Braut bei Brawöllr,
Goldgezügelt, gezähmt zum Lauf.
Manche Strecke ritt ich dich müde
Und hungrig unterm Sattel, Scheusal, den Berg hinab.

42 Ein sittenloser Knecht erschienst du da,
Als du Gullnirs Geiße melktest;
Ein andermal schienst du, Thursentochter,
Ein lumpiges Bettelweib: willst du länger zanken?

Gudmundr

43 Nein, füttern wollt' ich bei Frekastein
Lieber die Raben mit dem Fleisch deiner Leiche.
Und eure Hunde zur Atzung locken
Und Schweine zum Troge: zanke der Teufel mit dir!

Helgi

44 Es ziemt' euch besser beiden, Sinfiötli,
Den Kampf zu fechten und Aare zu erfreuen,
Als euch zu eifern mit unnützen Worten,
Wenn auch Ringbrecher den Haß nicht bergen.

45 Auch mich nicht gut dünken Granmars Söhne;
Doch ist's Recken rühmlicher, reden sie Wahrheit.
Sie haben's gezeigt bei Moinsheim:
Die Schwerter zu brauchen gebricht ihnen Mut nicht. –

46 Sie ließen die Rosse gewaltig rennen,
Swipudr und Swegjudr, auf Solheim zu
Durch tauige Täler und tiefe Wege;
Der Mist Roß [unklar] schütterte, wo die Männer fuhren.

47 Sie trafen den Herrscher an der Türe der Burg,
Kündeten dem König den kommenden Feind.
Außen stand Hödbroddr helmbedeckt,
Sah den Schnellritt seines Geschlechts:
„Wie harmvoll habt ihr Helden ein Aussehn?" –

48 Her schnauben zum Strande schnelle Kiele,
Ragende Masten und lange Rahen,
Schilde sattsam und geschabte Ruder,
Herrliche Helden der hehren Uelfinge.

49 Fünfzehn Fähnlein fuhren ans Land;
Doch stehen im Sund noch siebentausend.
Hier liegen am Lande vor Gnipalundr
Blauschwarze Seetiere und goldgeschmückte.
Die meiste Menge seiner Mannen ist hier:
Nicht länger säumt nun Helgi die Schlacht.

Hödbroddr

50 Laßt rasche Rosse zum Kampfthing rennen,
Aber Sporwitnir gen Sparinsheide,
Melnir und Mylnir gen Myrkwidr:
Sitze mir kein Mann säumig daheim,
Der Wundenflamme zu schwingen weiß.

51 Ladet Högni und Hrings Söhne,
Atli und Ingwi und Alf den greisen;
Die zu beginnen sind gierig den Kampf:
Wir wollen den Wölsungen Widerstand tun. –

52 Ein Sturmwind schien's, da zusammen trafen
Die funkelnden Schwerter bei Frekastein.
Immer war Helgi, der Hundingstöter,
Vorn im Volkskampf, wo Männer fochten.
Schnell im Schlachtlärm, säumig zur Flucht,
Ein hartmutig Herz hatte der König.

53 Da kam wie vom Himmel die Helmbewehrte –
Das Speersausen wuchs – und schützte den Fürsten.
Laut rief Sigrun, des Luftritts kundig,
Dem Heldenheer zu, aus des Herzens Grund:

54 „Heil sollst du, Held, der Herrschaft walten,
Ingwis Nachkomme, und das Leben genießen.
Den fluchtträgen Fürsten hast du gefällt,
Ihn, der den Schrecklichen sandt' in den Tod.
Nun mußt du beides nicht länger missen:
Rote Ringe und die reiche Maid.

55 Heil sollst du dich, Fürst, erfreuen der beiden,
Der Tochter Högnis und Hringstadirs,
Des Sieges und der Lande; aus ist der Streit."

20. Helgakvida Hundingsbana önnur

Das andere [zweite] Lied von Helgi dem Hundingstöter

I.

König Sigmund, Wölsungs Sohn, hatte Borghilden von Bralundr zur Frau. Sie nannten ihren Sohn Helgi und zwar nach Helgi, Hiörwards Sohne. Den Helgi erzog Hagal. Hunding hieß ein mächtiger König; nach ihm ist Hundland genannt. Er war ein großer Kriegsmann und hatte viele Söhne, die bei der Heerfahrt waren. Unfriede und Feindschaft war zwischen den Königen Hunding und Sigmund: sie erschlugen einander die Freunde. König Sigmund und seine Nachkommen hießen Wölsungen und Uelfinge (Wölfinge). Helgi fuhr aus und spähte insgeheim an Hundings Hofe. Häming, König Hundings Sohn, war daheim. Als aber Helgi fortzog, begegnete er einem Hirtenbuben und sprach:

1 Sag du dem Häming, daß es Helgi war,
Den in das Eisenhemd Männer hüllten.
Den ihr im Hause wolfsgrau hattet,
Als ihn für Hamal Hunding ansah.

Hamal hieß der Sohn Hagals. König Hunding sandte Männer zu Hagal, den Helgi zu suchen, und Helgi, da er nicht anders entrinnen konnte, zog die Kleider einer Magd an und ging in die Mühle. Sie suchten den Helgi und fanden ihn nicht. Da sprach Blindr, der unheilvolle:

2 Scharf sind die Augen der Schaffnerin Hagals,
Nicht gemeinen Mannes Kind steht an der Mühle:
Die Steine bersten, die Mühle zerspringt.

Ein hartes Los hat der Held ergriffen,
Da hier ein König Gerste mahlen muß.
Besser stünde so starker Hand wohl
Des Schwertes Griff als die Mandelstange.

Hagal antwortete und sprach:

3 Das muß nicht wundern, wenn die Mühle dröhnt,
Da eine Königsmaid die Mandel rührt.
Höher schwebte sie sonst als Wolken,
Die gleich Wikingen wagte des Kampfs zu walten,
Bevor sie Helgi geführt zur Haft.
Die Schwester ist sie Sigars und Högnis:
Drum hat scharfe Augen der Uelfinge Magd.

II.

Helgi entkam und fuhr auf Kriegsschiffen. Er fällte König Hunding und hieß nun Helgi der Hundingstöter. Er lag mit seinem Heere in Brunawagir, ließ am Strand das Vieh zusammentreiben und aß rohes Fleisch mit den Helden. Högni hieß ein König; dessen Tochter war Sigrun. Sie war Walküre und ritt über Luft und Meer. Sie war die wiedergeborene Swawa. Sigrun ritt zu Helgis Schiffen und sprach:

4 Wer läßt die Flotte fließen zum Strande?
Wo habt ihr Helden eure Heimat?
Worauf wartet ihr in Brunawagir?
Wohin gelüstet euch die Fahrt zu lenken?

Helgi

5 Hamal läßt die Flotte fließen zum Strande;
In Hlesey haben wir unsre Heimat.
Fahrwind erwarten wir in Brunawagir;
Östlich gelüstet uns die Fahrt zu lenken.

Sigrun

6 Wo hast du, König, Kampf erweckt,
Wo die Vögel der Kriegsschwestern gefüttert?
Wie ist dir mit Blut die Brünne bespritzt!
Unter Helmen eßt ihr ungesottnes Fleisch.

Helgi

7 Das übt' ich zujüngst, ein Uelfingensohn,
Westlich dem Meer, wenn dich's zu wissen lüstet,
Daß ich Bären jagte in Bragalundr
Und mit Spießen sättigte der Aare Geschlecht.
Nun weißt du, Maid, warum es geschieht:
Drum ist selten gekochte Kost hier am Meer.

Sigrun

8 Du zielst auf Kampf; von Helgi bezwungen
Sank Hunding im Kampf auch, der König, aufs Feld.
Ein Kampf auch war's, da ihr Verwandte rächtet,
Und die Schneiden bespritztet der Schwerter mit Blut.

Helgi

9 Wie magst du wissen, daß die es waren,
Vielkluge Frau, die ihre Freunde rächten?
Tapfer im Kampf sind der Krieger viel,
Der Feindschaft voll auch unsern Freunden.

Sigrun

10 Ich war nicht fern, Führer des Schlachtkeils,
Da mancher Held durch mich dir hinsank.
Doch nenn' ich dich schlau, Sigmunds Erbe,
Daß du in Kampfrunen kündest die Schlacht.

11 Ich sah dich fahren vorn auf dem Langschiff,
Da du standest auf dem blutigen Steven
Von urkalten Wellen umspielt.
Nun will sich hehlen der Held vor mir;
Aber Högnis Maid kennt ihren Mann.

III.

Granmar hieß ein mächtiger König, der zu Swarinshügel saß. Er hatte viele Söhne: einer hieß Hödbroddr, der andere Gudmund, der dritte Starkadr. Hödbroddr war in einer Königsversammlung und ließ sich Sigrun, Högnis Tochter, verloben. Als sie das hörte, ritt sie fort mit Walküren durch Luft und Meer und suchte Helgi. Helgi war da auf Logafiöll und hatte mit Hundings Söhnen gekämpft: da fällte er Alf und Eyolf, Hiörward und Herward, und war nun ganz kampfmüde und saß unterm Aarstein. Da fand ihn Sigrun und fiel ihm um den Hals und küßte ihn und sagte ihm ihr Gesuch, wie es im alten Wölsungenliede gemeldet ist.

12 Sigrun suchte den freudigen Sieger;
Helgis Hand zog sie ans Herz,
Grüßte und küßte den König unterm Helme.

13 Da ward der Fürst der Jungfrau gewogen,
Die längst schon hold war von ganzem Herzen
Dem Sohne Sigmunds, eh er sie gesehn.

14 „Dem Hödbroddr ward ich vor dem Heere verlobt;
Doch einen andern zur Ehe wollt' ich.
Nun fürcht' ich, Fürst, der Freunde Zorn:
Den Lieblingswunsch vereitelt' ich dem Vater."

15 Nicht wider ihr Herz sprach Högnis Tochter:
Helgis Huld, sprach sie, müsse sie haben.

Helgi

16 Hege nicht Furcht vor Högnis Zorn
Noch dem Unwillen deiner Verwandten.
Du sollst, junge Maid, mit mir nun leben:
Du bist edler Abkunft, das ist mir gewiß.

Helgi sammelte da ein großes Schiffsheer und fuhr gen Frekastein. Aber auf dem Meere traf sie ein männerverderbliches Unwetter. Blitze fuhren über sie hin, und Wetterstrahlen schlugen in die Schiffe. Da sahen sie in der Luft neun Walküren reiten und erkannten Sigrun. Alsbald legte sich der Sturm, und glücklich kamen sie ans Land. Granmars Söhne saßen auf einem Berge, da die Schiffe zu Lande segelten. Gudmund sprang aufs Pferd und ritt auf Kundschaft von dem Berge nach dem Meere. Da zogen die Wölsungen die Segel nieder. Aber Gudmund sprach, wie zuvor geschrieben ist im Helgiliede:

Wie heißt der Herzog, der dem Heere gebeut,
Dies furchtbare Volk zu Land uns führt?

Dies sprach Gudmund, Granmars Sohn:

17 Wie heißt der Fürst, der die Flotte steuert,
Die goldne Kriegsfahne am Steven entfaltet?
Nicht deutet auf Frieden das Vorderschiff.
Waffenröte umstrahlt die Wikinge.

Sinfiötli

18 Hier mag Hödbroddr den Helgi schauen,
Den fluchtträgen Fürsten, in der Flotte Mitten.
Er hat das Besitztum deines Geschlechts,
Das Erbe der Fjörsunge, sich unterworfen.

Gudmund

19 Drum fechten wir länger nicht bei Frekastein,
Den Streit zu schlichten mit sanften Worten:
Zeit ist's, Hödbroddr! Rache zu heischen,
Obgleich das Glück uns lange nicht günstig war.

Sinfiötli

20 Eher magst du, Gudmund, Geißen hüten
Und durch Spalten schlüpfen auf schroffen Bergen,
Als Hirt die Hasel- gert' in der Hand:
Schwertentscheidung geziemt dir schlecht.

Helgi

21 Es stünde besser dir, Sinfiötli, an,
Kampf zu fechten und Aare zu erfreuen,
Als euch mit unnützen Worten zu eifern,
Hehlen auch Helden den Haß nicht gern.

22 Nicht gut dünken auch mich Granmars Söhne;
Doch ist's Recken rühmlicher, reden sie Wahrheit.
Sie haben's gezeigt bei Moinsheim,
Daß ihnen Mut nicht gebricht, die Schwerter zu brauchen:
Helden sind sie hurtig und schnell.

Gudmund ritt heim, die Kriegsbotschaft zu bringen. Da sammelten Granmars Söhne ein Heer, zu dem viele Könige stießen, darunter

Högni, Sigruns Vater, und seine Söhne Bragi und Dag. Da geschah eine große Schlacht, und es fielen alle Söhne Granmars und alle ihre Häuptlinge; nur Dag, Högnis Sohn, erhielt Frieden und leistete den Wölsungen Eide. Sigrun ging auf die Walstätte und fand Hödbroddr dem Tode nah. Sie sprach:

23 Nicht wird dir Sigrun vom Sewafiöll,
König Hödbroddr, im Arme liegen.
Vorbei ist das Leben: das Beil naht,
Granmars Sohn, deinem grauen Haupt.

Hierauf fand sie den Helgi und freute sich sehr. Helgi sprach:

24 Nicht alles, Weise, erging dir nach Wunsch;
Doch tragen die Nornen ein Teil der Schuld.
In der Frühe fielen bei Frekastein
Bragi und Högni: ich bin ihr Töter!

25 Bei Styrkleif sank König Starkadr,
Und bei Hlebiörg Hrollaugs Söhne.
So grimmig' Gemütes wie Gylfi sah ich nie:
Sein Rumpf hieb noch um sich, da das Haupt gefallen war.

26 Zur Erde sanken allermeist
Deine lieben Freunde in Leichen verkehrt.
Du gewannst nicht beim Siege: es war dein Schicksal,
Mord zu bringen unter mächtige Sippen.

Da weinte Sigrun; er aber sprach:

27 Weine nicht, Sigrun, du warst uns Hilde,
Nicht entgehen Fürsten ihrem Schicksal.

Sie sprach:

28 Zurück ins Leben möcht' ich jetzt die Leichen;
Und zugleich im Arm dir ruhn.

IV.

Helgi empfing Sigrun zur Ehe und zeugte Söhne mit ihr. Aber Helgi wurde nicht alt. Dag, Högnis Sohn, opferte dem Odin für Vaterrache. Da lieh Odin ihm seinen Spieß. Dag fand den Helgi, seinen Schwager, bei Fiöturlundr (Fesselwald); er durchbohrte Helgi mit dem Spieße. Da fiel Helgi; aber Dag ritt gen Sewafiöll und brachte Sigrun die Zeitung:

29 Betrübt bin ich, Schwester, dir Trauer zu künden,
Die ich wider Willen zum Weinen brachte.
In der Frühe fiel bei Fiöturlundr
Der Edlinge edelster unter der Sonne.
Viel Fürsten setzt' er den Fuß auf den Hals.

Sigrun

30 So sollen dich alle Eide scheiden,
Die du dem Helgi hast geschworen
Bei der Leiptr leuchtender Flut
Und der urkalten Wasserklippe.

31 Das Schiff fahre nicht, das unter dir fährt,
Weht auch erwünschter Wind dahinter.
Das Roß renne nicht, das unter dir rennt,
Müßtest du auch fliehen vor deinen Feinden.

32 Das Schwert schneide nicht, das du schwingst,
Es schwirre denn dir selber ums Haupt.
Rache hätt' ich da für Helgis Tod,
Wenn du ein Wolf wärst im Walde draußen
Des Beistands bar und bar der Freunde,
Der Nahrung ledig, es sei denn Aas.

Dag

33 Irr bist du, Schwester, und aberwitzig,
Daß du dem Bruder Verwünschung erbittest.
Odin allein hat an dem Unheil Schuld,
Der zwischen Verwandte Zwistrunen warf.

34 Dir bietet rote Ringe der Bruder,
Ganz Mandilswe und Wigdalier dazu;
Nimm dir halb das Reich dem Harm der Buße,
Spangengeschmückte, den Söhnen und dir.

Sigrun

35 Nicht sitz' ich mehr selig zu Sewafiöll
Früh noch spät, daß mich freute zu leben,
Es brech' ein Glanz denn aus dem Grabe des Fürsten
Und Wigblär das Roß, das goldgezäumte,
Renne mit ihm daher, den so gern ich umfinge. –

36 So schuf Helgi Schrecken und Angst
All seinen Feinden und ihren Freunden,
Wie vor Wölfen wütig rennen
Geiße am Berghang, des Grauens voll.

37 So hob sich Helgi über die Helden all,
Wie die edle Esche über die Dornen,
Oder wie taubeträuft das Tierkalb springt:
Weit überholt es anderes Wild,
Und gegen den Himmel glühn seine Hörner.

Ein Hügel wurde über Helgi gemacht; aber als er nach Walhall kam, bot Odin ihm an, die Herrschaft mit ihm zu teilen. Helgi sprach:

38 Nun mußt du, Hunding, den Männern all
Das Fußbad bereiten, das Feuer zünden;
Die Hunde anketten, die Hengste besorgen
Und die Schweine füttern, eh du schlafen gehst.

Sigruns Magd ging am Abend zum Hügel Helgis und sah, daß Helgi zum Hügel ritt mit großem Gefolge.

Die Magd

39 Ist's Sinnentrug, was ich zu schauen meine,
Ist's der Jüngste Tag? Tote reiten.
Die raschen Rosse reizt ihr mit Sporen:
Ist den Helden Heimfahrt gegönnt?

Helgi

40 Nicht Sinnentrug ist's, was du zu schauen meinst,
Noch Weltverwüstung, obwohl du uns siehst
Die raschen Rosse mit Sporen reizen;
Sondern den Helden ist Heimfahrt gegönnt.

Da ging die Magd heim und sprach zu Sigrun:

41 Geh schnell, Sigrun von Sewafiöll,
Wenn dich den Volksfürsten zu finden lüstet.
Der Hügel ist offen, Helgi gekommen.
Die Kampfspuren bluten; der König bittet dich,
Du wollest die weinenden Wunden ihm stillen.

Sigrun ging in den Hügel zu Helgi und sprach:

42 Nun bin ich so froh, dich wieder zu finden,
Wie die aasgierigen Habichte Odins,
Wenn sie Leichen wittern und warmes Blut,
Oder tautriefend den Tag schimmern sehn.

43 Nun will ich küssen den entseelten König,
Eh du die blutige Brünne noch abwirfst.
Das Haar ist dir, Helgi, in Angstschweiß gehüllt.
Ganz mit Grabestau übergossen der König;
Die Hände sind urkalt dem Eidam Högnis:
Was bringt mir, Gebieter, die Buße dafür?

Helgi

44 Du Sigrun bist schuld von Sewafiöll,
Daß Helgi trieft von tauendem Harm.
Du vergießest Goldziere, grimme Zähren,
Sonnige, Südliche, eh du schlafen gehst.
Jede fiel blutig auf die Brust dem Helden,
Eiskalt, angstschwer, alles durchdringend.

45 Wohl sollen wir trinken köstlichen Trank,
Auch wenn wir Lust und Lande verloren.
Stimme niemand ein Sterbelied an,
Schaut er durchbohrt die Brust mir auch.
Nun sind Bräute geborgen im Hügel,
Die Königstöchter, bei uns Toten!

Sigrun bereitete ein Bett im Hügel und sprach:

46 Hier hab ich ein Bett dir, Helgi, bereitet,
Ein sorgenloses, Sohn der Uelfinge.
Ich will dir im Arme, Edling, schlafen,
Wie ich dem lebenden Könige lag.

Helgi

47 Nun darf uns nichts unmöglich dünken
Früh noch spät zu Sewafiöll,
Da du dem Entseelten im Arme schläfst
Im Hügel, holde Högnistochter,
Und bist lebendig, du Königsgeborne!

48 Zeit ist's, zu reiten gerötete Wege,
Den Flugsteg das fahle Roß zu führen.
Westlich muß ich stehn vor Windhelms Brücke,
Eh Salgofnir krähend das Siegervolk weckt.

Helgi ritt seines Weges mit dem Geleit, und die Frauen fuhren nach Hause. Den andern Abend ließ Sigrun die Magd Wache halten am Grabmal. Aber bei Sonnenuntergang, als Sigrun zum Grabmal kam, sprach sie:

49 Gekommen wäre nun, dächt' er zu kommen,
Sigmunds Sohn aus den Sälen Odins.
Die Hoffnung ist hin auf des Helden Rückkehr,
Da auf Eschenzweigen die Aare sitzen
Und alles Volk zur Traumstätte fährt.

Die Magd

50 Sei nicht so frevel, allein zu fahren,
Skiöldungentochter, zu der Toten Hütten.
Stärker werden stets in den Nächten
Der Helden Gespenster als am hellen Tage.

Sigrun lebte nicht lange mehr vor Harm und Leid. Es war Glauben im Altertum, daß Helden wiedergeboren würden; aber das heißt man jetzt nur noch alter Weiber Wahn. Von Helgi und Sigrun wird gesagt, sie seien wiedergeboren worden: er hieß da Helgi Haddingia-Held; aber sie Kara, Halfdans Tochter, so wie gesungen ist in den Karaliedern; und sie war Walküre.

21. Sinfiötlalok

Sinfiötlis Ende

Sigmund, Wölsungs Sohn, war König in Frankenland. Sinfiötli war der älteste seiner Söhne, der andere Helgi, der dritte Hamund. Borghild, Sigmunds Frau, hatte einen Bruder, der Borgar hieß. Aber Sinfiötli, ihr Stiefsohn, und Borgar freiten beide um ein Weib und deshalb erschlug ihn Sinfiötli. Und als er heimkam, da hieß ihn Borghild fortgehen; aber Sigmund bot ihr Geldbuße, und das nahm sie an. Aber beim Leichenschmaus trug Borghild Bier umher. Sie nahm Gift, ein großes Horn voll, und brachte es dem Sinfiötli. Und als er in das Horn sah, bemerkte er, daß Gift darin war, und sprach zu Sigmund: der Trank ist giftig. Sigmund nahm das Horn und trank es aus. Es wird gesagt, daß Sigmund so hart war, daß kein Gift ihm schaden mochte weder außen noch innen. Aber alle seine Söhne mochten Gift nur außen auf der Haut leiden.

Borghild brachte dem Sinfiötli ein anderes Horn und hieß ihn trinken, und da geschah wieder wie zuvor. Und zum drittenmal brachte sie ihm das Horn und diesmal mit Drohworten, wenn er nicht tränke. Er sprach aber wie zuvor zu Sigmund. Da sagte der: laß es durch den Schnurrbart seihen, Sohn. Sinfiötli trank und war alsbald tot. Sigmund trug ihn weite Wege in seinen Armen und kam da zu einem langen, schmalen Fjord. Da war ein kleines Schiff und ein Mann darin. Der bot dem Sigmund die Fahrt an über den Fjord. Als aber Sigmund die Leiche in das Schiff trug, da war das Boot voll geladen. Der Mann sprach zu Sigmund, er solle vorangehn durch den Fjord. Da stieß der Mann ab mit dem Schiffe und verschwand alsbald.

König Sigmund hatte sich lange in Dänemark aufgehalten, im Reiche Borghildens, nachdem er sie geheiratet hatte. Darauf fuhr Sigmund südwärts nach Frankenland in das Reich, das er da besaß. Da nahm er zur Ehe Hiördis, König Eilimis Tochter: ihr beider Sohn war Sigurd. - König Sigmund fiel im Kampf vor Hundings Söhnen, und

Hiördis vermählte sich da dem Alf, König Hialpreks Sohne. Sigurd wuchs da auf in der Kindheit.

Sigmund und alle seine Söhne waren allen anderen Männern weit überlegen an Stärke, Wuchs, Sinn und Taten. Aber der vortrefflichste war Sigurd, und ihn nennt man überall in alten Sagen allen Männern voran als den gewaltigsten der Heerkönige.

22. Sigurdarkvida Fafnisbana fyrsta edha Gripisspa

Das erste Lied von Sigurd dem Fafnirstöter oder Gripirs Weissagung (Das erste Sigurd-Lied)

Gripir hieß ein Sohn Eilimis, der Bruder der Hiördis. Er beherrschte die Lande und war der weiseste aller Männer; auch wußt' er die Zukunft. Sigurd ritt allein und kam zur Halle Gripirs. Sigurd war leicht erkennbar. Vor dem Tor der Halle kam er mit einem Mann ins Gespräch, der sich Geitir nannte. Da verlangte Sigurd von ihm Bescheid und sprach:

1 Wie heißt, der hier die Halle bewohnt?
Wie nennen die Leute den König des Landes?

Geitir

Gripir heißt der Herrscher der Männer,
Der des festen Lands und der Leute waltet.

Sigurd

2 Ist der hehre Fürst daheim im Land?
Kann der König mit mir zu reden kommen?
Der Unterredung bedarf ein Unbekannter:
Bald begehr' ich Gripirn zu finden.

Geitir

3 Der gute König wird Geitirn fragen,
Wie der Mann genannt sei, der nach ihm fragt.

Sigurd

Sigurd heiß' ich, Sigmunds Erzeugter;
Hiördis heißt des Helden Mutter. –

4 Da ging Geitir Gripirn zu sagen:
„Ein Unbekannter ist angekommen;
Von Antlitz edel ist er zu schauen,
Der gern zusammen käme, König, mit dir."

5 Aus dem Gemach ging der mächtige Fürst
Und grüßte freundlich den fremden König:
„Sei willkommen, Sigurd! Warum kamst du nicht längst?
Du geh, Geitir, besorge Grani!"

6 Sie begannen zu sprechen, und sagten sich manches,
Da die ratklugen Recken sich fanden.
„Melde mir, magst du's, mein Mutterbruder,
Wie wird dem Sigurd das Leben sich wenden?"

Gripir

7 Du wirst der mächtigste Mann auf Erden,
Als der aller Fürsten geachtet.
Im Schenken schnell und säumig zur Flucht,
Ein Wunder an Schönheit, von weiser Rede.

Sigurd

8 Laß, Fürst, erfahren – genauer als ich frage,
Weiser –, den Sigurd, wähnst du's zu schauen:
Was wird mir Gutes begegnen zuerst,
Wenn ich gegangen von deinem Hofe?

Gripir

9 Zuvörderst erfichst du dem Vater Rache
Und dem Eilimi Vergeltung alles Leides.
Du wirst die harten Hundingssöhne,
Die schnellen, fällen und den Sieg gewinnen.

Sigurd

10 Sag, edler König, mir Anverwandter,
Gib volle Kunde, da wir freundlich reden:
Siehst du Sigurds Siege voraus,
Die zuhöchst sich heben unter dem Himmel?

Gripir

11 Du fällst allein den gefräßigen Wurm,
Der glänzend liegt auf Gnitaheide.
Beiden Brüdern bringst du den Tod,
Regin und Fafnirn: voraus sieht's Gripir.

Sigurd

12 Schätze gewinn' ich, wenn so mir gelingt
Zu kämpfen mit Männern, wie du mir kund tust.
Im Geist erforsche ferner und sage mir:
Wie lenkt mein Lebens- lauf sich hernach?

Gripir

13 Finden wirst du Fafnirs Höhle,
Wirst heimführen den glänzenden Hort,
Mit Golde beladen Granis Rücken
Und zu Giuki reiten, kampfrüstiger Held.

Sigurd

14 Noch sollst du dem Fürsten in freundlicher Rede,
Weitschauender König, weiteres künden.
Gast war ich Giukis, nun geh' ich von dannen:
Wie lenkt mein Lebens- lauf sich hernach?

Gripir

15 Auf dem Felsen schläft die Fürstentochter
Hehr im Harnisch nach Helgis Tode:
Mit scharfem Schwerte wirst du schneiden,
Die Brünne trennen mit Fafnirs Töter.

Sigurd

16 Die Brünne brach, nun redet die Braut,
Die schöne, so vom Schlaf erweckt.
Was soll mit Sigurd, die Sinnige reden,
Das zum Heile mir Helden werde?

Gripir

17 Sie wird dich Reichen Runen lehren,
Alle, die Menschen wissen möchten,
Dazu in allen Sprachen reden,
Und Heilkraft verleihen. So heil dir, König!

Sigurd

18 Nun laß es gelungen sein, gelernt die Stäbe,
Von dannen zu reiten bin ich bereit;
Im Geist erforsche ferner und sage mir:
Wie lenkt mein Lebens- lauf sich hernach?

Gripir

19 Du wirst zu Heimirs Behausung kommen,
Wirst dem Volksfürsten ein froher Gast sein.
Zu End' ist, Sigurd, was ich voraus sah:
Nicht weiter sollst du Gripirn fragen.

Sigurd

20 Nun schafft mir Sorge das Wort, das du sagtest,
Denn Ferneres siehst du, Fürst, voraus.
Sagst du unsägliches Unheil dem Sigurd voraus,
Drum redest du nicht gerne, Gripir?

Gripir

21 Mir lag der Lenz deines Lebens
Hell vor Augen anzuschauen.
Nicht mit Recht bin ich ratklug genannt,
Noch vorwissend: was ich wußte, sprach ich.

Sigurd

22 Auf Erden kenn' ich keinen andern,
Der so vieles, Gripir, vorausschaut als du.
Nicht sollst du mir bergen, was Böses ist,
Wär' es auch Unglück in meinem Geschick.

Gripir

23 Nicht Laster liegen in deinem Lose
Halt das, herrlicher Held, im Gedächtnis.
Dieweil die Welt steht, wird berühmt,
Schlachtgebieter, bleiben dein Name.

Sigurd

24 Trennen, seh' ich, muß sich nun trauernd
Von dem Seher Sigurd, da es so sich fügt.
Weise den Weg – vorbestimmt ist doch alles –.
Mir, Mutterbruder! Du vermagst es doch!

Gripir

25 Nun will ich Sigurd alles sagen,
Da mich zwingt der Held dazu.
Wisse es genau, es ist die Wahrheit:
Dir ist ein Tag zum Tode bestimmt.

Sigurd

26 Nicht reizen will ich dich, reicher König,
Deinen guten Rat nur, Gripir, erlangen.
Wissen will ich, und sei es auch widrig:
Welch Schicksal ist Sigurd bestimmt?

Gripir

27 Eine Maid ist bei Heimir, herrlich von Antlitz,
Mit Namen ist sie Brynhild genannt,
Die Tochter Budlis; aber der teure
Heimir erzieht ein hartgesinntes Mädchen auf.

Sigurd

28 Was mag mir schaden, ob schön die Maid
Von Antlitz sei, die Heimir aufzieht?
Du sollst mir alles, Gripir, von Grunde melden,
Denn alles Schicksal schaust du voraus.

Gripir

29 Fast alle Freude führt dir dahin
Die schöne von Antlitz, die Heimir aufzieht.
Schlaf wirst du nicht schlafen, nicht schlichten und richten,
Die Männer meiden – du siehst nur die Maid.

Sigurd

30 Was lindert das leidige Los dem Sigurd?
Sage mir, Gripir, siehst du's voraus.
Mag ich die Maid um Mahlschatz kaufen,
Des Volksgebieters blühende Tochter?

Gripir

31 Ihr werdet euch alle Eide schwören,
Hoch und heilig, doch wenige halten.
Warst du Giukis Gast nur eine Nacht,
So hat dein Herz Heimirs Maid vergessen.

Sigurd

32 Wieso denn, Gripir? Sage mir an.
Weißt du Wankelmut in meinem Wesen?
Werd' ich mein Wort nicht bewähren der Maid,
Die ich zu lieben schien aus lauterm Herzen?

Gripir

33 Das wirst du Fürst, durch fremde Tücke;
Der Ränke Grimhilds wirst du entgelten müssen:
Die eigne Tochter wird sie dir bieten,
Die weißgeschleierte: so betrügt sie dich, König!

Sigurd

34 Schließ ich Verschwägerung mit Giukis Geschlecht
Und gehe den Bund mit Gudrun ein –
Wohl gefreit hätte der Fürst,
Müßt' ich mich nicht um Meineid ängstigen.

Gripir

35 Grimhild wird dich gänzlich betören:
Sie bringt dich dazu, um Brynhild zu werben
Zu Gunsten Gunnars, des Gotenkönigs.
Zu früh gelobst du Grimhild die Fahrt.

Sigurd

36 Unheil droht, das merk' ich wohl:
Übel wankt Sigurds Wille,
Wenn ich werben muß um die wonnige Maid
Einem andern zu Handen, der ich hold bin selber.

Gripir

37 Ihr werdet alle Eide schwören,
Gunnar und Högni, und du, Held, der dritte.
Unterwegs wechselt ihr Wuchs und Gestalt,
Du und Gunnar – Gripir lügt nicht!

Sigurd

38 Warum tun wir das? Warum tauschen
Wir unterwegs Wuchs und Gestalt?
Schon fürcht' ich, es folge noch andre Falschheit,
Gar grimme – sprich, Gripir, weiter.

Gripir

39 Du hast nun Gunnars Gang und Gestalt;
Aber eigne Rede und eignen, edlen Sinn.
So verlobst du dich dem erlauchten
Pflegekind Hymirs. Das verhütet niemand!

Sigurd

40 Das Schlimmste scheint mir, Sigurd gilt dann
Dem Volk für falsch, fügt es sich so.
Ungern möcht' ich mit Arglist trügen
Die Heldentochter, die ich die hehrste weiß.

Gripir

41 Liegen wirst du, Lenker des Heers,
Keusch bei der Maid, als wär's deine Mutter.
Drum wird berühmt, so lange die Welt steht,
Volksgebieter, dein Name bleiben.

42 Sodann werden beide Bräute vermählt,
Sigurds und Gunnars, in Giukis Sälen.
Wieder wechselt ihr Wuchs und Gestalt
Daheim – nicht das Herz: das behält jedweder.

Sigurd

43 Wird eine gute Gattin Gunnar erwerben,
Der herrliche Held? Verhehl' es nicht, Gripir,
Wenn des Helden Braut bei mir drei Nächte,
Die hochherz'ge, lag? Unerhört ist solches.

44 Wie mag Freude noch bereiten danach
Der Männer Verwandtschaft? Melde mir, Gripir:
Wird Glück dem Gunnar danach noch gönnen
Solche Sippe, oder mir selbst?

Gripir

45 Du denkst an die Eide, mußt dennoch schweigen.
Zwar liebst du Gudrun in guter Ehe;
Doch bös' verbunden dünkt Brynhild sich;
Die Schlaue sinnt, sich Rache zu schaffen.

Sigurd

46 Was wird zur Buße der Brynhild genügen,
Da wir mit Tücke betrogen die Frau?
Eide geschworen hab' ich der Edeln
Und nicht gehalten; auch hat sie nicht Frieden.

Gripir

47 Die Grimme geht dem Gunnar sagen,
Ihm habest du übel die Eide gehalten,
Da dir der Herrscher von ganzem Herzen doch,
Giukis Erbe, Vertrauen gönnte.

Sigurd

48 Wie ergeht das, Gripir? Gib mir Bescheid.
Werd' ich schuldig sein in dieser Sache?
Oder verleumdet mich das löbliche Weib
Und sich auch selber? Sage mir, Gripir.

Gripir

49 Aus Herzensharm wird die hehre Frau,
Aus tiefem Schmerz euch Unheil fügen.
Du gabst zwar der Guten nicht Grund dazu,
Obwohl ihr die Königin mit Listen kränktet.

Sigurd

50 Wird ihrem Drängen der ratkluge Gunnar,
Gutthorm und Högni, dann Folge leisten?
Werden Giukis Söhne in mir, dem Schwager,
Die Schwerter röten? Rede, Gripir.

Gripir

51 Der Gudrun vergeht vor Grimm das Herz.
Wenn ihre Brüder dir Böses antun.
Ledig lebt dann aller Lust
Das weise Weib: das wirkte Grimhild.

52 Dir bleibt der Trost, Gebieter der Heerschar,
Die Fügung fiel auf des Fürsten Leben:
So edeln Mann wird nicht mehr die Erde
Noch die Sonne schauen, Sigurd, als dich.

Sigurd

53 Heil uns beim Scheiden! Das Schicksal bezwingt man nicht.
Mir ward Weissagung hier, Gripir, gewährt.
Du hättest gerne mehr Glück verheißen
Meinem Lebenslauf – hätt' es an dir nur gelegen.

23. Sigurdarkvida Fafnisbana önnur

Das andere [zweite] Lied von Sigurd dem Fafnirstöter (Das zweite Sigurd-Lied)

I.

Sigurd ging zu Hialpreks Gestüt und wählte sich daraus einen Hengst, der seitdem Grani genannt ward. Da war zu Hialprek Regin gekommen, Hreidmars Sohn. Er war über alle Männer kunstreich, dabei ein Zwerg von Wuchs. Er war weise, grimm und zauberkundig. Regin übernahm Sigurds Erziehung und Unterricht und liebte ihn sehr. Er erzählte dem Sigurd von seinen Voreltern und den Abenteuern, wie Odin, Hönir und Loki einst zu Andwaris Wasserfall kamen. In diesem Wasserfall war eine Menge Fische. Ein Zwerg, der Andwari hieß, war lange in dem Wasserfall in Hechtsgestalt und fing sich da Speise. „Otur hieß unser Bruder," sprach Regin, „der fuhr oft in den Wasserfall in Otters Gestalt. Da hatte er einst einen Lachs gefangen und saß am Flußrand und fraß ihn blinzelnd. Loki warf ihn mit einem Stein zu Tode. Da dünkten sich die Asen sehr glücklich gewesen zu sein und zogen dem Otter den Balg ab. Denselben Abend suchten sie Herberge bei Hreidmar und zeigten ihm ihre Jagdbeute. Da packten wir sie und legten ihnen Lebenslösung auf: Sie sollten den Otterbalg mit dem Gold füllen und auch außen mit rotem Golde bedecken. Da schickten sie Loki aus, das Gold zu beschaffen. Er kam zu Nan und erhielt ihr Netz und warf das Netz vor den Hecht, und der ging in das Netz. Da sprach

Loki

1 Was für ein Fisch ist's, der in der Flut flitzt,
Kann sich vor Schaden nicht schützen?
Aus Hels Haft löse dein Haupt nun
Und schaffe mir glänzende Glut.

Der Hecht

2 Andwari heiß' ich, Oin hieß mein Vater;
Durch manchen Flußfall fuhr ich.
Früh verhängte eine feindliche Norne:
Ich sollt' im Wasser waten.

Loki

3 Sage mir, Andwari, wenn du wahren willst
Im Lande der Menschen ein längeres Leben:
Welche Strafe wird Menschensöhnen zuteil,
Die sich mit Lug verletzen?

Andwari

4 Harte Strafe erleiden Menschensöhne,
Die in Wadgelmir waten.
Wer mit unwahren Worten wider andre lügt,
Den schmerzen lange die Strafen.

Loki sah all das Gold, das Andwari besaß. Aber als dieser das Gold entrichtet hatte, hielt er einen Ring zurück. Loki nahm ihm auch den hinweg. Da ging der Zwerg in den Stein und sprach:

5 Nun soll das Gold, das Gustr hatte,
Zweien Brüdern das Ende bringen
Und acht Fürsten verderben:
Mein Gold soll keinem zu Gute kommen.

Die Asen entrichteten dem Hreidmar den Schatz, füllten den Otterbalg und stellten ihn auf die Füße. Da sollten die Asen das Gold darum legen und den Otter hüllen. Aber als es getan war, ging Hreidmar hinzu und sah ein Barthaar und hieß auch das verhüllen. Da zog Odin den Ring Andwara-Naut hervor und verhüllte das Haar.

Loki

6 Ich gab dir das Gold, viel Lösegeld
Herrliche, erhieltst dafür mein Haupt.
Deinem Sohne verschafft's keinen Segen:
Es bringt euch beiden den Tod!

Hreidmar

7 Gaben gabst du, nicht Liebesgaben;
Gabst nicht aus holdem Herzen.
Eures Lebens wärt ihr ledig,
Hätt' ich von dieser Absicht zuvor gewußt.

Loki

8 Noch übler ist, was zu ahnen mich dünkt,
Der Verwandtenstreit um ein Weib.
Ungeboren sind noch die Edelinge,
Die wegen des Hortes sich hassen.

Hreidmar

9 Das rote Gold ist mir vergönnt,
Denk' ich, so lang ich lebe.
Deine Drohungen fürcht' ich keinen Deut;
Aber nun hebt euch heim - geht von hinnen!

Fafnir und Regin verlangten von Hreidmar Verwandten-Buße wegen ihres Bruders Otur. Er aber sagte Nein dazu. Da tötete Fafnir seinen Vater Hreidmar im Schlaf mit dem Schwert. Hreidmar rief noch seine Töchter:

10 Lyngheid und Lofnheid! Mein Leben ist aus.
Viele verführt die Gier.

Lyngheid

Die Schwester vermag selten, auch wenn der Vater erschlagen ist,
Der Brüder Verbrechen ahnden.

Hreidmar

11 Wenn deinem Schoß kein Sohn entspringt,
So erzieh' doch ein Mädchen, wolfherzige Maid.
Gib der Maid einen Mann, dies gebietet die Not:
So soll ihr Sohn uns Rache schaffen.

Da starb Hreidmar. Aber Fafnir nahm da alles Gold. Da verlangte auch Regin sein Vatererbe. Aber Fafnir sagte Nein dazu. Da suchte Regin Rat bei Lyngheid, seiner Schwester, wie er sein Vatererbe erlangen solle. Sie sprach:

12 Vom Bruder erbitte   brüderlich
Das Erb' und edlen Sinn.
Nicht steht es dir zu,   mit dem Schwerte
Von Fafnir zu fordern das Gut.

Diese Dinge erzählte Regin dem Sigurd. Eines Tages, da er zu Regins Hause kam, wurde er dort freudig empfangen. Regin sprach:

13 Nun ist Sigmunds   Sohn gekommen,
Der hurtige Held,   zu unserm Haus;
Mut hat er mehr   als ein alter Mann:
Bald kommt Kampf   von dem kühnen Wolf.

14 Ich habe den heerkühnen   Helden zu erziehn,
Der zu uns als Enkel   Yngwis kam.
Er wird der Mächtigste   unter den Männern werden.
Laut ertönt die Welt   von seinem Schicksalslauf.

Sigurd bleib nun beständig bei Regin, und der sagte dem Sigurd, daß Fafnir auf der Gnitaheide läge in Wurmgestalt. Er hatte den Oegishelm auf, vor dem alles Lebende sich entsetzte. Regin schuf dem Sigurd ein Schwert, Gram genannt: das war so scharf, daß er es in den Rhein steckte und ließ eine Wollflocke den Strom hinab treiben: da zerschnitt das Schwert die Flocke wie das Wasser. Mit diesem Schwert schlug Sigurd Regins Amboß entzwei. - Danach reizte Regin den Sigurd, Fafnir zu töten. Sigurd aber sprach:

15 Laut würden Hundings   Söhne lachen;
Die um sein Leben   Eilimi brachten,
Wenn mich, einen König,   mehr verlangte
Nach roten Ringen   als nach Vaterrache.

II.

König Hialprek gab dem Sigurd Schiffsvolk zur Vaterrache. Da traf sie ein so gewaltiges Unwetter, daß sie vor einem Vorgebirge halten mußten. Ein Mann stand am Berge und sprach:

16 Wer reitet dort   auf Räwils Hengsten
Über wilde Wogen   und wallendes Meer?
Von Schweiße schäumen   die Segelpferde:
Die Wellenrosse werden   den Wind nicht aushalten.

17 Hier sind wir mit Sigurd auf Seebäumen:
Wir finden Fahrwind in den Tod zu fahren.
Über die Schiffsschnäbel schlägt uns das Meer:
Die Flutrosse fallen; wer fragt danach?

Der Mann

18 Hnikar hieß man mich, wenn ich Hugin erfreute,
Junger Wölsung, auf der Walstatt.
Nun magst du mich nennen den Mann vom Berge.
Feng oder Fiölnir; Mitfahrt begehr' ich.

Da legten sie ans Land. Der Mann ging aufs Schiff und beschwichtigte das Wetter.

Sigurd

19 Künde mir, Hnikar, du kennst die Zeichen
Des Glücks bei Göttern und Menschen
Vor dem Gefecht: was ist das erfreulichste
Vorzeichen beim Schwerterschwingen?

Hnikar

20 Manche sind gut, wenn Menschen sie wüßten,
Vorzeichen beim Schwerterschwingen.
Gut dünkt mich zunächst des nachtschwarzen Raben
Geleit dem Lenker der Schlachten.

21 Gut auch ist das Vorzeichen – kommst du hinaus
Und stehst bereit zur Reise –
Wenn zwei vor dem Hofe zum Zweikampf fertig stehn,
Ruhmgierige Recken.

22 Gut ist auch dies Vorzeichen: wenn bei der Esche
Du den Wolf hörst heulen,
Dann hast du über Krieger Sieg zu hoffen,
Siehst du sie zuerst, eh sie dich sehn.

23 Stehe keiner beim Kampf entgegen
Der spät scheinenden Schwester des Mondes.
Die sollen siegen, die sehen können,
Wenn das Schwertspiel beginnt, der Schlachtkeil geordnet wird.

24 Da fürchte Gefahr, wenn der Fuß dir strauchelt,
So du zum Kampfe kommst,
Trugdisen stehn dir zu beiden Seiten
Und wollen dich verwundet sehn.

25 Gekämmt und gewaschen sei der Kämpfer
Und halte sein Mahl am Morgen:
Ungewiß ist, wo der Abend ihn findet,
Und übel, vor der Zeit zu fallen.

Sigurd hielt eine große Schlacht mit Lyngwi, Hundings Sohn, und dessen Brüdern. Da fielen Lyngwi und die Brüder. Nach dem Kampfe sprach Regin:

26 Nun ist der Blutaar mit beißendem Schwert
In den Rücken geschnitten Sigmunds Mörder.
Kein Größerer je hat den Grund gerötet,
Keiner der fürstlichen Erben die Raben so erfreut.

Sigurd fuhr heim zu Hialprek. Da reizte Regin den Sigurd, daß er Fafnir töte.

Abb. 9: Reiter vom Helm aus Vendel. Grab I.

24. Fafnismal

Das Lied von Fafnir

Sigurd und Regin fuhren aufwärts zur Gnitaheide und fanden da Fafnirs Weg, auf dem er zum Wasser kroch. Da machte Sigurd eine große Grube im Wege und stellte sich hinein. Als aber Fafnir von seinem Golde kroch, blies er Gift von sich, und das fiel dem Sigurd von oben aufs Haupt. Als aber Fafnir über die Grube wegglitt, stach ihm Sigurd das Schwert ins Herz. Fafnir schüttelte sich und schlug mit Kopf und Schweif. Da sprang Sigurd aus der Grube, wo denn einer den andern sah. Fafnir sprach:

1 Gesell und Gesell, welcher Gesell erzeugte dich,
Welcher Sippe entstammst du?
Der in Fafnir färbtest den funkelnden Stahl;
Mir haftet im Herzen dein Schwert.

Aber Sigurd verhehlte seinen Namen, weil es im Altertum Glaube war, daß eines Sterbenden Wort viel vermöchte, wenn er seinen Feind mit Namen verwünschte. Er sprach:

2 Wundertier heiß' ich, ich wandert' umher,
Ein Kind, das keine Mutter kennt.
Auch miss' ich den Vater, den Menschen sonst haben,
Ich gehe einsam, allein.

Fafnir

3 Wissest du den Vater, den Menschen sonst haben –
Welches Wunder erzeugte dich?

Sigurd

4 Mein Geschlecht ist dir schwerlich kund
Und ich selber auch nicht.
Sigurd heiß' ich, Sigmund hieß mein Vater;
Meine Waffe überwand dich.

Fafnir

5 Wer reizte dich? Wie ließest du dich reizen,
Mein Leben zu morden,
Klaräugiger Knabe? Kühn war dein Vater:
Dem Ungebornen vererbt' er den Sinn.

Sigurd

6 Mich reizte mein Mut; die Hände vollbrachten's
Und mein scharfes Schwert.
Keiner ist kühn im Alter,
Wer in der Kindheit schon feig war.

Fafnir

7 Wärst du erwachsen an der Verwandten Brust,
Sähe man dich kühn im Kampfe;
Doch in Haft bist du hier, ein Heergefangner:
Stets, sagt man, bebt der Gebundene.

Sigurd

8 Welcher Vorwurf, Fafnir, daß ich fern bin
Meinem Mutterlande?
Weder war ich in Haft hier noch bin ich Heergefangner.
Du fühlst wohl, daß ich frei bin!

Fafnir

9 Einen Vorwurf findest du noch in freundlichem Wort;
Aber eins verkünd' ich dir:
Das gleißende Gold, der glutrote Schatz,
Diese Reichtümer verderben dich.

Sigurd

10 Reichtum genießen will ein jeder
Stets bis an den einen Tag.
Denn einmal muß jeder Mann doch
Fahren von hinnen zur Hel.

Fafnir

11 Du nimmst für nichts der Nornen Spruch,
Mein Wort für unweise Rede.
Doch ertrinkst du im Wasser beim Rudern im Winde:
Alles stirbt ihm, der sterben soll.

12 Der Schreckenshelm schützte mich lange,
Da ich über Kleinoden kroch;
Allein dünkt' ich mich stärker als alle
Und fand selten meinen Mann.

Sigurd

13 Keinen mag schützen der Schreckenshelm,
Wo Zornige kommen zu kämpfen.
Wer mit vielen ficht, befindet bald:
Keiner ist allein der Kühnste.

Fafnir

14 Gift blies ich, da ich auf dem Golde lag,
Dem vielen, meines Vaters.

Sigurd

15 Wohl warst du furchtbar, du funkelnder Wurm;
Ein hartes Herz erhieltest du.
Der Mut schwillt mächtig den Menschensöhnen,
Die solchen Helm haben.

16 Laß dich fragen, Fafnir, da du vorschauend bist
Und wohl manches weißt:
Welches sind die Nornen, die notlösend heißen
Und Mütter zu entbinden vermögen?

Fafnir

17 Verschiedenen Geschlechts scheinen die Nornen mir
Und nicht eines Ursprungs.
Einige sind Asen, andere Alfen,
Die dritten Töchter Dwalins.

Sigurd

18 Laß dich fragen, Fafnir, da du vorschauend bist
Und wohl manches weißt:
Wie heißt die Insel, wo Herzblut mischen
Dereinst Satur und Asen?

Fafnir

19 Oskopnir (unvermeidlich) heißt sie, wo alle Götter
Dereinst mit Speeren spielen.
Bifröst bricht, eh beide sich scheiden,
Und im Strome schwimmen die Rosse.

20 Nun rate ich dir, Sigurd, nimm an den Rat
Und reit' heim von hier.
Das gleißende Gold, der glutrote Schatz,
Diese Reichtümer verderben dich.

Sigurd

21 Rat ist mir geraten; ich reite dennoch
Zu dem Hort auf der Heide.
Du Fafnir lieg' in letzten Zügen,
Bis du hin mußt zur Hel.

Fafnir

22 Regin verriet mich, er verrät auch dich,
Er bringt uns beiden den Tod.
Sein Leben muß nun Fafnir lassen,
Deine Macht bemeisterte mich.

Regin war fortgegangen, während Sigurd Fafnirn tötete; er kam zurück, als Sigurd das Blut vom Schwerte wischte. Regin sprach:

23 Heil dir nun, Sigurd! Du hast Sieg erkämpft
Und den Fafnir gefällt.
Von allen Männern, die auf Erden wandeln,
Nenn' ich dich den unverzagtesten.

Sigurd

24 Ungewiß bleibt, wenn alle vereint sind,
Die Söhne der Sieggötter,
Welcher der unverzagteste ist:
Mancher ist kühn, der die Klinge nie
Barg in des andern Brust.

Regin

25 Stolz bist du, Sigurd, und siegesfreudig,
Da du Gram im Grase wischest.
Den Bruder hast du mir umgebracht;
Doch trag' ich selbst einen Teil der Schuld.

Sigurd

26 Du rietest dazu, daß ich reiten sollte
Über die heiligen Berge her.
Gut und Leben hätte der glänzende Wurm,
Triebest du mich nicht zur Tat.

Da ging Regin zu Fafnir und schnitt ihm das Herz aus mit dem Schwerte, das Ridil heißt, und trank dann das Blut aus der Wunde.

Regin

27 Sitze nun, Sigurd – ich schlafe derweil –
Und halte Fafnirs Herz ans Feuer.
Ich will das Herz zu essen haben
Auf den Bluttrunk, den ich trank.

Sigurd

28 In die Ferne entflohst du, während in Fafnir ich
Rötete das scharfe Schwert.
Meine Stärke setzt' ich wider den starken Wurm,
Als lange du auf der Heide lagst.

Regin

29 Lange liegen ließest du auf der Heide
Jenen alten Joten,
Damit das Schwert du schwingen konntest,
Das ich dir schuf, das scharfe Schwert.

Sigurd

30 Mut in der Brust ist besser als Stahl,
Wo immer sich Tapfere treffen.
Den Kühnen sah ich stets erkämpfen
Mit stumpfem Schwerte den Sieg.

31 Der Kühne vermag besser als der Bange
Sich im Kriegsspiel versuchen.
Mehr gelingt dem Muntern als dem Mürrischen,
Was immer er zu tun gedenke.

Sigurd nahm Fafnirs Herz und briet es am Spieß. Und als er dachte, daß es gar wäre und der Saft aus dem Herzen schäumte, da stieß er daran mit seinem Finger und versuchte, ob es gar gebraten wäre. Er verbrannte sich und steckte den Finger in den Mund. Aber als Fafnirs Herzblut ihm auf die Zunge kam, da verstand er auf einmal der Vögel Stimmen. Er hörte, daß Meisen auf den Zweigen zwitscherten.

Die eine Meise sang

32 Da sitzt Sigurd blutbespritzt
Und brät am Feuer Fafnirs Herz.
Klug dünkte mich der Ringverderber,
Wenn er das leuchtende Lebensfleisch äße.

Die andere

33 Da liegt nun Regin und geht zu Rat,
Wie er täusche den Mann, der ihm vertraute;
Sinnt in der Bosheit auf falsche Beschuldigung:
Der Unheilschmied brütet dem Bruder Rache.

Die dritte

34 Um das Haupt kürzen laß er den haargrauen Schwätzer
Und fahren von hinnen zur Hel.
So soll er den Schatz besitzen allein –
Alles, was unter Fafnir lag.

Die vierte

35 Er dünkt' mich klug, gedächt' er zu nützen
Den Anschlag, Schwestern, den ihr drei ersannt.
Er berate sich rasch, die Raben zu erfreuen,
Denn den Wolf erwart' ich, gewahr' ich sein Ohr.

Die fünfte

36 So klug ist nicht der Kampfgewaltige,
Wie ich ihn hätte gehalten,
Der einen Bruder laufen läßt,
Nachdem er den andern umgebracht.

Die sechste

37 Sehr unklug scheint er mir, schont er länger noch
Den gemeingefährlichen Feind.
Dort liegt Regin, der ihn verraten will;
Er weiß sich davor nicht zu wahren.

Die siebente

38 Um den Kopf kürz' er den eiskalten Joten
Und raub' ihm die Ringe.
So sind die Schätze, die Fafnir besessen,
Ihm allein zu eigen.

Sigurd

39 Keine Schicksalsmacht ist so stark,
Daß Regin mein Mörder werde:
Beide Brüder sollen alsbald
Fahren von hinnen zur Hel.

Sigurd hieb Regin das Haupt ab und aß Fafnirs Herz und trank beider Blut, Regins und Fafnirs. Da hörte Sigurd, was die Meisen sangen:

40 Mit den roten Ringen bereife dich, Sigurd;
Um Künft'ges sich kümmern ziemt Königen nicht.
Ein Weib weiß ich, ein wunderschönes,
Mit großer Mitgift – wär sie dir gegönnt!

41 Zu Giuki gehen grüne Pfade:
Dem Wandernden weist das Schicksal den Weg.
Da hat eine Tochter der teure König:
Die magst du, Sigurd, um Mahlschatz kaufen.

42 Ein Hof ist auf dem hohen Hindarfiall
Ganz von Glut umgeben außen.
Ihn haben hehre Herrscher geschaffen
Aus heller Erdenflamme.

43 Auf dem Steine schläft die Streiterfahrene,
Und lodernd umleckt sie der Linde Feind.
Mit dem Dorn stach Yggr (Odin) sie einst in den Schleier,
Die Maid, die Männer morden wollte.

44 Schaun magst du, Mann, die Maid unterm Helme,
Die aus dem Gewühl trug Wingskornir das Roß.
Nicht vermag Sigrdrifas Schlaf zu brechen
Ein Fürstensohn, eh die Nornen es fügen.

Sigurd ritt auf Fafnirs Spur nach dessen Hause und fand es offen und die Türen von Eisen und aufgeklemmt. Von Eisen war auch alles Zimmerwerk am Hause, und das Gold unten in die Erde gegraben. Da fand Sigurd großmächtiges Gut und füllte damit zwei Kisten. Da nahm er Oegis Helm und die Goldbrünne und das Schwert Hrotti und viele Kostbarkeiten und belud Grani damit. Aber das Roß wollte nicht fortgehen, bis Sigurd auf seinen Rücken stieg.

25. Sigrdrifomal

Das Lied von Sigrdrifa

Sigurd ritt hinauf nach Hindarfiall und wandte sich südwärts gen Frankenland. Auf dem Berge sah er ein großes Licht, gleich als brannte ein Feuer, von dem es zum Himmel emporleuchtete. Aber wie er hindurchkam, stand da eine Schildburg und oben heraus ein Banner. Sigurd ging in die Schildburg und sah, daß da ein Mann lag und schlief in voller Rüstung. Dem zog er zuerst den Helm vom Haupt: da sah er, daß es ein Weib war. Die Brünne war fest, als wär sie ans Fleisch gewachsen. Da ritzte er mit Gram die Brünne durch vom Haupt herab und darnach auch an beiden Armen. Darauf zog er ihr die Brünne ab; aber sie erwachte, richtete sich empor, sah den Sigurd an und sprach:

1 Was zerschnitt mir die Brünne? Wie brach mir der Schlaf?
Wer befreite mich der falben Bande?

Sigurd

Sigmunds Sohn: eben zerschnitt
Das Wehrgewand dir Sigurds Waffe.

Sigrdrifa

2 Lange schlief ich, lange hielt mich der Schlummer,
Lange lasten Menschenlose.
So waltete Odin, ich wußte nicht
Die Schlummerrunen abzuschütteln.

Sigurd setzte sich nieder und fragte nach ihrem Namen. Da nahm sie ein Horn voll Mets und gab ihm Minnetrank.

Sigrdrifa

3 Heil dir Tag, Heil euch Tagessöhnen,
Heil dir Nacht und nährende Erde:
Mit unzornigen Augen schaut auf uns
Und gebt uns Sitzenden Sieg.

4 Heil euch, Asen, Heil euch, Asinnen,
Heil dir, fruchtbares Feld!
Wort und Weisheit gewährt uns edeln zwein
Und immer heilende Hände!

Sie nannte sich Sigrdrifa und war Walküre. Sie erzählte, wie zwei Könige sich bekriegten: der eine hieß Hialmgunnar, der war alt und der größte Krieger, und Odin hatte ihm Sieg verheißen:

Der andre hieß Agnar, Adas Bruder:
Dem wollte niemand Schutz gewähren.

Sigrdrifa fällte den Hialmgunnar in der Schlacht; aber Odin stach sie zur Strafe dafür mit einem Schlafdorn und sagte, von nun an solle sie nie wieder Sieg erfechten im Kampfe, sondern sich vermählen. „Aber ich sagte ihm, daß ich das Gelübde täte, mich keinem Manne zu vermählen, der sich fürchten könne." Sigurd antwortete und bat sie, ihn Weisheit zu lehren, da sie die Mären aus allen Welten wisse.

Sigrdrifa

5 Bier bring' ich dir, du Baum in der Schlacht,
Mit Macht gemischt und Mannesruhm,
Voll der Lieder und lindernder Sprüche,
Guter Zauber voll und Freudenrunen.

6 Siegrunen schneide, wenn du Sieg willst haben;
Grabe sie auf des Schwertes Griff;
Auf die Seiten einige, andere auf das Stichblatt
Und nenne zweimal Tyr.

7 Älrunen kenne, daß des andern Frau
Dich nicht trüge, wenn du traust.
Auf das Horn ritze sie und den Rücken der Hand
Und male ein N (Not) auf den Nagel.

8 Die Füllung segne, vor Gefahr dich zu schützen,
Und lege Lauch in den Trank.
So weiß ich wohl, wird dir nimmerdar
Der Met mit Wein gemischt.

9 Bergrunen schneide, wenn du bergen willst
Und lösen die Frucht von Frauen,
In die hohle Hand – und hart um die Knöchel
Und heische der Disen Hilfe.

10 Brandungsrunen schneide, wenn du bergen willst
Im Sund die Segelrosse;
Auf den Steven sollst du sie und aufs Steuerblatt ritzen,
Dabei ins Ruder brennen:
Nicht so wild ist der Sturm, nicht so schwarz die Welle,
Heil kommst du heim vom Meere.

11 Astrunen kenne, wenn du Arzt willst sein
Und Wunden wissen zu heilen.
In die Rinde ritze sie und das Reis am Baum,
Wo ostwärts die Äste sich wenden.

12 Gerichtsrunen kenne, wenn du vor der Rache deiner Feinde
Willst sicher sein.
Die winde du ein, die wickle du ein,
Und setze sie alle zusammen
Bei dem Thingmahl, wo Männer sollen
Zu vollzähligem Gerichte ziehen.

13 Geistrunen schneide, willst du klüger scheinen
Als ein anderer Mann.
Die ersann und sprach, die schnitt zuerst
Odin, der sie auserdacht,
Aus der Flut, die geflossen war
Aus dem Hirn Heiddraupnirs;
Aus dem Horn Hoddraupnirs.

14 Auf dem Berge stand er, mit blankem Schwert,
Den Helm auf dem Haupte.
Da hub Mimirs[15] Haupt an weise das erste Wort
Und sagte wahre Stäbe.

15 Auf dem Schilde stünden sie vor dem scheinenden Gott,
Auf Arwakurs Ohr und Alswidurs Huf[11],
Auf dem Rad, das da rollt unter Rögnirs (Oekuthors) Wagen,
Auf Sleipnirs Zähnen, auf des Schlittens Bändern.

16 Auf des Bären Tatze,   auf Bragis Zunge,
Auf den Klauen des Wolfs   und den Krallen des Adlers,
Auf blutigen Schwingen,   auf der Brücke Kopf,
Auf des Lösenden Hand   und des Lindernden Spur.

17 Auf Gold und Glas,   auf dem Glück der Menschen,
In Wein und Würze,   auf der Wala Sitz,
Auf Gungnirs Spitze   und Granis Brust,
Auf dem Nagel der Norn   und der Nachteule Schnabel.

18 Geschabt wurden alle,   die geschnitten waren,
Mit hehrem Met geheiligt
Und gesandt auf weite Wege.
Die sind bei den Asen,   die bei den Alfen,
Die bei weisen Wanen,
Einige unter Menschen.

19 Das sind Buchrunen,   das sind Bergrunen,
Dies alle Ålrunen
Und rühmliche Machtrunen,
Wer sie unverwirrt und unverdorben
Walten läßt zu seinem Wohl.
Lerne sie und laß' sie wirken,
Bis die Götter vergehn.

20 Wähle nun,   da die Wahl dir geboten ist,
Scharfer Waffenstamm:
Sagen oder Schweigen   ersinne dir selber;
Alle Meintat hat ihr Maß.

Sigurd

21 Nicht werd' ich weichen,   wär' gewiß mir der Tod,
Ich bin nicht blöde geboren.
Deinem treuen Rat   vertrauen werd' ich,
So lange mir Leben währt.

Sigrdrifa

22 Das rat' ich zuvörderst,   gegen Freunde stets
Ledig zu leben aller Schuld.
Sei zu Rache nicht rasch,   wenn sie dir Unrecht tun:
Das sagt man, taugt im Tode.

23 Das rat' ich zum andern, keinen Eid zu schwören,
Der sich als wahr nicht bewährt.
Grimme Fesseln folgen dem Meineid,
Unselig ist der Schwurbrecher.

24 Das rat' ich zum dritten, daß du beim Thingmahl nicht
Mit läppischen Leuten rechtest.
Ein unkluger Mann kann oft doch sagen
Schlimmere Dinge, als er weiß.

25 Schlimm bleiben sie stets, wenn du schweigst dazu,
So dünkst du blöde geboren
Oder nicht mit Unrecht angeklagt.
Viel liegt am Leumund,
Drum gib dir Müh um guten.
Laß andern Tags sein Leben enden:
So lohne den Leuten die Lüge.

26 Das rat' ich zum vierten, wenn eine Vettel wo
Am Wege wohnt, der Schanden voll,
Besser als bleiben dabei ist fortgehn,
Überraschte dich auch die Nacht.

27 Muntere Augen braucht ein Menschensohn,
Wo es kommt zu heißem Kampf.
Am Wege sitzen böse Weiber oft,
Die Schwert und Sinn betäuben.

28 Das rat' ich dir fünftens, wo du schöne Frauen
Sitzen siehst auf den Bänken,
Laß Weiberschönheit dir den Schlaf nicht rauben,
Noch hoffe sie heimlich zu küssen.

29 Das rat' ich dir sechstens, wo Männer gesellig
Worte wechseln hin und her,
Trunken streite nicht mit tapferen Männern.
Manchem raubt der Wein den Witz.

30 Tobende Trunkenheit hat Betrübnis schon
Manchem Manne gebracht,
Einigen Unheil, andern den Tod;
Vielfältig ist das Leiden.

31 Das rat' ich zum siebenten, wo du zu schaffen hast
Mit beherzten Helden:
Mehr frommt fechten als in Feuer aufgehn
Mit Hof und Halle.

32 Das rat' ich dir achtens, Unrecht zu meiden
Und List und lose Tücke;
Keine Maid verführe, noch des andern Gemahl,
Verleite sie nicht zur Lüsternheit.

33 Das rat' ich dir neuntens, nimm dich des Toten an,
Wo du im Feld ihn findest,
Sei der siechtot oder seetot
Oder am Stahl gestorben.

34 Ein Hügel hebe sich dem Hingegangenen,
Gewaschen seien Haupt und Hand.
Zur Kiste komm' er gekämmt und trocken,
Und bitte, daß er selig schlafe.

35 Das rat' ich zum zehnten, zögre zu trauen
Gesipptem Freund des Feindes,
Dessen Bruder du umbrachtest,
Dessen Vater du fälltest:
Dir steckt ein Wolf im unmündigen Sohn,
Hat gleich ihn Gold beschwichtigt.

36 Wähne Streit und Haß nicht eingeschlafen
Noch halte Harm für vergessen.
Witz und Waffen wisse zu brauchen,
Der von allen der erste sein will.

37 Das rat' ich dir elftens, betrachte das Übel,
Welchen Weg es nehmen will.
Nicht lange wähn' ich des Königs Leben:
Übler Trug ist angelegt.

Sigurd sprach: Kein weiseres Weib ist zu finden als du, und das schwör' ich, daß ich dich haben will, denn du bist nach meinem Sinn. Sie antwortete: Dich will ich und keinen andern, hätte ich auch zu wählen unter allen Männern. Und dies befestigten sie unter sich mit Eiden.

26. Brot af Brynhildarkvida

Bruchstück eines Brynhildenliedes

Högni

1 Wie bist du, Gunnar, Giukis Erzeugter,
Zur Rache bereit und mordlichem Rat?
Was hat so Schweres Sigurd verbrochen,
Daß du dem Kühnen willst kürzen das Leben?

Gunnar

2 Mir hat Sigurd Eide geschworen,
Eide geschworen und alle gebrochen.
Treulos täuscht' er mich, als er in Treue mir
Seine Schwüre bewähren sollte.

Högni

3 Dich hat Brynhild Böses zu tun
Im Zorn gereizt, zu Rachsucht und Mord.
Gudrunen gönnt sie so gute Ehe nicht,
Sie selbst zu besitzen, sie mißgönnt es dir. –

4 Sie brieten Wolfsfleisch, den Wurm zerschnitten sie,
Gaben dem Gutthorm Geierfleisch,
Ehe sie mochten, die Mordgierigen,
An den hehren Helden die Hände legen.

5 Gesunken war Sigurd südlich am Rhein:
Von hoher Heister schrie heiser ein Rabe:
„In euch wird Atli das Eisen röten;
Eure Eide überwinden euch, Mörder!"

6 Außen stand Gudrun, Giukis Tochter;
Dies war das erste Wort, das sie sprach:
„Wo säumt nun Sigurd, der Sieger der Männer,
Daß meine Freunde zuvorderst reiten?"

7 Allein war's Högni, der Antwort gab:
„Mit dem Schwert erschlagen den Sigurd haben wir;
Den Kopf hängt das Grauroß über den toten König."

8 Da sprach Brynhild, Budlis Tochter:
„Nun werdet ihr walten des Lands und der Waffen:
Die hätte der Hunnische beherrscht allein,
Ließt ihr das Leben ihn länger behalten.

9 Nicht frommt' es, herrschte der Fürst noch länger
Über Giukis Erb und der Goten Menge,
Wenn die Schar zu durchschneiden der Söhne fünf,
Der kampfkühnen, der König hier zeugte."

10 Da lachte Brynhild, die Burg rings erscholl;
Es ging ihr wieder aus ganzem Herzen:
„Lang mögt ihr walten des Lands und der Waffen,
Da ihr den kühnen König fälltet."

11 Da sprach Gudrun, Giukis Tochter:
„Du freust dich frech der freveln Tat;
Doch Geister ergreifen einst Gunnar, den Mörder:
Züchtigung ziemt dem zorngrimmen Herzen."

12 Am tiefen Abend – getrunken war viel,
Und mancher Scherzspruch gesprochen dabei –
Bald schliefen ein, die zu Bette kamen;
Gunnar allein von allen wachte.

13 Die Füße bewegt' er, sprach viel mit sich selbst;
Der Weiser der Wehrschar erwog im Herzen:
Was sich geschwätzig wohl sagten die beiden,
Ar und Rabe auf ihrem Heimritt?

14 Brynhild erwachte, Budlis Erzeugte,
Der Skiöldungen Tochter, ehe der Tag erschien:
„Nun mögt ihr mich mahnen, der Mord ist vollbracht,
Mein Leid zu sagen, oder abzulassen.

15 Grimmes sah ich, Gunnar, im Schlaf:
Im Saal alles tot, ich schlief im kalten Bett,
Dieweil du, König, kummervoll rittest
Die Fessel am Fuß in der Feinde Heer:
So soll, Niflungen, nun euer Geschlecht
Die Macht missen, denn meineidig seid ihr.

16 So gänzlich, Gunnar, vergaßest du's,
Wie das Blut in die Fußspur euch beiden rann!
Nun hast du das alles ihm übel gelohnt,
Daß der Fürst als vorderster stets gefunden ward.

17 Klar ward es erkannt, da geritten kam
Zu mir der Mutige, mich dir zu werben,
Wie der Wehrscharweiser wandellos
Die Eide hielt dem jungen Helden.

18 Das Schwert legte, das goldgeschmückte,
Der mächtige König mitten zwischen uns,
Mit Feuer außen die Ecken belegt,
Mit Eitertropfen innen bestrichen."

19 Sie schwiegen alle still bei dem Wort.
Keinem gefiel solcher Frauenbrauch,
Wie sie mit Weinen von dem Werk nun sprach,
Zu dem sie lachend die Helden lud.

Hier ist in dem Liede gesagt von dem Tode Sigurds. Und geht es hier so zu, als hätten sie ihn draußen getötet; aber einige erzählen so, daß sie ihn erschlugen drinnen in seinem Bette, den schlafenden. Aber deutsche Männer sagen, daß sie ihn erschlugen draußen im Walde. Und so heißt es im alten Liede von Gudrun, daß Sigurd und Giukis Söhne zum Thing geritten waren, als sie ihn erschlugen. Aber das sagen alle einstimmig, daß sie ihn treulos betrogen und ihn mordeten liegend und wehrlos.

27. Sigurdarkvida Fafnisbana thridja

Das dritte Lied von Sigurd dem Fafnirstöter
(Das dritte Sigurd-Lied)

1 Einst geschah's, daß Sigurd Giuki besuchen kam,
Der junge Wölsung, des Wurms Besieger.
Mit beiden Brüdern schloß er den Bund;
Eide schwuren sich die Unverzagten.

2 Eine Maid bot man ihm und Menge des Schatzes,
Die junge Gudrun, Giukis Tochter.
Traulich tranken der Tage manchen
Sigurd der junge und die Söhne Giukis.

3 Bis sie um Brynhild zu bitten fuhren,
Da sich auch Sigurd gesellte zu ihnen,
Der junge Wölsung, den Weg zu zeigen;
Sein wäre sie, wenn es das Schicksal wollte.

4 Sigurd der südliche, sein Schwert legt' er,
Die zierliche Waffe, mitten zwischen sie.
Er küßte nicht die Königin,
Der hunnische Held hob in den Arm sie nicht;
Dem Erben Giukis gab er die junge.

5 An seinem Leben lag kein Tadel,
Zu rügen war an dem Reinen nichts,
Kein Fehl zu finden noch vorzugeben.
Inmitten gingen grimme Nornen.

6 Einsam saß sie außen, als der Abend kam,
Irr vor Liebe ließ sie die Rede nicht:
„Sterben will ich oder Sigurd hegen,
Den alljungen Mann, in meinem Arm.

7 Die rasche Rede, nun reut sie mich wieder:
Seine Gattin ist Gudrun, da ich Gunnars bin.
Üble Nornen schufen uns langes Unheil."

8 Oft ging sie, ganz von Grimm erfüllt,
Über Eis und Gletscher, wenn der Abend kam,
Daß er und Gudrun zu Bette gingen,
Und Sigurd die Braut in die Decken barg,
Der hunnische König, und koste die Frau.

9 „Die Freud' ist mir entfremdet, des Freundes entbehr' ich,
Nur Graun mag mich ergötzen und grimmer Sinn."

10 So mahnte sie den Mut zum Mord im Zorn:
„Ganz und gar sollst du, Gunnar, entsagen
Mir zumal und meinen Landen.
Nicht froh hinfort werd' ich, Fürst, bei dir.

11 Dahin will ich wieder, wo ich war zuvor,
Zu meinen Freunden und nächsten Vettern.
Da will ich sitzen, verschlafen mein Leben,
Wenn du den Sigurd nicht sterben lässest
Und vielen Fürsten furchtbar gebietest.

12 Fort mit dem Vater fahre der Sohn:
Unweise wär' es, den jungen Wolf ziehn.
Welchem Manne wird die Mordbuße
Zu sanfter Sühne bei des Sohnes Leben?"

13 Trübe ward Gunnar und trauervoll,
Schwankendes Sinnes saß er den langen Tag:
Immer noch wußt' er nicht für gewiß,
Was ihm am meisten möchte geziemen,
Was ihm zu tun das Tauglichste wäre:
Er wußte, des Wölsungs würd' er beraubt,
Und konnte Sigurds Verlust nicht verschmerzen.

14 Gleich lange bedacht' er dieses wie jenes.
Das war selten geschehn vordem,
Daß der Königswürde ein Weib entsagte.
Da hieß er den Högni heischen zum Gespräch,
Denn volles Vertrauen trug er zu dem.

15 „Mir ist Brynhild, Budlis Tochter,
Lieber als alle, die edelste Frau.
Das Leben lieber will ich lassen,
Als der Schönen entsagen und ihren Schätzen.

16 Hilfst du uns, Högni, den Helden berauben?
Gut ist des Rheines Gold zu besitzen,
In Freude zu walten des vielen Gutes
Und ganz in Ruhe des Glücks zu genießen.“ –

17 Aber Högni gab ihm zur Antwort:
„Das zu vollbringen gebührt uns nicht:
Mit dem Schwert zu brechen geschworne Eide,
Geschworne Eide, besiegelte Treu!

18 Wir wissen auf der Welt nicht so Glückliche wohnen,
So lange wir viere das Volk beherrschen,
Und hier der hunnische Heerführer lebt,
Noch irgend auf Erden so edle Sippe.
Wenn ferner wir fünf noch Fürsten zeugten;
Wir stürzten die Götter von den Herrscherstühlen.

19 Ich weiß, von wannen die Wege laufen:
Brynhild quält dich: du kannst sie nicht stillen.“

Gunnar

20 „Wir wollen den Gutthorm gewinnen zum Morde,
Den jüngern Bruder, der bar ist des Witzes:
Er hat nicht Anteil an Eiden und Schwüren,
Eiden und Schwüren, besiegelter Treu.“ –

21 Leicht aufzureizen war der Übermütige:
Da stand dem Sigurd das Schwert im Herzen.

22 Rasch hob sich der Recke zur Rache im Saal
Und warf den Speer nach dem Mordgierigen:
Nach Gutthorm flog, dem Fürsten, kräftig
Das glänzende Eisen aus des Edlings Hand.

23 Entzweigespaltet sank sein Feind:
Haupt und Hände hinflogen weit,
Der Füße Teil fiel flach auf den Boden.

24 Gudrun lag, die Gute, schlafend
An Sigurds Seite sorgenlos;
Ihr Erwachen war der Wonne ledig:
Sie floß in Freyrs Freundes Blut.

25 Da schlug sie so stark zusammen die Hände,
Der Hartgeherzte erhob im Bette sich:
„Gräme dich, Gudrun, so grimmig nicht,
Blutjunge Braut: deine Brüder leben.

26 Einen Erben hab' ich, allzujungen
Fern zu fliehn aus der Feinde Haus.
Die Helden haben unheimlichen, schwarzen
Neumondsrat nächtlich erdacht.

27 Ihnen zeltet schwerlich nun, und zeugtest du sieben,
Solch ein Schwester- sohn zum Thing.
Wohl weiß ich, wie es bewandt ist:
Alle des Unheils Ursach ist Brynhild.

28 Mich liebte die Maid vor den Männern all;
Nichts hab' ich gegen Gunnarn getan.
Ich schirmte die Sippe, geschworne Eide;
Doch heiß ich der Friedel nun seiner Frau."

29 Die Königin stöhnte, der König erstarb.
Sie schlug so stark zusammen die Hände,
Daß auf dem Brette die Becher erklangen,
Und hell die Gänse im Hofe kreischten.

30 Da lachte Brynhild, Budlis Tochter,
Aus ganzem Herzen heute noch einmal,
Denn bis an ihr Bette durchbrach den Raum
Der gellende Schrei der Giukistochter.

31 Anhob da Gunnar, der Habichte Fürst:
„Schlag kein Gelächter auf, Schadenfrohe,
Heiter in der Halle, als brächt' es dir Heil.
Wie hast du verloren die lautere Farbe,
Verderbenstifterin, die selbst wohl verdirbt!

32 Du wärest würdig, Weib, daß wir hier
Dir vor den Augen den Atli erschlügen,
Daß du sähst an dem Bruder blutige Wunden,
Quellende Wunden du könntest verbinden."

33 Da sprach Brynhild, Budlis Tochter:
„Wer reizt dich, Gunnar? Gerächt hast du dich.
Den Atli ängstet deine Abgunst nicht:
Er wird am längsten leben von euch beiden
Und immer mehr vermögen als du.

34 Laß dir sagen, Gunnar, du selber zwar weißt es,
Wie rasch ihr euch, Recken, berietet zur Tat.
Alljung saß ich und ohne Sorgen
Mit herrlicher Habe im Hause des Bruders.

35 Nicht war mir Not, daß ein Mann mich nähme,
Als ihr Söhne Giukis uns erschient im Hof,
Auf Hengsten ihr drei Herrscher der Völker;
Wahrlich mir frommte wenig die Fahrt!

36 Verheißen hatt' ich mich dem hehren König,
Der mit Golde saß auf Granis Rücken.
Nicht war er euch an den Augen gleich,
Nicht von Antlitz in einem Stücke,
Obwohl Volkskönige euch wähnet auch ihr.

37 Doch sagte Atli mir das allein,
Er gebe die Hälfte der Habe mir nicht,
Der Macht noch des Goldes, vermählt denn wär' ich.
Auch würde mir nichts des erworbenen Guts,
Das schon der Vater früh mir schenkte,
Des Goldes und Gutes, das er gab dem Kind.

38 Da schwankte mein Sinn unentschieden zuerst,
Ob ich fechten sollte und Männer fällen
In blanker Brünne um des Bruders Unglimpf.
Das hätte das Volk erfahren mit Schrecken,
Manchem Mann hätt' es den Mut beschwert.

39 Da ging ich gern den Vergleich mit ihm ein.
Doch hätt' ich lieber den Hort genommen,
Die roten Spangen von Sigmunds Erben.
Nicht mocht' ich eines andern Mannes Schätze:
Den einen liebt' ich, nicht andre mehr;
Die Maid war nicht wankel- mütigen Sinns.

40 Dies alles wird Atli dereinst befinden,
Hört er von meinem mordlichen Tod.
Denn wie soll ein edel geartetes Weib
Das Leben führen mit fremdem Manne?
Da wird mir bald gebüßt das Leid."

41 Auf stand Gunnar, der Giukunge Trost,
Und schlang die Hände um den Hals der Frau.
Sie gingen alle und einzeln ein jeder
Aufrichtigen Herzens ihr abzuwehren.

42 Doch sich vom Halse hielt sie Gunnarn,
Ließ sich niemand verleiden den langen Gang.

43 Da hieß er den Högni heischen zum Gespräche:
„Es sollen zusammen in den Saal gehn die Männer,
Deine mit meinen – uns drängt die Not –
Ob sie wehren mögen dem Mord der Frau,
Eh es vom Sprechen zu Schlimmerm kommt;
Mag hernach geschehen, was muß und kann."

44 Aber Högni gab ihm zur Antwort:
„Verleid' ihr niemand den langen Gang,
Und werde sie nimmer wiedergeboren!
Sie kam schon krank vor die Knie der Mutter;
Zu allem Bösen geboren ist sie uns,
Manchem Manne zu trübem Mute!"

45 Unwillig wandt' er sich weg vom Gespräche,
Wo die Schmuckreiche die Schätze verteilte.
Da standen sie alle um ihre Habe,
Bedürftige Dirnen und Dienstweiber.

46 Der Goldgepanzerten war nicht gut zu Mut,
Da sie sich durchstach mit des Stahles Schärfe.
Mit einer Seite sank sie aufs Polster;
Die Dolchdurchdrungene dacht' auf Rat:

47 „Nun geht herzu, die Gold wollen
Und minderes Gut von mir erlangen;
Ich gebe jeder goldroten Halsschmuck,
Schleif und Schleier und schimmernd' Gewand."

48 Alle schwiegen sie und sannen auf Rat,
Bis endlich zur Antwort sie einstimmig gaben:
„Wie dürftig wir seien, wir wollen doch leben,
Saalweiber bleiben und tun, was gebührt."

49 Sinnend sprach die Linnengeschmückte,
Jung von Jahren, jetzo das Wort:
„Nicht eine soll ungern und unbereit
Sterben müssen um meinetwillen.

50 Doch brennt auf euern Gebeinen dereinst
Karge Zier, kommt ihr zu sterben
Und mich heimsuchen, nicht herrliches Gut.

51 Sitze nun, Gunnar, ich will dir sagen,
Ich lebensmüde, dein lichtes Gemahl.
Nicht liegt euch im Sunde das Schiff geborgen,
Wenn ich das Leben verloren habe.

52 Schneller als du denkst versöhnt sich dir Gudrun.
Die kluge Königin hat bei dem König (Alf)
Trübe Gedanken an den toten Gemahl.

53 Eine Maid wird geboren aus Mutterschoße:
Heller traun als der lichte Tag,
Als der Sonnenstrahl wird S(ch)wanhild sein.

54 Einem Helden geben wirst du Gudrunen,
Die mit Geschossen die Krieger schädigt.
Nicht nach Wunsch wird sie vermählt:
Atli soll sie zur Ehe nehmen,
Budlis Geborner, der Bruder mein.

55 An manches muß ich denken, wie ihr mich berietet:
Heillos habt ihr mich hintergangen.
Aller Lust war ich ledig, solang ich lebte.

56 Oddrunen willst du zu eigen haben;
Aber Atli gibt sie zur Ehe dir nicht:
Da werdet ihr heimlich zusammenhalten.
Sie wird dich lieben, wie ich dich würde,
Hätte das Schicksal uns solches gegönnt.

57 Dich wird Atli übel strafen:
In die wüste Wurmhöhle wirst du gelegt.

58 Danach unlange ereignet es sich,
Daß Atli argen Ausgang nimmt,
Sein Glück verliert, das Leben einbüßt.
Ihn tötet die grimme Gudrun im Bette
Mit scharfem Schwert, die schwerbetrübte.

59 Schicklicher stiege eure Schwester Gudrun
Heut auf den Holzstoß mit dem Herrn und Gemahl,
Gäben ihr gute Geister den Rat
Oder besäße sie unsern Sinn.

60 Schwer sprech' ich schon; doch soll Gudrun
Durch unsre Abgunst nicht untergehn.
Von hohen Wellen gehoben treibt sie
Zu jenem jähen Jonakursstrand.

61 Unentschieden sind die Söhne Jonakurs;
S(ch)wanhilden sendet sie selbst aus dem Lande,
Die dem Sigurd entsproß und ihrem Schoß;
Da rauben ihr Bickis Räte das Leben,
Denn Unheil hängt über Jörmunreks Haus.
So ist Sigurds Geschlecht vernichtet,
So größer und grimmer Gudruns Leid.

62 Eine Bitte will ich richten an dich;
Ich laß es im Leben die letzte sein:
Eine breite Burg erbau' auf dem Felde,
Daß darauf uns allen Raum sei,
Die samt Sigurden zu sterben kamen.

63 Die Burg umzieht mit Zelten und Schilden;
Erlesnem Geleit und Leichengewand,
Und brennt mir den Hunnen- Gebieter zur Seite.

64 Dem Hunnengebieter brennt zur Seite
Meine Knechte mit kostbaren Ketten geschmückt:
Zwei ihm zu Häupten und zwei zu den Füßen,
Dazu zwei Hunde und der Habichte zwei.
Also ist alles eben verteilt.

65 Bei uns blinke das beißende Schwert,
Das goldgezierte, so zwischen gelegt
Wie da wir beiden ein Bette bestiegen
Und man uns nannte mit ehlichem Namen.

66 So fällt dem Fürsten auf die Ferse nicht
Die Pforte des Saals, die goldgeschmückte,
Wenn auf dem Fuß ihm folgt mein Leichengefolge.
Unsere Fahrt wird nicht ärmlich sein.

67 Ihm folgen mit mir der Mägde fünf,
Dazu acht Knechte edlen Geschlechts,
Meine Milchbrüder mit mir erwachsen,
Die seinem Kinde Budli geschenkt.

68 Manches sprach ich: mehr noch sagt' ich,
Gönnte zur Rede der Gott mir Raum.
Die Stimme versagt, die Wunden schwellen;
Die Wahrheit sagt' ich, so gewiß ich sterbe."

28. Helreid Brynhildar

Brynhildens Todesfahrt

Nach Brynhildens Tode wurden zwei Scheiterhaufen gemacht, einer für Sigurd, und der brannte zuerst; danach wurde Brynhild verbrannt, und sie lag auf einem Wagen, der mit Prachtgeweben umzeltet war. Es wird erzählt, daß Brynhild auf dem Wagen den Helweg fuhr und durch eine Höhle kam, wo ein Riesenweib wohnte. Das Riesenweib sprach:

1 Fort, zu fahren   erfrech' dich nicht
Durch meine stein-   gestützten Häuser.
Besser ziemte dir,   Borten zu wirken
Als den Gatten   begehren der andern.

2 Welschländisch Weib,   was willst du suchen,
Allgierig Haupt,   in meinem Hause?
Du wuschest, Walküre,   so dich's zu wissen lüstet,
Von den Händen dir manchesmal   Menschenblut.

Brynhild

3 Was wirfst du mir vor,   Weib aus Stein?
Hab' ich im Kriegsheer   gekämpft denn auch,
So bin ich die bessere   von uns beiden doch,
Wenn unsern Adel   Einsichtge prüfen.

Riesin

4 Du bist, Brynhild,   Budlis Tochter,
In widrigster Stunde   zur Welt geboren:
Durch dich ward ohne   Erben Giuki,
Du hast sein hohes   Haus gestürzt.

Brynhild

5 Vom Wagen kündigt die Kluge dir,
Der Witzlosen, wenn dich's zu wissen lüstet.
Mich machten Giukis Erben meiner
Liebe verlustig, der Eide ledig.

6 Der hochsinnige Fürst ließ die Fluggewande
Mir und acht Schwestern unter die Eiche tragen;
Zwölf Winter war ich, wenn dich's zu wissen lüstet,
Als ich dem jungen Fürsten den Eid schwur.

7 Alle hießen mich in Hlyndalir
Hild unterm Helme, wohin ich kam.

8 Da ließ ich den greisen gotischen Fürsten
Hialmgunnar hinab gehn zur Hel,
Gab Sieg dem blühenden Bruder Adas:
Darüber ward mir Odin ergrimmt.

9 Er umschloß mich mit Schilden in Skatalundr,
Mit roten und weißen; die Ränder schnürten mich.
Meinen Schlaf zu brechen gebot er dem,
Der immer furchtlos erfunden würde.

10 Um meinen Saal, den südlich gelegnen,
Ließ er hoch des Holzes Verheerer entbrennen:
Darüber reiten sollte der Recke nur,
Der das Gold mir brächte im Bette Fafnirs.

11 Der rasche Ringspender ritt auf Grani
Hin, wo mein Hüter das Land beherrschte.
Der beste dünkte mich der Degen aller
Der hunnische Fürst im Heldengefolge.

12 Wir lagen mit Lust auf einem Lager,
Als ob er mein Bruder geboren wäre.
Keiner von beiden konnt' um den andern
In acht Nächten die Arme fügen.

13 Doch gab mir Gudrun Schuld, Giukis Tochter,
Ich hätte dem Sigurd geschlafen im Arm.
Was ich nicht wollte, gewahrt' ich da:
Daß ich überlistet ward bei der Verlobung.

14 Zum Unheil werden noch allzulange
Männer und Weiber zur Welt geboren,
Aber wir beide bleiben zusammen,
Ich und Sigurd: versinke, Riesenbrut!

29. Gudrunarkvida fyrsta

Das erste Gudrun-Lied

Gudrun saß über dem toten Sigurd; sie weinte nicht wie andere Frauen, aber schier wäre sie vor Leid zersprungen. Auch traten Frauen und Männer hinzu, sie zu trösten; aber das war nicht leicht. Es wird gesagt, Gudrun habe etwas gegessen von Fafnirs Herzen und seitdem der Vögel Stimmen verstanden. Auch dies wird von Gudrun gesagt:

1 Einst erging's, daß Gudrun zu sterben begehrte,
Da sie sorgend saß über Sigurden.
Nicht schluchzte sie, noch schlug sie die Hände,
Brach nicht in Klagen aus, wie Brauch ist der Frauen.

2 Ihr nahten Helden, höfische Männer,
Das lastende Leid ihr zu lindern bedacht.
Doch Gudrun konnte vor Gram nicht weinen,
Schier zersprungen wäre sie vor Schmerz.

3 Herrliche Frauen der Helden saßen,
Goldgeschmückte, Gudrun zur Seite.
Eine jede sagte von ihrem Jammer,
Dem traurigsten, den sie ertragen hatte.

4 Da sprach Giaflög, Giukis Schwester:
„Mich acht' ich auf Erden die Unseligste.
Der Männer verlor ich nicht minder als fünf,
Der Töchter zwei und drei der Schwestern,
Acht Brüder; ich allein lebe."

5 Doch Gudrun konnte   vor Gram nicht weinen,
So trug sie Trauer   um den Tod des Gemahls,
So füllte sie Grimm   um des Fürsten Mord.

6 Da sprach Herborg,   die Hunnenkönigin:
„Ich habe von herberm   Harm zu sagen:
Sieben Söhne sind   im südlichen Land
Und mein Mann der achte   mir erschlagen.

7 Über Vater und Mutter   und vier Brüder
Haben Wind   und Wellen gespielt:
Die Brandung zerbrach   die Borddielen.

8 Selbst die Bestattung   besorgen mußt' ich,
Die Holzhürde selber zur   Helfahrt schlichten.
Das alles litt ich   in einem Halbjahr,
Und niemand tröstete   in der Trauer mich.

9 Dann kam ich in Haft   als Heergefangne
Noch vor dem Schluß desselben   Halbjahrs.
Da besorgt' ich den Schmuck,   und die Schuhe band ich
Alle Morgen   der Gemahlin des Hersen.

10 Sie drohte mir immer   aus Eifersucht,
Wozu sie mit harten   Hieben mich schlug.
Niemals fand ich   so freundlichen Herrn,
Aber auch nirgend   so neidische Herrin."

11 Doch Gudrun konnte   vor Gram nicht weinen,
So trug sie Trauer   um den Tod des Gemahls,
So füllte sie Grimm   um des Fürsten Mord.

12 Da sprach Gullrönd,   Giukis Tochter:
„Wenig weißt du, Pflegerin,   ob weise sonst,
Das Herz einer jungen   Frau zu erheitern.
Weshalb verhüllt ihr   des Helden Leiche?"

13 Sie schwang den Schleier   von Sigurd nieder,
Und wandt' ihm die Wange   zu des Weibes Schoß.
„Nun schau den Geliebten,   füge den Mund zur Lippe
Und umhals ihn wie einst   den heilen König."

14 Auf sah Gudrun einmal nur,
Sah des Helden Haar erharscht vom Blute,
Die leuchtenden Augen erloschen dem Fürsten,
Vom Schwert durchbohrt die Brust des Königs.

15 Da sank aufs Kissen zurück die Königin,
Ihr Stirnband riß, rot war die Wange,
Ein Regenschauer rann in den Schoß.

16 Da jammerte Gudrun, Giukis Tochter,
Die verhaltnen Tränen tropften nieder,
Und hell auf schrien im Hofe die Gänse,
Die zieren Vögel, die Zöglinge Gudruns.

17 Da sprach Gullrönd, Giukis Tochter:
„Euch vermählte die mächtigste Liebe
Von allen, die je auf Erden lebten.
Du fandest außen noch innen Frieden,
Schwester mein, als bei Sigurd nur."

18 Da sprach Gudrun, Giukis Tochter:
„So war mein Sigurd bei den Söhnen Giukis,
Wie hoch aus Halmen sich hebt edel Lauch,
Oder ein blitzender Stein am Bande getragen,
Ein köstlich Kleinod, über Könige scheint.

19 So dünkte auch ich den Degen des Königs
Höher hier als Herians Disen.
Nun lieg ich verachtet dem Laube gleich,
Das im Forste fiel, nach des Fürsten Tod.

20 Nun miss' ich beim Mahle, miss' ich im Bette
Den süßen Gesellen: das schufen die Giukungen.
Die Giukungen schufen mir grimmes Leid,
Schufen der Schwester endlosen Schmerz.

21 So habt ihr den Leuten das Land verwüstet,
Wie ihr übel die Eide hieltet.
Nicht wirst du, Gunnar, des Goldes genießen:
Dir rauben die roten Ringe das Leben,
Weil du Sigurden Eide schwurst.

22 Oft war im Volk die Freude größer,
Als mein Sigurd den Grani sattelte,
Und sie um Brynhild zu bitten fuhren,
Die unselige, zu übelm Heil."

23 Da sprach Brynhild, Budlis Tochter:
„Mann und Kinder misse die Vettel,
Welche dich, Gudrun, weinen lehrte,
In den Mund dir Worte am Morgen legte!"

24 Da sprach Gullrönd, Giukis Tochter:
„Geschweig der Worte, Weltverhaßte!
Immer den Edlingen warst du zum Unheil;
Wie sein schlimmes Schicksal scheut dich jeder;
Sieben Königen kostest du das Leben,
Zerstörtest die Freundschaft der Frauen."

25 Da sprach Brynhild, Budlis Tochter:
„An allem Unheil ist Atli schuld,
Budlis Sohn, der Bruder mein.

26 Als wir in der Halle des hunnischen Volkes
Des Wurmbetts Feuer an dem Fürsten ersahn,
Des Besuches hab' ich seitdem entgolten,
Dieses Anblicks muß immer mich reuen."

27 Sie stand an der Säule, den Schaft ergriff sie;
Es brannte Brynhilden, Budlis Tochter,
Glut in den Augen, Gift spie sie aus,
Als sie die Wunden sah an Sigurds Brust.

Darauf ging Gudrun in Wälder und Wüsten bis Dänemark, wo sie bei Thora, Hakons Tochter, sieben Halbjahre weilte. Brynhild wollte Sigurd nicht überleben. Sie ließ acht Knechte und fünf Mägde töten. Darauf durchbohrte sie sich selbst mit dem Schwerte, wie gesagt ist in dem kürzern Sigurdsliede [Nr. 27].

30. Drap Niflunga

Mord der Niflunge

Gunnar und Högni nahmen da alles Gold, Fafnirs Erbe. Da entstand Feindschaft zwischen den Giukungen und Atli. Denn er beschuldigte die Giukungen, sie seien an Brynhilds Tode schuld. Da verglichen sie sich dahin, daß sie ihm Gudrun zur Ehe gäben. Dieser aber gaben sie einen Vergessenheitstrank zu trinken, ehe sie einwilligte, daß sie dem Atli vermählt würde. Atlis Söhne waren Erp und Eitel; aber Gudruns Tochter von Sigurd war S(ch)wanhild. König Atli lud Gunnar und Högni zum Gastgebot, wozu er sich als Boten des Wingi oder Knefröd bediente. Gudrun ahnte Tücke und schickte in runischen Zeichen Warnungsworte, daß sie nicht kommen sollten, und zum Wahrzeichen schickte sie dem Högni den Ring Andwaranaut, an den sie Wolfshaare knüpfte. Gunnar hatte Oddrun, Atlis Schwester, zur Gemahlin begehrt, aber nicht erhalten. Da vermählte er sich der Glömwera und Högni der Kostbera. Deren Söhne waren Solar, Snäwar und Giuki. Als aber die Giukungen zu Atli kamen, da bat Gudrun ihre Söhne, daß sie der Giukungen Leben erbäten; aber sie wollten das nicht. Dem Högni ward das Herz ausgeschnitten und Gunnar in den Schlangenturm geworfen. Er schlug die Harfe und sang die Schlangen in den Schlaf; aber eine Natter durchbohrte ihn bis zur Leber.

31. Gudrunarkvida önnur

Das andere [zweite] Gudrun-Lied

König Dietrich war bei Atli und hatte dort die meisten seiner Mannen verloren. Dietrich und Gudrun klagten einander ihr Leid. Sie sprach zu ihm und sang:

1 Als Maid der Maide erzog mich die Mutter
Im leuchtenden Saal. Ich liebte die Brüder,
Bis mich Giuki mit Gold bereifte,
Mit Gold bereifte und Sigurden gab.

2 So war Sigurd bei den Söhnen Giukis,
Wie über Halme sich hebt edler Lauch,
Wie hoch der Hirsch ragt über Hasen und Füchse,
Und glutrotes Gold scheint über graues Silber.

3 Bis mir nicht gönnen mochten die Brüder
Den Helden zu haben, den hehrsten aller.
Sie mochten nicht ruhen, nicht richten und schlichten,
Bis sie Sigurden erschlagen ließen.

4 Vom Thinge traurig traben hört' ich Grani;
Sigurden selber sah ich nicht.
Alle Rosse waren rot von Blut
Und in Schweiß geschlagen von den Schächern.

5 Gramvoll ging ich mit Grani reden,
Befragte das Pferd mit der feuchten Wange;
Da senkte Grani ins Gras das Haupt:
Wohl wußte der Hengst, sein Herr sei tot.

6 Lange zaudert' ich, zweifelte lange,
Bevor ich den Volkshirten fragt' nach dem König.

7 Gunnar hing das Haupt; doch Högni sagte
Mir meines Sigurd mordlichen Tod:
„Jenseits des Stroms (Rheins) erschlagen liegt er,
Den Gutthorm fällte, zum Fraß den Wölfen.

8 Sieh den Sigurd gegen Süden dort,
Höre Krähen krächzen und Raben,
Adler jauchzen der Atzung froh,
Und Wölfe heulen um deinen Helden." –

9 „Wie hast du mir, Högni, des Harms so viel,
Dem wonnewaisen Weibe gesagt?
Daß Raben und Falken das Herz dir zerführten
Weiter über Land, als du Leute kennst!

10 Högni antwortete mit einem Mal
Des sanften Sinnes mit Schmerz beraubt:
„Das gäbe dir, Gudrun, erst Grund zu weinen,
Wenn mir auch die Raben zerrissen das Herz!"

11 Vor ihrem Anblick einsam ging ich da,
Die Brocken zu lesen von der Wölfe Leichenschmaus.
Ich schluchzte nicht, noch schlug ich die Hände,
Brach nicht in Klagen aus, wie Brauch ist der Frauen,
Da ich schmerzvoll saß über Sigurden.

12 Die Nacht dünkte mich neumonddunkel,
Da ich sorgend saß über Sigurds Leiche.
Viel sanfter würden die Wölfe mir scheinen,
Ließen sie mich das Leben missen
Oder mich brennen wie Birkenholz.

13 Ich fuhr aus dem Forst; nach der fünften Nacht
Naht ich den hohen Hallen Alfs.
Sieben Halbjahre saß ich bei Thora,
Hakons Maid in Dänemark.

14 In Gold stickte sie, mich zu zerstreuen,
In deutschen Sälen dänische Wikinge.

15 Wir bildeten künstlich der Krieger Spiele,
Die Helden der Herrscher in Handgewirke;
Rote Ränder, Recken des Hunnenlands,
Mit Helm und Harnisch der Herrscher Geleit.

16 Vom Strande segelten Sigmunds Rosse
Mit goldnem Schiffshaupt, geschnitztem Steuer.
Wir wirkten und webten die Waffentaten
Sigmunds und Siggeirs südlich auf Fünen.

17 Da hörte Grimhild, die gotische Frau,
Wie tief ihre Tochter betraure den Gemahl.
Sie warf ihr Gewebe fort, winkte den Söhnen.
Das zu erfahren fragte sie und sprach:
Wer Buße wolle der Schwester bieten,
Den erschlagnen Gatten vergelten der Frau?

18 Gunnar erbot sich, ihr Gold zu bieten,
Ihren Harm zu sühnen, und so auch Högni.
Da fragte sie ferner, wer fahren wolle,
Die Säumer zu satteln, die Wagen zu schirren,
Den Hengst zu tummeln, den Habicht zu werfen,
Den Bolzen zu schießen vom Eibenbogen?

19 Waldar den Dänen und Jarisleif,
Eimod zum dritten und Jarisskar
Führten sie vor mich, Fürsten gleich.
Rote Waffenröcke trugen des Langbärtgen Recken,
Hohe Helme und helle Brünnen,
Breite Schwerter, die braungelockten.

20 Ein jeder verhieß mir herrlichen Schmuck,
Herrlichen Schmuck mit schmeichelnden Reden,
Ob sie mich möchten für manches Leid
Auf Trost vertrösten; aber ich traute nicht.

21 Grimhild brachte den Becher mir dar,
Den kalten, herben, daß ich Harms vergäße.
Der Kelch war gekräftigt aus der Quelle Urds,
Mit urkalter See und sühnendem Blut.

22 In das Horn hatten sie allerhand Stäbe
Rötlich geritzt; ich erriet sie nicht.
Den langen Lindwurm des Lands der Haddinge,
Ungeschnittne Ähre und Eingang von Tieren.

23 Im Bier beisammen war Bosheit viel,
Allerlei Wurzeln und Waldeckern,
Tau des Herdes und Tiergeweide,
Gesottne Schweinsleber, die den Schmerz betäubt.

24 So vergeben vergaß ich da
Der Gespräche Sigurds all im Saal.
Könige kamen vor die Knie mir drei,
Ehe sie selber naht' und sagte:

25 „Ich gebe dir, Gudrun, das Gold empfange,
Dein volles Erbgut nach des Vaters Tod,
Blanke Ringe, die Burgen Hlödwers
Und des toten Fürsten Fahrnis all,

26 Hunnische Töchter, die Teppiche wirken
Und Goldgürtel, dich zu ergötzen.
Du allein sollst schalten über die Schätze Budlis
Mit Gold begabt als die Gattin Atlis.

Gudrun

27 Keinem Manne mehr will ich vermählt sein,
Noch Brynhildens Bruder haben.
Mir geziemt nicht mit dem Erzeugten Budlis
Das Geschlecht zu mehren und zusammen zu leben.

Grimhild

28 Nicht wolle den Harm den Helden vergelten,
Begannen wir Giukungen gleich den Zwist.
So sollst du lassen, als lebten dir beide,
Sigurd und Sigmund, wenn du Söhne gewinnst.

Gudrun

29 Nicht mag ich mich mehr ermuntern, Grimhild,
Und keinem Helden Hoffnung gewähren,
Seit ich schwelgen an Sigurds Herzblut
Den Raben sah, den raubgierigen.

Grimhild

30 Ihn sah ich von allen den edelstgebornen
Der Fürsten befunden und in vielem den besten.
So freie den Fürsten: bis dich fesselt das Alter,
Wirst du verwaist sein, wählst du nicht ihn.

Gudrun

31 Biete mir nicht das bosheitvolle,
So aufdringlich mir dieses Geschlecht.
Dem Gunnar gibt er grimmen Tod,
Schneidet dem Högni das Herz aus dem Leibe.
Nicht fänd' ich dann Frieden, bevor ich das Leben
Gekürzt dem freveln Kriegsbrandschürer. –

32 Mit Grausen hörte Grimhild das Wort:
Denn ihren Kindern kündet' es Verderben
Und den Untergang all ihrem Geschlecht.

Grimhild

33 Noch leih' ich dir Land und Leute viel,
Winbiörg, Walbiörg, willst du sie haben.
Nimm sie lebenslang und laß den Zorn.

Gudrun

34 Nun will ich ihn küren unter den Königen;
Doch wider Willen, auf der Freunde Wunsch.
Nie wird der Gatte Glück mir bringen,
Meine Söhne büßen der Brüder Mord. –

35 Rasch auf die Rosse saßen die Recken da,
Die welschen Weiber zu Wagen hoben sie.
Sieben Tage durchtrabten wir kaltes Land,
Über See setzten wir sieben andre,
Durch dürre Steppen ging's die dritten sieben.

36 Da hoben die Wächter der hohen Burg
Das Gitter empor: durch die Pforte ritten wir.
Atli weckte mich; aber ich schien ihm
Der Vorahnung voll von der Freunde Tod.

Atli

37 So haben auch neulich mich Nornen geweckt;
Vergönnte das Graunbild günstige Deutung!
Ich wähnte dich, Gudrun, Giukis Tochter,
Mir die Brust durchbohren mit blankem Dolch.

Gudrun

38 Der Traum von Dolchen bedeutet Feuer,
Holde Heimlichkeit der Hausfrau Zorn.
Ich brenne dir bald ein böses Geschwür aus,
Ich heile und lindre, wie leid du mir seist.

Atli

39 Reiser im Garten sah ich ausgerissen,
Die ich da wachsen lassen wollte.
Entrauft mit der Wurzel, gerötet im Blut
Und aufgetragen, daß ich sie äße.

40 Ich sah von der Hand mir Habichte fliegen
Ohne Atzung, dem Untergang zu.
Ihre Herzen wähnt' ich mit Honig zu essen
Sorgenschwer, geschwollen von Blut.

41 Wölfe, wähnt' ich, entwänden sich mir,
Ich hörte sie harmvoll heulen und wimmern.
Ihr Fleisch, fürcht' ich, war faul geworden:
Mit Ekel aß ich von dem Aase da.

Gudrun

42 Dir werden Schächer im Schlafgemach richten,
Den Lichtgelockten die Häupter lösen;
Sie werden erschlagen nach wenig Nächten,
Kurz vor Tag, und aufgetischt. –

43 Seitdem lieg' ich den Schlummer meidend
Trotzig im Bette: tun will ich so.

32. Gudrunarkvida thridja

Das dritte Gudrun-Lied

Herkia hieß eine Magd Atlis, die seine Geliebte gewesen war. Sie sagte dem Atli, sie habe Dietrich [von Bern] und Gudrun beide zusammen gesehen. Darüber wurde Atli sehr verstört. Gudrun sprach:

1 Was ist dir, Atli, du Erbe Budlis?
Was belädt dir das Herz? Du lachst nicht mehr.
Vielen Fürsten gefiel' es besser,
Sprächst du mit den Leuten und sähst mich an.

Atli

2 Mich grämt, Gudrun, Giukis Tochter,
Was hier in der Halle mir Herkia sagte:
Unter einer Decke mit Dietrich schliefst du,
Los in das Leintuch lägt ihr gehüllt.

Gudrun

3 Über das alles Eide leist' ich dir
Bei jenem geweihten weißen Stein,
Daß ich mit Dietmars Sohne nicht zu schaffen hatte,
Was dem Herrn gehört und dem Gatten.

4 Hab' ich den Herzog umhalst etwa,
Den Unbescholtnen einmal vielleicht,
Auf andres zielten unsre Gedanken,
Da harmvoll Zwiegespräch wir zweie hielten.

5 Zu dir kam Dietrich mit dreißig Mannen:
Nicht einer lebt ihm von allen dreißigen.
Bring deine Brüder in Brünnen hieher,
Mit deinen nächsten Neffen umgib mich.

6 Bescheide der Sachsen, der südlichen, Fürsten,
Der zu weihen weiß den heiligen Kessel. –

7 In die Halle traten siebenhundert Helden,
Eh die Hand die Königin in den Kessel tauchte.

Gudrun

8 Nicht kommt mir Gunnar, nicht klag' ich's dem Högni,
Nie soll ich mehr sehen die süßen Brüder.
Rächen würde Högni den Harm mit dem Schwert
So muß ich selber von Schuld mich reinigen. –

9 Sie tauchte die weiße Hand in die Tiefe,
Griff aus dem Grunde die grünen Steine:
„Schaut nun, Fürsten, schuldlos bin ich,
Heil und heilig, wic dcr Hafen walle."

10 Da lachte dem Atli im Leibe das Herz,
Griff aus dem Grunde die Hände Gudruns:
„So soll nun Herkia zum Hafen [Kessel] treten,
Welche der Gudrun wähnte zu schaden."

11 Nie sah Klägliches, wer nicht gesehn hat,
Wie da Herkias Hände verbrannten.
Sie führten die Maid zum faulenden Sumpf:
So ward Gudrun vergolten der Harm.

33. Oddrunargratr

Oddruns Klage

Heidrek hieß ein König, seine Tochter hieß Borgny und Wilmund ihr Geliebter. Sie konnte nicht gebären, bis Oddrun hinzukam, Atlis Schwester. Die war Gunnars Geliebte gewesen, des Sohns Giukis. Von dieser Sage ist hier die Rede.

1 Ich hörte sagen in alten Geschichten,
Daß eine Maid kam gen Morgenland.
Niemand wußte auf weiter Erde
Der Tochter Heidreks Hilfe zu leisten.

2 Das hörte Oddrun, Atlis Schwester,
In schweren Wehen winde die Jungfrau sich.
Sie zog aus dem Stalle den scharfgezäumten
Und schwang dem Schwarzgaul den Sattel auf.

3 Sie spornte den schnellen den ebnen Sandweg,
Bis sie die hohe Halle stehn sah.
Von des Rosses Rücken riß sie den Sattel,
Trat ein und schritt den Saal entlang.
Dies war das erste Wort, das sie sprach:

4 In diesen Gauen gibt es was Neues?
Was hört man Gutes in Hunnenland?

Eine Magd

5 Borgny liegt hier überbürdet mit Schmerzen,
Deine Freundin, Oddrun: eil' ihr zur Hilfe.

Oddrun

6 Welcher der Fürsten fügte den Schimpf dir?
Warum ist so bitter Borgnys Qual?

7 Wilmund heißt des Herrschers Vertrauter:
Er wand die Maid in warme Decken
Fünf volle Winter ohne des Vaters Wissen. –

8 Sie sprachen, dünkt mich, dies und nicht mehr.
Mildreich saß sie der Maid vor die Knie.
Kräftig sang Oddrun, mächtig sang Oddrun
Zauberlieder der Borgny zu.

9 Da kamen Knabe und Mädchen zur Welt,
Holde Sprößlinge des Högnitöters.
Zu sprechen säumte nicht die kranke Maid;
Dies war das erste Wort, das sie sprach:

10 „So mögen milde Mächte dir helfen,
Frigg und Freyja und viele der Götter,
Wie du mich befreitest aus gefahrvoller Not."

Oddrun

11 Nicht eilte ich her, dir Hilfe zu bringen,
Weil du es wert wärst gewesen irgend.
Ich gelobte und leistete mein Gelübde jetzt,
Beistand zu leisten allen Leidenden,
Als die Edlinge das Erbe teilten.

Borgny

12 Irr bist du, Oddrun, und ohne Besinnung,
Daß du im Eifer also sprichst.
Wir lebten doch lange im Lande zusammen
Zärtlich, wie zweier Brüder Erzeugte.

Oddrun

13 Wohl noch weiß ich, wie du des Abends sprachst,
Als ich Gunnarn das Gastmahl bereitete:
So arge Unsitte, sprachst du eifernd,
Werde nach mir keine Maid mehr üben. –

14 Da setzte sich nieder die sorgenmüde,
Ihr Leid zu künden aus des Kummers Fülle:

15 Ich wuchs empor in prächtiger Halle,
Mich lobten viele, und keinem mißfiel es;
Doch freut' ich der Jugend und des Vaterguts
Mich der Winter fünf nur bei des Vaters Leben.

16 Da war es das letzte Wort, das er sprach,
Bevor er starb, der stolze König:

17 Mit rotem Golde beschenken hieß er mich
Und südwärts senden dem Sohne Grimhilds.
[Brynhilden hieß er den Helm zu tragen,
Weil sie Wunschmagd zu werden bestimmt sei.]
Es mög' unterm Monde so edle Maid
Nicht geben, wenn günstig der Gott mir bleibe.

18 Brynhild wirkte Borten am Rahmen;
Sie hatte Land und Leute vor sich.
Erde schlief noch und Überhimmel,
Als die Burg ersah der Besieger Fafnirs.

19 Kampf war gekämpft mit welscher Klinge
Und gebrochen die Burg, die Brynhild besaß.
Nicht lange währt' es, nur kurz,
Bis sie den ganzen Betrug erfuhr.

20 Die Sachen suchte sie so schwer zu rächen,
Daß wir alle es übel verspürten.
Das weiß man in aller Welt,
Wie sie um Sigurds willen sich selber tötete.

21 Aber schon begann ich, Gunnar zu lieben,
Den Spender der Ringe, wie Brynhild gesollt ...

22 Rote Ringe boten die Recken gleich
Meinem Bruder Atli und Bußen viel.
Für mich bot Gunnar der Güter fünfzehn
Und Granis Rückenlast, wenn Atli sie gerne nähme.

23 Das weigerte Atli: er wolle nicht,
Daß ihm Brautgabe gäben Giukis Söhne.
Doch wir mochten nicht mehr die Minne aufhalten
Und so umschlang ich des Fürsten Haupt.

24 Da murmelten manche meiner Verwandten,
Sie hätten uns beide bei Buhlschaft ertappt.
Aber Atli meinte, solch' Unrecht würd' ich
Schwerlich begehn, ihm Schande zu machen.
Doch solches sollte niemand
Vom andern leugnen, wo Liebe waltet.

25 Seine Späher sandte Atli,
Im tiefen Tann, mein Tun zu belauschen.
Sie kamen, wohin sie nicht kommen sollten:
Wo wir selbander lagen unter *einem* Linnen.

26 Rote Ringe den Recken boten wir,
Daß sie dem Atli alles verschwiegen.
Aber alles dem Atli sagten sie;
Sie hatten Hast, nach Haus zu kommen.

27 Aber der Gudrun gänzlich hehlten sie's,
Der es zu wissen doch doppelt geziemte.

28 Goldhufige Hengste hörte man traben,
Da die Söhne Giukis in den Schloßhof ritten.
Man hieb dem Högni das Herz aus dem Leibe
Und senkte den Gunnar in den Schlangenturm.

29 Nun war ich einst, wie öfter geschah,
Zu Geirmund gegangen, das Gastmahl zu rüsten.
Der hohe Herrscher begann zu harfen:
Hoffnung hegte der hochgeborne
König, ich könnt' ihm zu Hilfe kommen.

30 Da hört' ich, und lauschte von Hlesey her,
Wie harmvoll schollen die Saitenstränge.

31 Ich mahnte die Mägde, mit mir zu eilen:
Fristen wollt' ich dem Fürsten das Leben.
Wir führten das Fahrzeug dem Forst vorbei,
Bis wir Atlis Wohnungen alle gewahrten.

32 Da hinkte her die heillose
Mutter Atlis: möge sie faulen!
Und grub sich ganz in Gunnars Herz,
Daß ich den ruhmreichen nicht retten mochte.

33 Oft verwundert mich, Wurmbettgeschmückte,
Wie ich nun länger noch leben möge,
Die den Gewaltigen wähnte zu lieben,
Den Schwertverschenker, mir selber gleich.

34 Du saßest und lauschtest, dieweil ich dir sagte
Unermeßliches Leid, meines und ihres.
Wir alle leben nach eignem Geschick:
Hier ist Oddruns Klage zu Ende.

34. Atlakvida

Das alte Atli-Lied

Gudrun, Giukis Tochter, rächte den Tod ihrer Brüder, wie das weltberühmt ist. Sie tötete zuerst Atlis Söhne, darauf tötete sie den Atli selbst und verbrannte die Halle mit allem Gesinde. Davon ist diese Sage [Lied] gedichtet:

1 Atli sandte einst zu Gunnar
Einen klugen Boten, Knefröd genannt.
Er kam zu Giukis Hof und Gunnars Halle,
An der Bank des Herdes zu süßem Biere.

2 Das Gesinde trank (noch schwiegen die Listigen)
In der Halle den Wein in Furcht vor den Hunnen.
Da kündete Knefröd mit kalter Stimme,
Der südliche Gesandte; er saß auf der Hochbank:

3 „Sein Geschäft zu bestellen, sandte mich Atli
Auf knirschendem Roß durch den unkunden Myrkwid,
Auf seine Bänke euch zu bitten, Gunnar:
In häuslichen Hüllen suchet Atli heim.

4 Da mögt ihr Schilde wählen und geschabte Eschen,
Hellgoldne Helme und hunnische Schwerter,
Schabracken goldsilbern, schlachtrote Panzer,
Geschoß krümmende und knirschende Rosse.

5 Er gibt euch auch gerne die weite Gnitaheide,
Gellenden Speer nebst goldnem Steven,
Herrliche Schätze und Städte Danpis,
Und das schöne Gesträuch, Myrkwid genannt.“

6 Das Haupt wandte Gunnar, zu Högni sprach er:
„Was rätst du uns, Rascher, auf solche Rede?“
„Gold wußt’ ich nie auf Gnitaheide,
Daß wir nicht sollten so gutes besitzen.

7 Sieben Säle haben wir der Schwerter voll,
Golden glänzen die Griffe jedem.
Mein Schwert ist das schärfste, der schnellste mein Hengst,
Die Bank zieren Bogen und Brünnen von Gold,
Hell glänzen Helm und Schild aus Kjars Halle gebracht.
Ich achte meine für besser als alle hunnischen.

8 Was riet uns die Schwester, die den Ring uns sandte,
In Wolfskleid gewickelt? Sie warnt’ uns, dünkt mich.
Mit Wolfshaar umwunden gewahrt’ ich den roten Ring:
Gefährlich ist die Fahrt, die wir fahren sollen.“ –

9 Nicht rieten’s die Neffen noch die nächsten Verwandten,
Nicht Rauner und Rater noch reiche Fürsten.
Gunnar gebot da, so gebührt’ es dem König,
Munter beim Mahl aus mutiger Seele:

10 „Steh nun auf, Fiornir, laß um die Sitze kreisen
Der Helden Goldhörner durch die Hände der Knechte.

11 Der Wolf wird des Erbes der Niflungen walten
Mit grauen Granen, wenn Gunnar erliegt;
Braunzottge Bären das Bauland zerwühlen
Zur Ergötzung der Hunde, kehrt Gunnar nicht heim.“

12 Den Landherrn geleiteten herrliche Leute,
Den Schlachtordner, seufzend aus den Sälen Giukis.
Da sprach der junge Hüter des högnischen Erbes:
„Fahrt nun froh und heil, wohin euch der Geist führt.“

13 Über Felsen fliegen freudig ließen sie
Die knirschenden Mähren durch den unkunden Myrkwald.
Die Hunnenmark hallte, wo die Hartmutgen fuhren,
Durch tiefgrüne Täler trieben sie die Rosse.

14 Himmelhoch in Atlis Land hoben die Warten sich.
Sie sahn Verräter stehn auf der steilen Felsburg,
Den Saal des Südervolks mit Sitzen umgeben,
Gebundenen Rändern und blanken Schilden,
Lanzen betäubenden: da trank König Atli
Den Wein im Waffensaal; Wächter saßen draußen,
Gunnars Kriegern zu wehren, wenn sie geritten kämen
Mit hallenden Spießen, dem Herrscher Streit zu wecken.

15 Ihre Schwester sah dem Saale sich nahen
Die Brüder beide; Bier hatte sie nicht getrunken.
„Verraten bist du, Gunnar! Reicher, wie wehrst du
Hunnischer Hinterlist? Aus dem Hofe eile bald.

16 Besser die Brünne, Bruder, trügst du
Als in häuslichen Hüllen Atli heimzusuchen.
Säßest besser im Sattel den sonnenhellen Tag
Und ließest bleiche Leichen leide Nornen klagen,
Hunnische Schildmägde Harm erdulden,
Senktest Atli selber in den Schlangenturm.
Nun werdet den Wurmsaal bewohnen ihr beiden.“ –

Gunnar

17 „Zu spät ist's, Schwester, nun die Niflungen zu sammeln,
Zu lang dem Geleite in dies Land ist der Weg
Durch rauhes Rheingebirg untadligen Recken.“

18 Da fingen sie Gunnarn und fesselten ihn
Mit schweren Banden, der Burgunden Schwäger.

19 Sieben schlug Högni mit scharfer Waffe;
Den achten warf er in heiße Ofenglut:
So soll sich der Wackre wahren vor Feinden.

20 Högni wehrte Gewalt von Gunnar.
Sie fragten den Fürsten, ob Freiheit und Leben
Der Gotenkönig mit Gold wolle kaufen.

21 „Mir soll Högnis Herz in Händen liegen:
Blutig aus der Brust des besten Reiters
Schneid' es das Schwert aus dem Königssohn.“

22 Sie hieben das Herz da   aus Hiallis Brust:
Blutig auf der Schüssel   brachten sie's Gunnarn.

23 Da sagte Gunnar,   der Goten Fürst:
„Hier hab' ich Hiallis   Herz des blöden,
Ungleich dem Herzen   Högnis des kühnen.
Es schüttert sehr hier   auf der Schüssel noch;
Da die Brust es barg,   bebt' es noch mehr."

24 Hell lachte Högni,   da sie das Herz ihm schnitten.
Keiner Klage gedachte   der kühne Helmschmied.
Blutig auf der Schüssel   brachten sie's Gunnarn.

25 Froh sprach Gunnar,   der fromme Niflung:
„Hier hab' ich das Herz   Högnis des kühnen,
Ungleich dem Herzen   Hiallis des blöden.
Man sieht es nicht schüttern   auf der Schüssel hier;
Da die Brust es barg,   bebt' es noch minder.

26 Bleib' Atli, nun aller   Augen so fern,
Wie du stets den Schätzen   sollst verbleiben.
Allein weiß ich nun   um den verborgnen
Hort der Niflungen,   da Högni tot ist.

27 Zweifel hegt' ich zwar,   da wir zweie waren;
Nun ich nur übrig bin,   ängst' ich mich nicht mehr.
Nur der Rhein soll schalten   mit dem verderblichen Schatz:
Er kennt das asenverwandte   Erbe der Niflungen.
In der Woge gewälzt   glühn die Walringe mehr,
Denn hier in den Händen   der Hunnensöhne." –

Atli

28 „Herbei nun mit dem Wagen!   In Banden ist der Held."

29 Auf mutger Mähre fuhr   der mächtige Atli,
Von Schwertern bewacht   sein Schwager daher.
Mit Harm sah Gudrun   der Helden Leid,
Den Tränen wehrend trat sie   in die tosende Menge:

30 „So ergeh es dir, Atli, wie du Gunnarn hältst
Oft geschworne Eide, die ihr einst gelobt
Bei der südlichen Sonne, bei des Sieggotts Burg,
Bei des Eh'betts Frieden, bei Ullers Ring."
Doch führte zum Tode den Führer der Kampfschar,
Den Hüter des Hortes ein knirschender Hengst.

31 Den lebenden Fürsten legte der Wächter Schar
In den tiefen Kerker: da krochen wimmelnd
Scheußliche Schlangen. Es schlug Gunnar
Da einsam zürnend mit den Zehen die Harfe.
Hell schollen die Saiten: so soll das Erz
Ein gabmilder König den Gierigen wehren.

32 Heimlaufen ließ da Atli
Die knirschenden Rosse, zurückkehrend vom Mord.
Es rauschte rings von der Rosse Drängen
Und der Krieger Waffenklang, da sie kamen von der Heide.

33 Da ging entgegen Gudrun dem Atli
Mit goldenem Kelch, den König zu ehren:
„Heil König! Nun hast du in der Halle bei dir
Als Gudruns Gabe die Speere der Toten!"

34 Atlis Älbecher ächzten gefüllt,
Da hier in der Halle die Hunnen sich scharten,
Rauhbärtige Recken gereiht je zwei.

35 Heiter schauend schritt sie, ihnen Schalen zu reichen,
Die hehre Frau, den Fürsten, und Bissen vorzulegen;
Harmvoll dem bleichen, und höhnte Atli:

36 „Du hast deiner Söhne, Schwerterverteiler,
Blutige Herzen mit Honig gegessen.
Ich meinte, Mutiger, Menschenbraten
Liebtest du zu essen und zum Ehrensitz zu senden.

37 Nicht ziehst du künftig an die Knie dir
Erp noch Eitil, die Älfrohen beiden;
Nie siehst du wieder vom hohen Sitze
Die Goldspender Speere schäften,
Mähnen schlichten und Mähren tummeln."

38 Da erscholl auf den Sitzen lautes Schrein der Männer,
Der Weiber ängstlicher Wehruf: sie weinten, die Hunnensöhne.
Gudrun ganz allein nicht: sie beweinte nie
Die bärkühnen Brüder noch die süßen Gebornen,
Die zarten, unmündgen, die sie mit Atli gezeugt.

39 Da säte Gold aus die Schwanenweiße,
Mit roten Ringen bereifte sie die Knechte.
Den Vorsatz zu vollführen ließ sie fließen das Erz;
Die Spenderin schonte der Schatzhäuser nicht.

40 Unklug hatte Atli sich übertrunken;
Unbewehrt war er, ungewarnt vor Gudrun.
Oft schien besser der Scherz, wenn sanft die beiden
Sich öfters umarmten vor den Edelingen.

41 Mit dem Dolch gab sie Blut dem Bett zu trinken
Mit mordlustiger Hand; sie löste die Hunde;
Vor die Saaltür warf sie, das Gesinde weckend,
Die brennende Brandfackel, die Brüder zu rächen.

42 Alles Volk in der Veste dem Feuer gab sie,
Die Högnis Schlächter und Gunnars aus dem Myrkwid kehrten.
Die alten Säle sanken, die Schatzkammern rauchten,
Der Budlingen Bau; da brannten die Schildmägde
Um die Jugend betrogen jäh in heißer Glut.

43 Nicht ferner verfolg' ich's. Keine Frau wird nun
Die Brünne mehr tragen und ihre Brüder rächen.
Volkskönige drei hat die edle Frau
In den Tod gesandt, eh sie selber erlag.

Ausführlicher ist dies in dem grönländischen Atlamal [Lied 35] erzählt.

35. Atlamal

Das jüngere Atli-Lied

1 Die Welt weiß die Untat, wie weiland Männer
Begannen Rat zu halten und den heimlichen Vorsatz
Mit Schwüren bestärken. Sie selber büßten es
Und die Erben Giukis, die arg betrognen.

2 Die Fürsten erfaßte ihr feindlich Geschick.
Übel beriet sich Atli bei aller Klugheit:
Die Stütze stürzt' er sich im Streit mit sich selbst.
Er sandte schnelle Boten, daß seine Schwäger kämen.

3 Die schlaue Hausherrin [Gudrun] sann auf Mannesklugheit;
Sie wußte die Worte, die heimlich gewechselten.
In Not war die weise, die sie retten wollte:
Die Gesandten sollten segeln, sie selbst daheim sein.

4 Da ritzte sie Runen: die verritzte Wingi,
Eh er sie abgab, der Unheilstifter.
Die Schiffe steuerten die Gesandten Atlis
Durch den armreichen Sund, wo die schnellen wohnten.

5 Bei festlicher Freude ward Feuer gezündet;
Ob ihrer Ankunft nicht ahnten sie Trug.
Die der Schwager geschickt, die Geschenke nahmen sie
Und hingen sie arglos auf an der Säule.

6 Högnis Hausfrau hört' es, Kostbera.
Da ging die kluge und grüßte die Boten.
Auch Glaumwör, Gunnars Gattin, freute sich;
Sie gedachte der Pflicht und pflegte die Gäste.

7 Sie luden auch Högni, ob er dann lieber käme:
Offen war die Arglist, beachteten sie's.
Da verhieß es Gunnar, wenn Högni wolle;
Doch Högni bestritt, was der Herrscher dafür sprach.

8 Met brachten die Maide, es mangelte nichts;
Die Füllhörner kreisten, bis es völlig genug schien.
Das Bett bestellten die Gatten aufs beste.

9 Klug war Kostbera und kundig der Runen.
Sie besah die Lautstäbe bei des Lichtes Schein
Und zwang die Zunge zu zwiefachem Anschlag:
Denn sie schienen umgeschnitzt und schwer zu erraten.

10 Zu Bette ging sie mit dem Gatten darauf.
Die leutselge träumte; sie leugnet' es nicht
Und sprach zum Gemahl, als er morgens erwachte:

11 „Von Haus willst du, Högni: hüte dich wohl.
Nicht viele verstehn die Runen: fahr ein andermal.
Ich erriet die Runen, die dir ritzte die Schwester:
Nicht hat dich die lichte geladen zu Haus!

12 Eins fiel mir auf: ich ahne noch nicht,
Was der Weisen begegnete, so verworren zu schneiden.
Denn so war es angelegt, als lauschte darunter
Euch tückisch der Tod, trautet ihr der Ladung;
Doch ein Stab fiel aus, oder andre fälschten es."

Högni

13 Mißtrauisch seid ihr; mir mangelt die Kunde,
Und laß es bewenden, bis wir's zu lohnen haben.
Mit glutrotem Golde beschenkt uns der König.
Säh ich auch Schreckliches, ich scheue vor nichts.

Kostbera

14 Übler Ausgang droht, wenn ihr dahin eilt,
Nicht freundlichen Empfang findet ihr diesmal.
Mir träumte hier Högni, ich hehl' es nicht:
Die Fahrt gefährdet euch, wenn mich Furcht nicht trügt.

15 Lichte Lohe sah ich dein Laken verzehren:
Hoch hob sich die Flamme, meine Halle durchglühend.

Högni

16 Hier liegt Leinwand, die ihr längst nicht mehr achtet:
Wie bald verbrennt sie! Bettzeug schien dir das.

Kostbera

17 Ein Bär brach hier ein, der uns die Bänke verschob
Mit kratzenden Pranken: wir kreischten laut auf.
In den Rachen riß er uns; wir rührten uns nicht mehr.
Traun, das Getöse tobte nicht schlecht.

Högni

18 Ein Ungewitter kommt über uns:
Ein Weißbär schien dir der Wintersturm.

Kostbera

19 Einen Adler sah ich schweben all den Saal uns entlang.
Das büßen wir bald: mit Blut beträuft' er uns,
Sein ängstendes Antlitz schien mir Atlis Hülle.

Högni

20 Wir schlachten bald: da muß Blut wohl fließen:
Ochsen bedeutet's oft, wenn man von Adlern träumt.
Treue trägt uns Atli, was dir auch träumen mag. –
Sie ließen es beruhn; alle Rede hat ein Ende.

21 Das Königspaar erwachte: da kam es auch so.
Glaumwör gedachte Unheil bringender Träume,
Doch Gunnar dünkten sie ohne Bedeutung.

Glaumwör

22 Einen Galgen glaubt ich dir Gunnar gebaut.
Nattern nagten dich, und noch lebtest du.
Die Welt ward mir wüst: was bedeutet das?

23 Aus der Brünne blinkte ein blutig Eisen;
Hart ist, solch Gesicht [Traum] dem Geliebten sagen.
Der Speer ging dir ganz durch den Leib,
Und Wölfe heulen hört' ich zu beiden Seiten.

Gunnar

24 Lose Hunde laufen mit lautem Gebell:
Kötergekläff verkündet den Lanzentraum.

Glaumwör

25 Einen Strom sah ich schäumen den Saal hier entlang:
Er stieg und schwoll und überschwemmte die Bänke.
Euch Brüdern beiden zerbrach er die Füße;
Nichts dämmte die Flut: das bedeutet was.

26 Weiber sah ich, verstorbne, im Saal hier nächten.
Ärmlich gekleidet, dich abzuholen bedacht.
Alsbald auf ihre Bänke entboten sie dich:
Von dir schieden, sorg' ich, die Schutzgöttinnen.

Gunnar

27 Das sagst du zu spät, da es beschlossen ist:
Wir entfliehn der Fahrt nicht, die wir zu fahren gelobten.
Vieles läßt glauben, daß unser Leben kurz ist. –

28 Mit leuchtendem Lichte die reiselustigen
Eilten zum Aufbruch; andere ließen's.
Nur fünfe fuhren, und doppelt so viel nur
Des Gesindes noch, denn schlecht war's bedacht.
Gnewar und Solar waren Högnis Söhne:
Der fünfte fuhr Orknina in der Fürsten Zahl,
Der schnelle Schildträger, der Schwager Högnis.

29 Ihnen folgten die Frauen, bis die Furt sie schied.
Stets hemmten die Holden; man hörte sie nicht.

30 Da begann Glaumwör, Gunnars Gemahl,
Zu Wingi gewandt, wie ihr würdig schien:
„Ich weiß nicht, wie ihr guten Willen uns lohnt:
Hier warst du ein arger Gast, wenn Übles dort geschieht."

31 Da verschwor sich Wingi und schonte sich wenig:
„Führe mich der Jote hin, wofern ich euch log:
Am Galgen will ich hängen, heuchelt' ich Frieden."

32 Da hob Bera an aus biederm Herzen:
„Segelt denn selig und Sieg geleit' euch!
Werd' es, wie ich wünsche, und wehre dem nichts."

33 Da hob Högni an, Freunden Heil erwünschend:
„Seid weis' und wohlgemut, wie es ergehe!"
So sprechen viele, doch unterschiedlich ist's,
Denn manchem liegt wenig am guten Geleite.

34 Sie sahen sich noch an, bevor sie sich trennten.
Da teilten sich die Schicksale, schieden sich die Wege.

35 Sie ruderten kräftig, der Kiel schier zerbarst,
Schwenkten sich stark zurück mit eifrigen Schlägen:
Die Rührpflöcke rissen, die Ruder zerbrachen.
Unbefestigt blieb das Fahrzeug, da sie ans Land gingen.

36 Wenig danach nur, laßt's kurz mich berichten,
So sahn sie die Burg stehn, die Budli besessen.
Laut klirrten die Riegel, da Högni klopfte.

37 Ein Wort sprach da Wingi, würd' es verschwiegen!
„Fahrt fern vom Hause; Gefahr bringt der Eintritt.
Leicht gingt ihr ins Garn, und leicht erschlägt man euch.
Ich trieb euch traulich, doch Trug steckte darunter.
Oder bleibt auch hier, so bau' ich euch den Galgen."

38 Dawider sprach Högni, nicht zu weichen bedacht;
Ihn ängstete gar nichts, wo es galt sich versuchen:
„Du sollst uns nicht schrecken, sieh, es gerät nicht:
Wagst du ein Wort noch, wird dir langes Übel."

39 Da hieben sie Wingi hinab zu Hel,
Gebrauchten der Äxte, bis der Atem ihm schwand.

40 Atli mit dem Volk schlüpft' in die Panzer.
Gerüstet rannten sie der Ringmauer zu.
Gewechselt wurden viel Worte des Zorns:
„Lange gelobt war's, euch das Leben zu rauben." –

41 „Wenig gewahrt man noch, was ihr wider uns vorhabt.
Euch sehn wir nicht kampfbereit; wir aber schlugen
Und erlähmten einen von euerm Geleit.“

42 Wutgrimm wurden, die das Wort vernahmen.
Sie reckten die Finger, faßten die Schnüre
Und schossen scharf, mit den Schilden sich deckend.

43 Nun ward es innen kund, was außen geschah.
Sie hörten der Knechte Gespräch vor der Halle.

44 Der Grimm trieb Gudrun, da sie das Graun vernahm:
Im Zorn zerrte sie die Zierde der Halsketten,
Schleuderte das Silber, daß die Ringe zerschellten.

45 Hinaus ging sie, unsanft die Angeln schlagend,
Furchtlos trat sie vor und empfing die Gäste,
Liebkoste den Niflungen (der letzte Gruß war's)
Mit Herzen und Halsen; dann hob sie an und sprach noch:

46 „Ich sandt' ein Sinnbild euch abzuhalten damit.
Das Schicksal ist stärker; ihr solltet wohl kommen!“
Vermitteln wollte sie noch mit manch' klugem Wort.
Niemand riet dazu; nein, riefen alle.

47 Da sah die seliggeborne den bittern Kampf begonnen.
Erkeckt zu kühner Tat, warf sie das Kleid hin,
Schwang das bloße Schwert und schützte der Freunde Leben.
Behaglich war sie nicht im Kampf, wohin sie kam.

48 Giukis Tochter traf tödlich zwei Männer.
Den Bruder Atlis schlug sie, daß man ihn bahren mußte:
Bis ein Fuß ihm fehlte, focht sie mit ihm.
Den andern hieb sie also, daß er Aufstehns vergaß:
Den hatte sie zu Hel gesandt; ihre Hände bebten nicht.

49 So ward die Wehr hier, daß es weltkund ist;
Doch ging über alles gar, was die Giukungen wirkten.
So lange sie lebten, ließen die Niflungen
Die Schwerter schwirren, schwinden die Panzer;
Helme zerhieben sie nach Herzensgelüsten.

50 Sie stritten den Morgen   über Mittag hinaus,
Von erster Frühe   zu voller Tageshöh.
Vom Blute floß das Feld,   erfüllt war der Kampf.
Ihrer achtzehn fielen – die Feinde siegten –
Beide Söhne Beras   und ihr Bruder Orkning.

51 Atli begann   grimmig das Wort:
„Üble Schau ist hier   und euer die Schuld.
Hier standen dreißig   streitbare Degen:
Nur elfe sind übrig: zu arg ist die Lücke!
Fünf Brüder waren hier,   als Budli starb!
Nun hat Hel die Hälfte,   verhauen liegen zweie!

52 Herrliche Schwäger   hatt' ich, ich leugn' es nicht;
Unweibliches Weib!   Wenig genieß ich's.
Wir stimmten selten,   seit ich dich nahm.
Ihr habt mich des Reichtums   beraubt und der Freunde,
Meine Schwester erschlagen: am schwersten härmt mich das."

Gudrun

53 Gedenkst du des Atli?   Du tatest zuerst so.
Du hast mir die Mutter   ermordet um Schätze:
In der Höhle zu verhungern   war der Hehren Los.
Lächerlich ist's,   wenn du dein Leid klagst!
Durch Gnade der Götter   ergeht es dir übel.

Atli

54 Nun mahn' ich euch, Mannen,   mehrt den Harm
Dem stolzen Weibe: das säh' ich gern!
Erkämpft aus Kräften,   daß Gudrun klagen müsse.
Das lüstet mich zu schaun,   daß ihr Los sie schmerze.

55 Bemeistert euch Högnis,   daß ein Messer ihn teile,
Reißt ihm das Herz aus,   seid rasch zur Tat;
Den grimmen Gunnar,   an den Galgen hänget ihn,
Knüpft scharf den Strang,   ladet Schlangen dazu.

Högni

56 Tu nach Gefallen,   getrost erwart' ich's:
Doch hart bewähr' ich mich,   der wohl Herberes litt.
Wir hielten euch stand,   da wir heil waren:
Nun sind wir so wund,   du hast volle Gewalt. –

57 Da redete Beiti, der Burgwart Atlis:
„Laßt uns Hialli fangen und Högni schonen.
Halb ist er schon hin, todgeweiht ist er.
Wie lang er leben mag, ein Lump doch bleibt er."

58 Der Topfhüter [Hialli] erschrak und hielt nicht stand;
Er weinte und klagte und kroch in alle Winkel:
Ihr Streit bekäm ihm schlecht, den er schuldlos büße;
Unselig sei der Tag, da er von der Schweinmast käme
Und der feisten Kost, der er lang sich erfreut.

59 Budlis Schergen zogen und schliffen das Messer;
Der arme Schalk schrie, eh er die Schärfe fühlte:
Nicht zu alt noch wär er, die Äcker zu düngen;
Gern schaff' er das Schmählichste, wenn er Schonung fände,
Und lache dazu, behielt' er das Leben nur.

60 Högni beriet sich, so rasch tät' es keiner,
Für den Feigling zu bitten, daß er doch lebe.
„Dies Spiel besteh' ich viel leichter selber:
Wer wollte weiter solch Gewinsel hören!"

61 Sie ergriffen den guten; es gab keine Wahl mehr,
Des raschen Recken Gericht zu verschieben.
Hell lachte Högni, es hörten die Männer,
Wie tapfer er konnte die Qual erdulden.

62 Die Zither nahm Gunnar, mit den Zweigen der Füße
Konnt' er sie schlagen, daß die Schönen klagten,
Die Helden sich härmten, die ihn hörten spielen.
Schicksal verkündet' er, daß entzwei rissen Balken.

63 Die Teuern waren tot bei Tagesanbruch;
Ihnen überlebte allein die Tugend.

64 Stolz war Atli, stieg über beide,
Sagte Harm der Hehren und höhnte sie noch:
„Morgen ist's, Gudrun: du missest deine Holden.
Du selbst hast Schuld, daß es so erging."

Gudrun

65 Nun freust du dich, Atli,   ihren Fall zu berichten.
Doch übel gereut's dich,   wenn du alles weißt.
Was sie dir vermachten,   ich meld' es dir jetzt;
Stete Besorgnis,   bis auch ich gestorben.

Atli

66 Dem werd' ich wehren,   ich weiß anderen Rat,
Noch halbmal hilfreichern;   unser Heil verschmähn wir oft.
Mit Mägden tröst' ich dich   und manchem Kleinod,
Schneeweißem Silber,   wie du selbst es wählst.

Gudrun

67 Das wähne nimmer: ich sage nein dazu.
Sühne verschmäht' ich,   eh solches erging.
Galt ich für grimmig,   nun bin ich es gar;
Den Harm verhehlt' ich,   dieweil Högni lebte.

68 Uns zogen sie auf   in *einem* Hause.
Viel Spiele zusammen   spielten wir im Walde.
Grimhild gab uns   Gold und Halsschmuck.
Du magst mir nicht büßen   meiner Brüder Mord:
Was du tust und lässest,   leid ist mir alles.

69 Der Männer Gewalt   wandelt den Willen der Frauen.
Die Krone verdirbt,   wenn die Zweige dorren;
Wenn der Ast bricht,   geht der Baum zugrunde:
Du allein magst, Atli,   aller Dinge nun walten. –

70 Aus argem Unverstand   schenkt' ihr Atli Vertrauen;
Offen war die Arglist,   hätt' er geachtet drauf.
Schlau hehlte Gudrun   des Herzens Meinung;
Leichtsinnig schien sie   auf zwei Schultern zu tragen.

71 Ein Gelage ließ sie rüsten   zum Leichenschmaus der Brüder;
Atli wollte auch   seine Toten ehren.

72 Sie ließen die Rede: das Gelag' ward beschickt,
Daß Füll' und Überfluß   bei der Feier war.
Streng war die Stolze   den Entstammten Budlis:
Gegen den Gatten   sann sie grause Rache.

73 Auf den Block sie zu legen, lockte sie die Kleinen;
Die wilden scheuten, doch weinten sie nicht:
„Auf der Mutter Schoß hier, was sollen wir beide?“

74 „Muß ich es melden? Ermorden will ich euch;
Mich lüstete, euch das Leben zu nehmen.“

75 „Schlachte die Söhne denn, es schützt uns niemand;
Doch lange währt der Zorn nicht, lässest du ihn aus
An der muntern Kindheit.“ Die kampfgeübte Frau
Vollbracht' es alsbald, löste beiden den Hals.

76 Oft fragte Atli, ob beim Spiel
Die Söhne seien? Er sehe sie nicht.

Gudrun

77 Ich eilte mich, Atli, dir Antwort zu sagen.
Die Tat verhehlt dir nicht die Tochter Grimhilds.
Nicht freut es dich freilich, wenn du alles erfährst;
Auch mir schufst du scharfe Pein: du erschlugst mir die Brüder.

78 Selten schlief ich, seit sie gefallen sind.
Ich drohte dir heftig; gedenkst du daran?
Morgen ist's, sprachst du: mir gedenkt es wohl;
Nun kam der Abend, da künd' ich dir gleiches.

79 Du verlorst die Söhne, wie dich nicht verlangte;
Als Becherschalen stehn ihre Schädel hier;
Im Becher bracht' ich dir ihr Blut, das rote,

80 An den Spieß gesteckt schmorten ihre Herzen,
Ich gab sie dir zu kosten für Kälberherzen:
Du aßest sie allein und ließest nichts übrig,
Hast gierig gegessen mit guten Malmzähnen.

81 Du kennst deiner Knaben Schicksal, kaum gibts ein schlimmeres.
Mein Los erfüllt' ich und lache nicht drob.

Atli

82 Grimm warst du, Gudrun, da du gegen dein Herz
Der Gebornen Blut mir in den Becher mischtest,
Deine Söhne erschlugst, wie dir am schlimmsten anstand.
Mir fügst du Leid auf Leid, lässest mir nicht Ruh.

Gudrun

83 Wohl erledigt' ich lieber des Lebens dich selber;
Schwer genug straft man nicht solchen König.
Du vollbrachtest zuvor beispiellose Untat,
Die Welt weiß nicht so wahnsinnigen Graus.
Neuen Frevel fügtest du zu dem vorigen heut,
Übtest arge Schande beim eignen Leichenmahl.

Atli

84 Auf Scheitern sollst du brennen, erst gesteinigt werden.
So wird dir zu Teil, wonach du trachtetest stets.

Gudrun

85 Sieh selber morgen solches zu meiden,
Mich leitet schönrer Tod in ein andres Licht. –

86 In einer Burg wohnten sie, warfen sich Wutblicke,
Schleuderten Flüche; ward keiner froh mehr.

87 Groll wuchs im Niflungen: auf Großtat sann er;
Er sagte Gudrunen, grimm wär' er Atlin.
Die Frau hatte im Sinn, was Högni widerfuhr.
Sie rühmt' ihn selig, wenn er Rache nähme.
Da ward Atli gefällt, unlange währt' es:
Högnis Sohn erschlug ihn und Gudrun selbst.

88 Der Schnelle [Atli] sprach vom Schlaf erweckt,
Der Wunden bewußt; doch wollt' er nicht Hilfe:
„Wer schlug Budlis Sohn? Sagt mir die Wahrheit.
Nicht leicht verletzt' er mich: mein Leben ist hin."

Gudrun

89 Dir das zu hehlen ziemt Grimhilds Erzeugter nicht:
Laß mich die Ursach sein, daß dein Leben endet,
Und Högnis Sohn zumal, daß Wunden dich ermatten.

Atli

90 Zum Mord riß dich Wut, zum widernatürlichen.
Falsch ist's, den Freund täuschen, der fest vertraut.

91 Erbeten fuhr ich, dich zu freien, von Haus,
Die verwaiste Witwe, die wildherzig hieß:
Keine Lüge war es, das ließest du schauen.
Wir holten dich ein mit großem Heergeleit.
Alles war auserwählt bei unsrer Fahrt.

92 Voll Ehren war alles und edle Männer;
Rinder im Vorrat, die uns reichlich nährten.
Fülle war und Überfluß, viele genossen es.

93 Zum Mahlschatz vermacht' ich dir Menge des Schatzes,
Knechte zehnmal drei und schöner Mägde sieben,
Ein schön' Geschenk; des Silbers war viel mehr.

94 Das nahmst du alles hin, als wär' es nichts,
Nach dem Lande verlangend, das Budli mir ließ.
Fallstricke flochtst du mir, ich empfing nichts andres.
Meine Mutter ließest du offen sitzen in Tränen;
Heiter hielten wir niemals Haus.

Gudrun

95 Nun lügst du, Atli! Doch laß ich's bewenden.
Selten war ich sanft; doch sätest du Zwist.
Unbändig strittet ihr jungen Brüder,
Daß zu Hel die Hälfte deines Hauses fuhr:
Zu Grunde ging alles, was Glück bringen sollte.

96 Wir drei Geschwister dünkten unbezwinglich;
Wir fuhren von Lande in Sigurds Gefolge,
Schweiften und steuerten, sein Schiff ein jeder,
Auf unsichern Ausgang ins östliche Land.

97 Einen Fürsten fällten wir; uns fiel sein Land zu.
Die Hersen huldigten: wir waren die Herrn.
Nach Willkür riefen wir aus dem Wald Verbannte,
Gaben dem die Macht, der keinen Deut besaß.

98 Jener Hunnische [Sigurd] starb, mein Stand war geniedert;
Herb war der Jungen Harm, verwitwet zu heißen:
Doch härtere Qual war's, in Atlis Haus zu kommen,
Der Vermählten des Mannes, den zu missen schwer war.

99 Nie kamst du vom Kampf, daß uns Kunde ward,
Du habest Streit gesucht und Sieg dir erfochten.
Stets wolltest du weichen, nicht Widerstand tun,
Dich heimlich halten, was Hohn schuf dem Fürsten.

Atli

100 Nun lügst du, Gudrun! So linderst du nicht
Unser herbes Geschick, das hart ist beiden.
Gönne nun, Gudrun, durch deine Güte
Uns die letzte Ehre beim Leichenbegängnis.

Gudrun

101 Ein Schiff will ich kaufen und einen gewaltigen Sarg.
Das Leintuch wachsen, das den Leib verhülle,
An alles Nötige denken, als ob wir uns liebten. –

102 Tot war nun Atli, die Freunde trauerten.
Da hielt die Hohe alle Verheißung.
Nun sann sich Gudrun selber zu töten;
Doch gelängt war ihr Leben, andrer Tod ihr verliehn.

103 Selig heißt seitdem, dem solch eine kühne
Tochter gegönnt ist, wie Giuki zeugte.
In allen Landen überleben wird
Der Vermählten Feindschaft, wo sie Menschen hören.

36. Gudrunarhvöt

Gudruns Aufreizung

Da ging Gudrun ans Meer, nachdem sie Atli getötet hatte. Sie ging in die See, sich umzubringen, konnte aber nicht versinken. Da wurde sie von den Fluten über den Sund getragen an das Land König Jonakurs. Der nahm sie zur Ehe. Ihre Söhne waren Sörli, Erp und Hamdir. Dort wurde S(ch)wanhild, Sigurds Tochter, erzogen und Jörmunrek, dem reichen, zur Ehe gegeben. Bei dem war Bicki: der gab den Rat, daß Randwer, des Königs Sohn, sie zur Ehe nähme. Das verriet Bicki dem Könige. Da ließ der König Randwern hängen und S(ch)wanhilden von Pferden zertreten. Als Gudrun dies hörte, rief sie ihre Söhne herbei.

1 Nie hört' ich Worte so herzzerschneidend,
Aus tödlicher Trauer emporgetragen,
Als da die grimme Gudrun die Söhne
Zur Rache reizte mit der Rede Schärfe:

2 „Was sitzt ihr säumig, verschlaft das Leben?
Wie kann euch noch ein Gespräch erfreuen,
Da Jörmunrek die blühend junge
Von Pferden zerstampfen ließ, eure Schwester,
Auf offenem Wege von weißen und schwarzen,
Grauen, gangzahmen gotischen Rossen!

3 Sehr ungleich seht ihr Gunnars Geschlechte,
Nicht hohen Herzens, wie Högni war.
Ihr würdet ihr, wähn' ich, nicht weigern die Rache,
Hättet ihr Mut wie meine Brüder
Und hunnischer Herrscher herben Sinn."

4 Da hob Hamdir an   aus hohem Mut:
„Lässiger warst du wohl,   Högni zu loben,
Als er Sigurden   vom Schlaf erweckte.
Deine Bettdecken waren,   das blauweiße Stickwerk,
Rot von des Gatten Blut,   ganz von dem Schwall bedeckt.

5 Zu rasch warst du   mit der Rache der Brüder,
Die Söhne zu schlachten   mit grausamem Sinn.
Wir könnten vereint nun   die junge Schwester
An Jörmunrek   jetzt rächen.

6 Doch hole das Heergerät   der Hunnenkönige,
Weil zum Waffenspiel   du uns erwecktest."

7 Wie gerne ging da   Gudrun zum Rüstsaal,
Wählt' aus den Kisten   königlichen Helmschmuck
Und breite Panzer,   brachte sie den Söhnen.
Die Mutigen luden   den Mähren sich auf.

8 Da hub Hamdir an   aus hohem Mut:
„Dir kehren nicht mehr,   die Mutter zu schauen
Die Fechter, gefällt   im Volk der Goten,
Bis uns du allen   das Erbmahl rüstest,
S(ch)wanhilden gesamt   und deinen Söhnen."

9 Ging da Gudrun,   Giukis Tochter,
Setzte sich gramvoll   auf den Vorplatz.
Sie zählte der Freunde   Unglück sich auf
Hin und her,   die Harmbeschwerte:

10 „Drei Häuser hatt' ich,   drei Herdgluten,
Drei Gatten ward ich   ins Haus begleitet.
Sigurd allein war mir   werter als alle;
Meine Brüder haben   ihn umgebracht.

11 So bittern Leides   ward mir nicht Buße.
Noch mehr gedachten   sie mich zu betrüben,
Als mich die Edlinge   dem Atli gaben.

12 Die kühnen Knaben rief ich herbei:
Ich sollte meine Schmerzen nicht lindern,
Bis ich vom Halse hieb der Niflungen Haupt.

13 Den Nornen gram, ging ich an den Strand;
Der falschen Verfolgung wollt' ich entfliehn.
Mich hoben, nicht schlangen die hohen Wellen:
Zu längerm Leben stieg ich ans Land.

14 Im neuen Ehebett hofft' ich Verbesserung,
Zum dritten Mal vermählt einem König.
Kinder gewann ich zu Wächtern des Erbes,
Zu Schützern des Erbes die Söhne Jonakurs.

15 Mägde saßen um S(ch)wanhilden;
Die Erzeugte liebt' ich zärtlich wie keine.
So schien S(ch)wanhild in meinen Sälen,
Wie ein Sonnenstrahl die Sinne labend.

16 Ich gab ihr Gold und gutes Gewebe,
Eh sie gegeben ward ins Gotenreich.
Da hab' ich den größten Harm empfunden,
Als die leuchtenden Locken S(ch)wanhildens
In den Staub stießen stampfende Rosse.

17 Das war mir das schwerste, als den Sigurd sie,
Den siegberaubten, mir erschlugen im Bett,
Und das am grimmsten, da Gunnarn dort
Das Leben fraßen die falschen Schlangen;
Aber am schärfsten schnitt mir ins Herz,
Da sie lebend zerteilten den Tadellosen [Högni].

18 Viel Leides gedenkt mir, viel langen Kummers.
Säume nicht, Sigurd! Dein schimmernd Roß,
Das laufgeschwinde, lenk es hieher.
Nun sitzt hier weder Schnur noch Tochter,
Der Gudrun gäbe goldene Zierden.

19 Gedenke, Sigurd, was wir sprachen,
Da wir beide im Bette saßen:
Daß du kommen wollest, Kühner, zu mir
Aus der Halle der Hel, mich heimzuholen.

20 Schichtet nun, Jarle, die Eichenscheite,
Daß sie hoch sich heben unter dem Himmel,
Die leidvolle Brust mir das Feuer verbrenne,
Vor Hitze der Harm im Herzen schmelze.

21 Allen Männern werde sanfter zu Mut,
Allen Schönen lindr' es die Schmerzen,
Wenn sie mein Harmlied zu Ende hören."

37. Hamdismal

Das Lied von Hamdir

1 Zeitig ereigneten sich schlimme Taten,
Als Alfe trauerten um des Tages Anbruch.
Zur Morgenstunde erwachen den Menschen
Die Sorgen alle, die Herzen beschweren.

2 Nicht heute war es, noch war es gestern,
Lange Zeit verlief seitdem,
Daß Gudrun trieb, die Tochter Giukis,
Die jungen Söhne S(ch)wanhilden zu rächen:

3 „Eure Schwester war es, S(ch)wanhild geheißen,
Die der stolze Jörmunrek von Gäulen zerstampfen ließ
Auf offnem Wege, weißen und schwarzen,
Grauen, gangzahmen gotischen Rossen.

4 Verlassen lebt ihr, Lenker der Völker;
Ihr allein seid übrig von all meiner Sippe.
Ich auch bin einsam wie die Espe des Waldes:
Meine Freunde fielen wie der Föhre die Zweige,
Aller Luft bin ich ledig wie des Laubs ein Baum,
Wenn ihm ein Sommersturm die Zweige beschädigte.

5 Sehr ungleich seht ihr Gunnars Geschlechte."

6 Da hub Hamdir an aus hohem Mut:
„Da hast du träger Högnis Tat gelobt,
Als sie den Sigurd vom Schlaf erweckten:
Du saßest im Bette und die Schächer lachten.

7 Deine Bettdecken flossen, die blauweißen,
Das künstliche Stickwerk, von des Kühnen Blut.
Sigurd erstarb; du saßest bei dem Toten
Dem Lachen gram, so lohnte dir Gunnar.

8 Den Atli zu strafen, erschlugst du den Erp
Und Eitil dazu; aber am meisten
Schmerzt' es dich selber. So sollte doch
Ein jeder gebrauchen das durchbohrende Schwert,
Andern zu schaden, sich selber nicht."

9 Sörli sprach da aus weisem Sinn:
„Nicht will ich Worte wechseln mit der Mutter;
Doch eins gebricht an euern Reden:
Was verlangst du, Gudrun, das du vor Leid nicht sagst?

10 Du beklagst die Brüder und die holden Kinder
Und spornst zu Streit die Spätgebornen.
Du wirst dich, Gudrun, um uns auch grämen,
Wenn wir fern im Gefecht von den Rossen fielen." –

11 Unwirsch ritten sie aus dem Hofe.
Die tauigen Täler durchtrabten die Jünglinge
Auf hunnischen Mähren, den Mord zu rächen.

12 Sie fanden Erp auf ihrem Wege,
Der kühn auf dem Rücken des Rosses spielte.
„Was hilft es, dem Blöden die Bahnen zu weisen?"
Sie schalten den edeln unehlich geboren.

13 Sie fragten den tapfern, da sie ihn trafen:
„Was würdest du fuchsiger Zwerg uns frommen?"

14 Erp gab zur Antwort, andrer Mutter Sohn:
„So will ich Beistand euch beiden leisten,
Wie eine Hand der andern hilft,
Wie Fuß dem Fuß den Freunden helfen."

15 „Was frommt der Fuß dem Fuße wohl?
Mag eine Hand der andern helfen?"

16 Aus der Scheide rissen sie die scharfe Klinge,
Mit dem harten Eisen Hel zu erfreun.
Sie schwächten die Stärke sich selbst um ein Drittel,
Da ihr junger Bruder zu Boden stürzte.

17 Sie schüttelten die Hüllen, die Schneide bargen sie,
Kleideten, die Kämpen, sich in kampflich Gewand.
Sie fuhren weiter unheimliche Wege,
Sahn der Schwester Stiefsohn [Randwer] versehrt am Baum,
Am windkalten Wolfsbaum westlich der Burg,
Als rief er den Raben: da war übel rasten.

18 Laut in der Halle war's von lustigen Zechern:
Sie hörten der Hengste Hufschall nicht,
Bis der sorgende Wächter das Horn erschallen ließ.

19 Sie eilten und sagten dem Jörmunrek,
Unter Helmen würden Helden erschaut:
„Gebt weislichen Rat, die Gewaltigen nahn:
Starken Männern zum Schaden zerstampft ward die Maid."

20 Jörmunrek schmunzelte und strich sich den Bart;
Nicht wollt' er sein Streitgewand: er stritt mit dem Wein.
Das Schwarzhaupt schüttelt' er, sah nach dem weißen Schild
Und kehrte keck den Kelch in der Hand:

21 „Selig schien ich mir, schaut' ich hier
Hamdir und Sörli in meiner Halle.
Ich bände sie beide mit Bogensehnen,
An den Galgen hängt' ich Giukis gute Kinder."

22 Da rief der Erhabene von hohen Stufen,
Der Waltende warnte seine Verwandten:
„Dürfen diese so Dreistes wagen,
Zwei Männer allein zehn hundert Goten
Binden und bändigen in der hohen Burg?"

23 Hall ward im Hofe, die Humpen stürzten
Und Männer ins Blut aus Menschenbrüsten.

24 Da hob Hamdir an aus hohem Mut:
„Ersehnst du, Jörmunrek, unser Erscheinen,
Der Vollbrüder beide in deiner Burg?
Nun siehst du die Füße, siehst deine Hände,
Jörmunrek, liegen und lodern in Glut."

25 Dawider hob sich der hohe Berater,
Den die Brünne barg, wie ein Bär hob er sich:
„Schleudert Steine, wenn Geschosse nicht haften
Noch scharfe Schwerter, auf die Söhne Jonakurs."

26 Da hob Hamdir an aus hohem Mut:
„Übel tatest du, Bruder, den Mund zu öffnen:
Oft aus dem Munde kommt übler Rat."

Sörli

27 Mut hast du, Hamdir, hättest du auch Weisheit!
Viel mangelt dem Mann, dem Mutterwitz fehlt.

28 Nun läge das Haupt, wär' Erp am Leben,
Unser tapfrer Bruder, den wir herwärts töteten,
Den raschen Recken; üble Disen reizten mich:
Den wir heilig sollten halten, den haben wir gefällt.

29 Nicht ziemt' uns beiden, nach der Wölfe Beispiel
Uns selbst grimm zu sein wie der Nornen Grauhunde,
Die gefräßig sich fristen im öden Forst.

30 Schön stritten wir: wir sitzen auf Leichen,
Von uns gefällten, wie Adler auf Zweigen.
Hohen Ruhm erstritten wir, wir sterben heut' oder morgen:
Den Abend sieht niemand wider der Nornen Spruch. –

31 Da sank Sörli an des Saales Ende,
Hinter dem Hause fand Hamdir den Tod.

Dies ist das alte Hamdirslied.

III.

Die Jüngere Edda

Abb. 10: Stenkyrka Lillbjärs I.

Abb. 11: Bildstein von Lärbro-Store Hammers I.

1. Gylfaginning

Gylfis Verblendung

1. König Gylfi beherrschte das Land, das nun Swithiod (Schweden) heißt. Von ihm wird gesagt, daß er einer fahrenden Frau zum Lohn der Ergötzung durch ihren Gesang ein Pflugland in seinem Reiche gab, so groß, als vier Ochsen pflügen könnten Tag und Nacht. Aber diese Frau war vom Asengeschlecht; ihr Name war Gefion. Sie nahm aus Jötunheim vier Ochsen, die sie mit einem Jötunen erzeugt hatte, und spannte sie vor den Pflug. Da ging der Pflug so mächtig und tief, daß sich das Land löste und die Ochsen es westwärts ins Meer zogen, bis sie in einem Sunde still stehen blieben. Da setzte Gefion das Land dahin, gab ihm Namen und nannte es Seelund (Seeland). Und da wo das Land weggenommen worden, entstand ein See, den man in Schweden nun Löger (Mälar) heißt. Und im Löger liegen die Buchten so wie die Vorgebirge in Seeland. So sagt Bragi der alte:

> Gefion nahm von Gylfi fröhlich, dem goldreichen,
> Die rennenden Rinder rauchten, den Zuwachs Dänemarks.
> Vier Häupter, acht Augen hatten die Ochsen,
> Die das Erdstück schleppten zu dem schönen Eiland.

2. König Gylfi war ein weiser Mann und zauberkundig. Er wunderte sich sehr, daß der Asen Volk so vielkundig sei, daß alles nach ihrem Willen erginge. Er dachte nach, ob dies von ihrer eigenen Kraft geschehen möge, oder ob da die Macht der Götter walte, welchen sie opferten. Er unternahm eine Reise nach Asgard, fuhr aber heimlich, indem er die Gestalt eines alten Mannes annahm und so sich hehlte. Aber die Weisheit der Asen, die in die Zukunft blicken, überwog, und da sie um seine Fahrt wußten, bevor er kam, empfingen sie ihn mit einem Blendwerk. Als er in die Burg

kam, sah er eine hohe Halle, daß er kaum darüber wegsehen mochte. Das Dach war mit goldenen Schilden belegt wie mit Schindeln. So sagt Thiodolf von Hwin, daß Walhall mit Schilden gedeckt sei:

Das Dach deckten denkende Künstler,
Steinschilde schimmerten über dem Saale Odins.

Am Tor der Halle sah Gylfi einen Mann, der mit Messern spielte, daß sieben zugleich in der Luft waren. Dieser fragte ihn nach seinem Namen. Er nannte sich Gangleri und sagte, er komme aus unwegsamer Ferne und bitte um Nachtherberge; auch fragte er, wem die Halle gehöre. Jener antwortete, sie gehöre ihrem Könige: „Ich will dich zu ihm begleiten: da magst du ihn selbst um seinen Namen fragen." Alsbald ging der Mann ihm vorauf in die Halle: er folgte ihm nach, und dicht hinter seinen Fersen schlug die Türe zu. Da sah er viele Gemächer und eine Menge Volks: einige spielten, einige zechten, andere übten sich in den Waffen. Er sah sich um, und vieles von dem, was er sah, dünkte ihn unglaublich. Da sprach er:

Ehe du eingehst, des Ausgangs halber
Stelle dich sicher.
Du weißt nicht gewiß, ob Widersacher
Nicht im Hause halten.

Er sah drei Hochsitze, einen über dem andern, und auf jedem saß ein Mann. Er fragte, wie die Namen dieser Häuptlinge wären. Sein Führer antwortete: der in dem untersten Hochsitz sitze, sei ein König und heiße H a r (der Hohe); der im nächsten heiße J a f n h a r (der Ebenhohe), und der im obersten heiße T h r i d i (der dritte). Da fragte Har den Ankömmling, was er zu werben komme, und fügte hinzu, Essen und Trinken stehe für ihn bereit wie für alle in Hars Halle. Er sagte aber, zuvor wolle er fragen, ob es da wohl einen weisen Mann gebe. Har sagte, er komme nicht heil heraus, wenn er nicht weiser sei:

Steh Du, indem du fragst;
Der Antwort sagt, soll sitzen.

3. Da hub Gangleri an zu sprechen: Wer ist der höchste und älteste aller Götter? Har sagte: Allvater heißt er in unserer Sprache und im alten Asgard hatte er zwölf Namen. Der erste ist Allvater, der andere Herran oder Herian, der dritte Nikar oder Hnikar, der vierte ist Nikuz oder Hnikudr, der fünfte Fiölnir, der sechste Oski, der siebente Omi, der achte Biflidi oder Biflindi, der neunte Swidar, der zehnte Swidrir, der elfte Widrir, der zwölfte Jalg oder Jalkr. Da fragte Gangleri: Wo ist dieser Gott, und was vermag er, oder was hat er Großes getan? Har sagte: er lebt durch alle Zeitalter und beherrscht sein ganzes Reich und waltet aller Dinge, großer und kleiner. Da sprach Jafnhar: er schuf Himmel und Erde und die Luft und alles, was darin ist. Da sprach Thridi: Das ist das Wichtigste, daß er den Menschen schuf und gab ihm den Geist, der leben soll und nie vergehen, wenn auch der Leib in der Erde fault oder zu Asche verbrannt wird. Auch sollen Menschen leben, die wohlgesittet sind, und mit ihm sein an dem Orte, der Gimil heißt oder Wingolf. Aber böse Menschen fahren zu Hel und darnach gen Niflhel; das ist unten in der neunten Welt. Da fragte Gangleri: Was tat er, bevor Himmel und Erde geschaffen waren? Har antwortete: Da war er bei den Hrimthursen (Frostriesen):

4. Gangleri fragte: Wie wurde die Welt, wie entstand sie, und was war zuvor? Har antwortete: So heißt es in der Völuspa:

Einst war das Alter, da alles nicht war,
Nicht Sand noch See noch salzge Wellen,
Nicht Erde fand sich noch Überhimmel,
Gähnender Abgrund und Gras nirgend.

Da sprach Jafnhar: Manches Zeitalter vor der Erde Schöpfung war Niflheim entstanden; in dessen Mitte liegt der Brunnen, Hwergelmir genannt. Daraus entspringen die Flüsse mit Namen Swöl, Gunnthra, Fiorm, Fimbul, Thul, Slidr und Hridr, Sylgr und Ylgr, Wid, Leiptr und Giöl, welcher der nächste beim Höllentor ist. Da sprach Thridi: Vorher aber war im Süden eine Welt, Muspel geheißen: die ist hell und heiß, so daß sie flammt und brennt und allen unzugänglich ist, die da nicht heimisch sind und keine Wohnung da haben. Surtur ist er geheißen, der an der Grenze des Landes sitzt und es beschützt: er hat ein flammendes Schwert, und am Ende der Welt wird er kommen und heeren und alle Götter besiegen und die ganze Welt in Flammen verbrennen. So heißt es in der Völuspa:

Surtur fährt von Süden mit flammendem Schwert,
Von seiner Klinge scheint die Sonne der Götter.
Steinberge stürzen, Riesinnen straucheln,
Zu Hel fahren Helden, der Himmel klafft.

5. Gangleri fragte: Was begab sich, bevor die Geschlechter wurden und Menschenvolk sich ausbreitete? Har antwortete: Als die Fluten, welche Eliwagar heißen, so weit von ihrem Ursprunge kamen, daß der Giftstrom in ihnen erstarrte wie der Sinter, der aus dem Feuer fällt, wurde er in Eis verwandelt. Und da dies Eis stille stand und stockte, da fiel der Dunst darüber, der von dem Gifte kam und gefror zu Eis, und so legte eine Eislage sich über die andere bis in Ginnungagap. Da sprach Jafnhar: Die Seite von Ginnungagap, welche nach Norden gerichtet ist, füllte sich an mit einem schweren Haufen Eis und Schnee, und darin herrschte Sturm und Ungewitter; aber der südliche Teil von Ginnungagap war milde von den Feuerfunken, die aus Muspelheim herüberflogen. Da sprach Thridi: So wie die Kälte von Niflheim kam und alles Ungestüm, so war die Seite, die nach Muspelheim sah, warm und licht, und Ginnungagap dort so lau wie windlose Luft, und als die Glut auch dem Reif begegnete, also daß er schmolz und sich in Tropfen auflöste, da erhielten die Tropfen Leben durch die Kraft dessen, der die Hitze sandte. Da entstand ein Menschengebild, das Ymir genannt ward, aber die Hrimthursen (Frostriesen) nennen ihn Oergelmir, und von ihm kommt das Geschlecht der Hrimthursen, wie es in der kleinen Völuspa [Lied 16] heißt:

Von Widolf stammen die Walen alle,
Alle Zauberer sind Wilmeidis Erzeugte,
Die Sudkünstler stammen von Swarthöfdi,
Aber von Ymir alle die Riesen.

und der Riese Wafthrudnir sagt auf die Frage:

Woher Oergelmir kam den Kindern der Riesen
Zuerst, der allwissende Jote?

als Antwort:

Aus den Eliwagar fuhren Eitertropfen
Und wuchsen, bis ein Riese ward.
Unsre Geschlechter kamen alle daher:
Drum sind sie unhold immer.

Da fragte Gangleri: Wie wurden die Geschlechter von ihm ausgebreitet? Oder wie geschah's, daß mehrere geschaffen wurden? Oder hältst du ihn für einen Gott, von dem du gesprochen hast? Da antwortete Har: Wir halten ihn mitnichten für einen Gott: er war böse wie alle von seinem Geschlecht, die wir Hrimthursen nennen. Es wird erzählt, als er schlief, fing er an zu schwitzen: da wuchs ihm unter seinem linken Arm Mann und Weib, und sein einer Fuß zeugte einen Sohn mit dem andern. Und von diesem kommt das Geschlecht der Hrimthursen; den alten Hrimthurs aber nennen wir Ymir.

6. Da fragte Gangleri: Wo wohnte Ymir? Oder wovon lebte er? Har antwortete: Als das Eis auftaute und schmolz, entstand die Kuh, die Audumla hieß, und vier Milchströme rannen aus ihrem Euter; davon ernährte sich Ymir. Da fragte Gangleri: Wovon nährte die Kuh sich? Har antwortete: Sie beleckte die Eisblöcke, die salzig waren, und den ersten Tag, da sie die Steine beleckte, kam aus den Steinen am Abend Menschenhaar hervor, den andern Tag eines Mannes Haupt, den dritten Tag war es ein ganzer Mann, der hieß Buri. Er war schön von Angesicht, groß und stark, und gewann einen Sohn, der Bör hieß. Der vermählte sich mit Bestla, der Tochter des Riesen Bölthorn; da gewannen sie drei Söhne: der eine hieß Odin, der andere Wili, der dritte We. Und das ist mein Glaube, daß dieser Odin und seine Brüder Himmel und Erde beherrschen.

7. Da fragte Gangleri: Wie vertrugen sich diese mit Ymir, und welcher war der stärkere? Har antwortete: Börs Söhne töteten den Riesen Ymir, und als er fiel, da lief so viel Blut aus seinen Wunden, daß sie darin das ganze Geschlecht der Hrimthursen ertränkten bis auf einen, der mit den Seinen davon kam: den nennen die Riesen Bergelmir. Er bestieg mit seinem Weib ein Boot (Wiege) und rettete sich so, und von ihm kommt das (neue) Hrimthursengeschlecht, wie hier gesagt ist:

Im Anfang der Zeiten vor der Erde Schöpfung
Ward Bergelmir geboren.
Des gedenk' ich zuerst, daß der altkluge Riese
Im Boot geborgen ward.

8. Da fragte Gangleri: Was richteten die Söhne Börs aus, daß du sie für Götter hältst? Har antwortete: Davon ist nicht wenig zu sagen. Sie nahmen Ymir und warfen ihn mitten in Ginnungagap und bildeten aus ihm die Welt: aus seinem Blute Meer und Wasser; aus seinem Fleische die Erde; aus seinen Knochen die Berge; und die Steine aus seinen Zähnen, Kinnbacken und zerbrochenem Gebein. Da sprach Jafnhar: Aus dem Blute, das aus seinen Wunden geflossen war, machten sie das Weltmeer, festigten die Erde darin und legten es im Kreis um sie her, also daß es die meisten unmöglich dünken mag, hinüber zu kommen. Da sprach Thridi: Sie nahmen auch seinen Hirnschädel und bildeten den Himmel daraus, und erhoben ihn über die Erde mit vier Ecken oder Hörnern, und unter jedes Horn setzten sie einen Zwerg; die heißen Austri, Westri, Nordri, Sudri. Dann nahmen sie die Feuerfunken, die von Muspelheim ausgeworfen umherflogen, und setzten sie an den Himmel, oben sowohl als unten, um Himmel und Erde zu erhellen. Sie gaben auch allen Lichtern ihre Stelle, einigen am Himmel, andern lose unter dem Himmel und setzten einem jeden seinen bestimmten Gang fest, wonach Tage und Jahre berechnet werden. So wird in alten Sagen erzählt, und so heißt es in der Völuspa:

Die Sonne wußte nicht, wo sie Sitz hätte,
Der Mond wußte nicht, was er Macht hätte,
Die Sterne wußten nicht, wo sie Stätte hätten.

Da sagte Gangleri: Das sind merkwürdige Dinge, die ich da höre; ein großes Gebäude ist das und sehr künstlich gebildet. Wie war die Erde beschaffen? Har antwortete: Sie ist außen kreisrund, und rings umher liegt das tiefe Weltmeer. Und längs den Seeküsten jenseits gaben sie den Riesengeschlechtern Wohnplätze, und nach innen rund um die Erde machten sie eine Burg wider die Anfälle der Riesen, und zu dieser Burg verwendeten sie die Augenbrauen Ymirs des Riesen und nannten die Burg Midgard. Sie nahmen auch sein Gehirn und warfen es in die Luft und machten die Wolken daraus, wie hier gesagt ist:

Aus Ymirs Fleisch ward die Erde geschaffen,
Aus dem Schweiße die See,
Aus dem Gebein die Berge, die Bäume aus dem Haar,
Aus der Hirnschale der Himmel.
Aus den Augenbrauen schufen gütge Asen
Midgard den Menschensöhnen;
Aber aus seinem Hirn sind alle hartgemuten
Wolken erschaffen worden.

9. Da sprach Gangleri: Großes dünken sie mich vollbracht zu haben, da sie Himmel und Erde geschaffen, die Sonne und das Gestirn geordnet und Tag und Nacht geschieden hatten; aber woher kamen die Menschen, welche die Erde bewohnen? Har antwortete: Als Börs Söhne am Seestrande gingen, fanden sie zwei Bäume. Sie nahmen die Bäume und schufen Menschen daraus. Der erste gab Geist und Leben, der andere Verstand und Bewegung, der dritte Antlitz, Sprache, Gehör und Gesicht. Sie gaben ihnen auch Kleider und Namen: den Mann nannten sie Ask und die Frau Embla, und von ihnen kommt das Menschengeschlecht, welchem Midgard zur Wohnung verliehen ward. Darnach bauten sie sich eine Burg mitten in der Welt und nannten sie Asgard. Da wohnten die Götter und ihr Geschlecht, und manche Zeitung [Begebenheit] trug sich da zu, davon erzählt wird auf Erden und in den Lüften. In der Burg ist ein Ort, der Hlidskialf heißt, und wenn Odin sich da auf den Hochsitz setzt, so übersieht er alle Welten und aller Menschen Tun und weiß alle Dinge, die da geschehen. Seine Hausfrau heißt Frigg, Fiörgwins Tochter, und von ihrem Geschlecht ist der Stamm entsprungen, den wir das Asengeschlecht nennen, welches das alte Asgard bewohnte und die Reiche, die dazu gehören, und das ist das Geschlecht der Götter. Und darum mag er Allvater heißen, weil er der Vater ist aller Götter und Menschen und alles dessen, was er durch seine Kraft hervorgebracht hat. Jörd war seine Tochter und seine Frau, und von ihr gewann er einen erstgebornen Sohn: das ist Asathôr; ihm folgen Kraft und Stärke, daß er siegt über alles Lebendige.

10. Nörwi oder Narfi hieß ein Riese, der in Jötunheim wohnte; er hatte eine Tochter, die hieß Nacht und war schwarz und dunkel wie ihr Geschlecht. Sie ward einem Manne vermählt, der Naglfari hieß: der beiden Sohn war Audr. Darnach ward sie einem namens Onar (Annar) vermählt; beider Tochter hieß Jörd. Ihr letzter Gemahl war Dellingr, der vom Asengeschlecht war. Ihr Sohn war schön und licht nach seiner väterlichen Herkunft. Da nahm Allvater die Nacht und ihren Sohn Tag und gab ihnen zwei Rosse und zwei Wagen und setzte sie an den Himmel, daß sie damit alle zweimal zwölf Stunden um die Erde fahren sollten. Die Nacht fährt voran mit dem Rosse, das Hrimfaxi (reifmähnig) heißt, und jeden Morgen betaut es die Erde mit dem Schaum seines Gebisses. Das Roß, womit Tag fährt, heißt Skinfaxi (lichtmähnig), und Luft und Erde erleuchtet seine Mähne.

11. Da fragte Gangleri: Wie leitet er den Lauf der Sonne und des Mondes? Har antwortete: Ein Mann hieß Mundilföri, er hatte zwei Kinder. Sie waren hold und schön: da nannte er den Sohn Mond (Mani) und die Tochter Sonne (Sôl) und vermählte sie einem Manne Glenur genannt. Aber die Götter, die ihr Stolz erzürnte, nahmen die Geschwister und setzten sie an den Himmel und hießen Sonne die Hengste führen, die den Sonnenwagen zogen, welchen die Götter, um die Welt zu erleuchten, aus den Feuerfunken geschaffen hatten, die von Muspelheim geflogen kamen. Die Hengste hießen Arwakur und Alswidur, und unter ihren Bug setzten die Götter zwei Blasbälge, um sie abzukühlen, und in einigen Liedern heißen sie Eisenkühle. Mani leitet den Gang des Mondes und herrscht über Neulicht und Vollicht. Er nahm zwei Kinder von der Erde, Bil und Hiuki genannt, da sie von dem Brunnen Byrgir kamen und den Eimer auf den Achseln trugen; der heißt Sägr und die Eimerstange Simul. Widfinnr heißt ihr Vater; diese Kinder gehen hinter dem Monde her, wie man noch von der Erde aus sehen kann.

12. Da fragte Gangleri: Die Sonne fährt schnell, fast als wenn ihr bange wäre: sie könnte ihren Gang nicht mehr beschleunigen, wenn sie für ihr Leben fürchtete. Da antwortete Har: das ist nicht zu verwundern, daß sie so schnell fährt, denn ihr Verfolger ist nah, und sie kann sich nicht anders fristen, als indem sie ihre Fahrt beschleunigt. Da fragte Gangleri: Wer ist es, der sie

so in Angst setzt? Har antwortete: Das sind zwei Wölfe; der eine, der sie verfolgt, heißt Sköll. Sie fürchtet, daß er sie greifen möchte; der andere heißt Hati, Hrodwitnirs Sohn, der läuft vor ihr her und will den Mond packen, was auch geschehen wird. Da fragte Gangleri: Von welcher Herkunft sind diese Wölfe? Har antwortete: Ein Riesenweib wohnt östlich von Midgard in dem Walde, der Jarnwidr (Eisenholz) heißt. In diesem Walde wohnen die Zauberweiber, die man Jarnwidiur nennt. Jenes alte Riesenweib gebiert viele Riesenkinder, alle in Wolfsgestalt, und von ihr stammen die Wölfe. Es wird gesagt, der mächtigste dieses Geschlechts werde der werden, welcher Managarm (Mondhund) heißt. Dieser wird mit dem Fleisch aller Menschen, die da sterben, gesättigt; er verschlingt den Mond und überspritzt den Himmel und die Luft mit seinem Blut; davon verfinstert sich der Sonne Schein, und die Winde brausen und sausen hin und her. So heißt es in der Völuspa:

Östlich sitzt die Alte im Eisengebüsch
Und füttert dort Fenrirs Geschlecht.
Von ihnen allen wird eins das schlimmste:
Des Mondes Mörder übermenschlicher Gestalt.

Ihn mästet das Mark gefällter Männer,
Der Seligen Saal besudelt das Blut.
Der Sonne Schein dunkelt in kommenden Sommern,
Alle Wetter wüten: Wißt ihr, was das bedeutet?

13. Da fragte Gangleri: Wo geht der Weg vom Himmel zur Erde? Har antwortete und lachte: Nun hast du unklug gefragt. Hast du nicht gehört, daß die Götter eine Brücke machten vom Himmel zur Erde, die Bifröst heißt? Die wirst du gewiß gesehen haben; aber vielleicht nennst du sie Regenbogen. Sie hat drei Farben und ist sehr stark und mit mehr Kunst und Verstand gemacht als andre Werke. Aber so stark sie auch ist, so wird sie doch zerbrechen, wenn Muspels Söhne kommen, darüber zu reiten; und müssen ihre Pferde dann über große Ströme schwimmen. Da sprach Gangleri: Nicht dünkt es mich, daß die Götter die Brücke so fest gemacht haben, wenn sie zerbrechen mag; sie konnten sie doch so fest machen, als sie wollten. Da antwortete Har: Die Götter haben keinen Tadel verdient wegen

dieses Werkes. Bifröst ist eine gute Brücke; aber kein Ding in der Welt mag bestehen bleiben, wenn Muspels Söhne geritten kommen.

14. Da fragte Gangleri: Was tat Allvater, als Asgard gebaut war? Har antwortete: Zuvörderst setzte er Richter ein, die über das Schicksal der Leute entscheiden und die Einrichtungen in der Burg bewahren sollten. Das war an dem Orte, der Idafeld heißt, mitten in der Burg. Ihr erstes Geschäft war, einen Hof zu bauen, worin ihre Stühle standen, zwölfe an der Zahl, und überdies ein Hochsitz für Allvater. Es ist das beste und größte Gebäude der Welt, außen sowohl als innen von lauterm Gold. Diese Stätte nennt man Gladsheim. Sie bauten noch einen andern Saal, da war die Wohnung der Göttinnen. Dies Haus war auch sehr schön, und die Menschen nennen es Wingolf. Danach legten sie Schmiedeöfen an und machten sich dazu Hammer, Zange und Amboß und hernach damit alles andere Werkgeräte. Demnächst verarbeiteten sie Erz, Gestein und Holz und eine so große Menge des Erzes, das Gold genannt wird, daß sie alles Hausgeräte von Gold hatten. Und diese Zeit heißt das Goldalter: es verschwand aber bei der Ankunft gewisser Frauen, die aus Jötunheim kamen. Darnach setzten sich die Götter auf ihre Hochsitze und hielten Rat und Gericht und gedachten, wie die Zwerge belebt würden im Staub und in der Erde gleich Maden im Fleisch. Die Zwerge waren zuerst erschaffen worden und hatten Leben erhalten in Ymirs Fleisch und waren da Maden. Aber nun nach dem Ausspruch der Götter erhielten sie Menschenwitz und Menschengestalt und wohnten in der Erde und im Gestein. Modsognir hieß einer dieser Zwerge und ein anderer Durin, wie es in der Wöluspa heißt:

Da gingen die Berater zu den Richterstühlen,
Hochheilge Götter hielten Rat,
Wer schaffen sollte der Zwerge Geschlecht
Aus des Meerriesen Blut und blauen Gliedern.

Da ward Modsognir der mächtigste
Dieser Zwerge, und Durin nach ihm.
Manche noch machten sie menschengleich
Der Zwerge von Erde, wie Durin angab.

Und dieses, heißt es, sind die Namen dieser Zwerge:

Nyi und Nidi, Nordri und Sudri,
Austri und Westri, Althiof, Dwalin,
Nar und Nain, Nipingr, Dain,
Biwör, Bawör, Bömbör, Nori,
Ori, Onar, Oin, Modwitnir,
Wigr und Gandalfr, Windalfr, Thorin,
Fili, Kili, Fundin, Wali,
Thror, Throin, Theckr, Litr, Witr,
Nyr, Nyradr, Reckr, Radswidr.

Und diese sind Zwerge und wohnen im Gestein wie jene in der Erde:

Draupnir, Dolgthwari, Hör, Hugstari,
Hlediofr, Gloin, Dori, Ori,
Dufr, Andwari, Hepti, Fili,
Har, Siar.

Aber folgende kamen von Swarins Hügel gen Oerwang auf Jöruwall, und von ihnen stammt Lofars Geschlecht. Dies sind ihre Namen:

Skirsir, Wirfir, Skafidr, Ai,
Alfr, Ingi, Eikinskialdi,
Falr, Frosti, Fidr, Ginnar.

15. Da fragte Gangleri: Wo ist der Götter vornehmster und heiligster Aufenthalt? Har antwortete: Das ist bei der Esche Yggdrasil: da sollen die Götter täglich Gericht halten. Da fragte Gangleri: Was ist von diesem Ort zu berichten? Da antwortete Jafnhar: Diese Esche ist der größte und beste von allen Bäumen: seine Zweige breiten sich über die ganze Welt und reichen hinauf über den Himmel. Drei Wurzeln halten den Baum aufrecht, die sich weit ausdehnen: die eine zu den Asen, die andere zu den Hrimthursen, wo vormals Ginnungagap war; die dritte steht über Niflheim, und unter dieser Wurzel ist Hwergelmir, und Nidhöggr nagt von

unten auf an ihr. Bei der andern Wurzel hingegen, welche sich zu dem Hrimthursen erstreckt, ist Mimirs Brunnen, worin Weisheit und Verstand verborgen sind. Der Eigner des Brunnens heißt Mimir und ist voller Weisheit, weil er täglich von dem Brunnen aus dem Giallarhorn trinkt. Einst kam Allvater dahin und verlangte einen Trunk aus dem Brunnen, erhielt ihn aber nicht eher, bis er sein Auge zum Pfand setzte. So heißt es in der Völuspa:

Alles weiß ich, Odin, wo dein Auge blieb:
In der vielbekannten Quelle Mimirs.
Met trinkt Mimir jeden Morgen
Aus Walvaters Pfand: Wißt ihr, was das bedeutet?

Unter der dritten Wurzel der Esche, die zum Himmel geht, ist ein Brunnen, der sehr heilig ist, Urds Brunnen genannt: da haben die Götter ihre Gerichtsstätte; jeden Tag reiten die Asen dahin über Bifröst, welche auch Asenbrücke heißt. Die Pferde der Asen haben diese Namen: Sleipnir, das beste, hat Odin: es hat acht Füße; das andre ist Gladr; das dritte Gyllir, das vierte Gler, das fünfte Skeidbrimir, das sechste Silfrintopp, das siebente Sinir, das achte Gils, das neunte Falhofnir, das zehnte Gulltopp, das elfte Lettfeti. Baldurs Pferd ward mit ihm verbrannt. Thor geht zu Fuß zum Gericht und watet über folgende Flüsse:

Körmt und Oermt und beide Kerlög
Watet Thor täglich,
Wenn er hinfährt, Gericht zu halten
Bei der Esche Yggdrasil.
Denn die Asenbrücke stand all in Lohe,
heilige Fluten flammten.

Da fragte Gangleri: Brennt denn Feuer auf Bifröst? Har antwortete: Das Rote, das du im Regenbogen siehst, ist brennendes Feuer. Die Hrimthursen und Bergriesen würden den Himmel ersteigen, wenn ein jeder über Bifröst gehen könnte, da er wollte. Viel schöne Plätze gibt es im Himmel, die alle unter dem Schutz der Götter stehen. So steht ein schönes Gebäude unter der Esche bei dem Brunnen: aus dem kommen die drei Mädchen, die Urd, Skuld und Werdandi heißen. Diese Mädchen, welche aller Menschen Lebenszeit bestimmen, nennen wir Nornen. Es gibt noch andere Nornen, nämlich solche, die sich bei jedes Kindes Geburt einfinden, ihm seine Lebensdauer anzusagen. Einige sind von Göttergeschlecht, andere von Alfengeschlecht, noch andere vom Geschlecht der Zwerge, wie hier gesagt wird:

Gar verschiednen Geschlechts scheinen mir die Nornen
Und nicht eines Ursprungs.
Einige sind Asen, andere Alfen,
Die dritten Töchter Dwalins.

Da sprach Gangleri: Wenn die Nornen über das Geschick der Menschen walten, so teilen sie ihnen schrecklich ungleich aus. Die einen leben in Macht und Überfluß, die andern haben wenig Glück noch Ruhm; die einen leben lange, die andern kurze Zeit. Har antwortete: Die guten Nornen und die von guter Herkunft sind, schaffen Glück, und geraten einige Menschen in Unglück, so sind die bösen Nornen schuld.

16. Da fragte Gangleri: Was ist weiter Merkwürdiges von der Esche zu sagen? Har antwortete: Gar viel ist davon zu sagen. Ein Adler sitzt in den Zweigen der Esche, der viele Dinge weiß, und zwischen seinen Augen sitzt ein Habicht, Wedrfölnir genannt. Ein Eichhörnchen, das Ratatöskr heißt, springt auf und nieder an der Esche und trägt Zankworte hin und her zwischen dem Adler und Nidhöggr. Und vier Hirsche laufen umher an den Zweigen der Esche und beißen die Knospen ab. Sie heißen: Dain, Dwalin, Dunneir, Durathror. Und so viel Schlangen sind in Hwergelmir bei Nidhöggr, daß es keine Zunge zählen mag. So heißt es hier:

Die Esche Yggdrasil duldet Unbill
Mehr als Menschen wissen:
Der Hirsch weidet oben, hohl wird die Seite,
Unten nagt Nidhöggr.

Ferner heißt es:

Mehr Würme liegen unter der Esche Wurzel
Als ein unkluger Affe meint:
Goin und Moin, Grafwitnirs Söhne,
Grabakr und Grafwölludr;
Ofnir und Swafnir sollen ewig
Von der Wurzel Zweigen zehren.

Auch wird erzählt, daß die Nornen, welche an Urds Brunnen wohnen, täglich Wasser aus dem Brunnen nehmen und es zugleich mit dem Dünger, der um den Brunnen liegt, auf die Esche sprengen, damit ihre Zweige nicht dorren oder faulen. Dies Wasser ist so heilig, daß alles, was in den Brunnen kommt, so weiß wird wie die Haut, die inwendig in der Eierschale liegt. So heißt es:

Begossen wird die Esche, die Yggdrasil heißt,
Der geweihte Baum, mit weißem Nebel.
Davon kommt der Tau, der in die Täler fällt.
Immergrün steht er über Urds Brunnen.

Den Tau, der von ihr auf die Erde fällt, nennt man Honigtau: davon ernähren sich die Bienen. Auch nähren sich zwei Vögel in Urds Brunnen, die heißen Schwäne, und von ihnen kommt das Vogelgeschlecht dieses Namens.

17. Da sprach Gangleri: Große Dinge weißt du vom Himmel zu berichten; aber was für andere Hauptgebäude gibt es noch außerdem an Urds Brunnen? Har antwortete: Da sind noch manche merkwürdige Stätten. So ist eine Wohnung, die Alfheim heißt. Da haust das Volk, das man Lichtalfen nennt: aber die Schwarzalfen (Döckalfar) wohnen unten in der Erde und sind ungleich von Angesicht und noch viel ungleicher in ihren Verrichtungen. Die Lichtalfen sind schöner als die Sonne von Angesicht; aber die Schwarzalfen schwärzer als Pech. Da ist auch eine Wohnung, die Breidablick heißt, und das ist die schönste von allen. Ein anderes Gebäude heißt Glitnir: dessen Wände, Säulen und Balken sind von rotem Golde und das Dach von Silber. Da ist auch ein Bau, der Himinbiörg (Himmelsburg) heißt, der steht an des Himmels

Ende, da wo die Brücke Bifröst an den Himmel reicht; da ist ferner ein großer Saal, der Walaskialf heißt: das ist Odins Saal. Ihn schufen die Götter und deckten ihn mit schierem Silber. In diesem Saal ist der Hochsitz, der Hlidskialf heißt, und wenn Allvater auf diesem Hochsitz sitzt, so übersieht er die ganze Welt. Am südlichen Ende des Himmels ist der Palast, der Gimil heißt und der schönste von allen ist und glänzender als die Sonne. Er wird stehen bleiben, wenn sowohl Himmel als Erde vergehen, und alle guten und rechtschaffenen Menschen aller Zeitalter werden ihn bewohnen. So heißt es in der Völuspa:

Einen Saal sah ich lichter als die Sonne,
Mit Gold gedeckt, auf Gimils Höhn.
Da werden bewährte Leute wohnen,
Und ohne Ende der Ehren genießen.

Da fragte Gangleri: Wer bewahrt diesen Palast, wenn Surturs Lohe Himmel und Erde verbrennt? Har antwortete: Es wird gesagt, daß es einen Himmel südlich und oberhalb von diesem gebe, welcher Andlang heiße. Und noch ein dritter Himmel sei über ihnen, welcher Widblain heiße, und in diesen Himmeln, glauben wir, sei der Palast gelegen, und nur von den Lichtalfen glauben wir diesen Palast jetzt bewohnt.

18. Da fragte Gangleri: Woher kommt der Wind, der so stark ist, daß er das Weltmeer aufrührt und Feuer anfacht? Aber so stark er ist, kann ihn doch niemand sehen: wie ist das wunderlich beschaffen! Da antwortete Har: Das kann ich dir wohl sagen. Am nördlichen Ende des Himmels sitzt ein Riese, der Hräswelgr (Leichenschwelger) heißt. Er hat Adlersgestalt, und wenn er zu fliegen versucht, so entsteht der Wind unter seinen Fittichen. Davon heißt es so:

Hräswelg heißt, der an Himmels Ende sitzt
In Adlerskleid ein Jote.
Mit seinen Fittichen facht er den Wind
Über alle Völker.

19. Da fragte Gangleri: Wie kommt es, daß der Sommer heiß ist und der Winter kalt? Har antwortete: Nicht soll ein kluger Mann also

fragen, denn hievon weiß ein jeder Kunde zu geben. Wenn du aber allein so unwissend bist, daß du dies nie gehört hast, so will ich dir lieber zulassen, daß du einmal unweise fragst, als daß du länger dessen unkundig bleibst, was ein jeder wissen sollte. Swasudr heißt der Vater des Sommers; der ist so wonnig, daß nach seinem Namen alles süß (svasligt) heißt, was milde ist. Aber der Vater des Winters heißt bald Windloni (Windbringer), bald Windswalr (Windkühl), und dies Geschlecht ist grimmig und kaltherzig, und der Winter artet ihm nach.

20. Da fragte Gangleri: Welches sind die Asen, an welche die Menschen glauben sollen? Har antwortete: Es gibt zwölf göttliche Asen. Da sprach Jafnhar: Die Asinnen sind nicht minder heilig und ihre Macht nicht geringer. Da sprach Thridi: Odin ist der vornehmste und älteste der Asen. Er waltet aller Dinge, und obwohl auch andere Götter Macht haben, so dienen ihm doch alle wie Kinder ihrem Vater. Seine Frau ist Frigg; sie weiß aller Menschen Geschick, obgleich sie es keinem vorhersagt. So wird berichtet, daß Odin selbst zu dem Asen sagte, der Loki heißt:

Irr bist du, Loki, daß du selber anführst
Die schnöden Schandtaten.
Wohl weiß Frigg alles, was sich begibt,
Ob sie schon es nicht sagt.

Odin heißt Allvater, weil er aller Götter Vater ist, und Walvater, weil alle seine Wunschsöhne sind, die auf dem Walplatz fallen. Sie werden in Walhall und Wingolf aufgenommen und heißen da Einherier. Er heißt auch Hangagott oder Haptagott, Farmagott und nannte sich noch mit vielen Namen, als er zu König Geirröd kam:

Ich heiße Grimur und Gangleri,
Herian, Hialmberi,
Theckr, Thridi, Thudr, Udr,
Helblindi und Har.

Sadr, Swipal und Sanngetal,
Herteitr und Hnikar,
Bileigr und Baleigr, Bölwerkr, Fiölnir,
Grimnir, Glapswidr, Fiölswidr.

Sidhöttr, Sidskeggr, Siegvater, Hnikudr,
Allvater, Atridr, Farmatyr,
Oski, Omi, Jafnhar, Biflindi,
Göndlir, Harbardr.

Swidur, Swidrir, Jalkr, Kialar, Widur,
Thror, Yggr, Thundr, Wakr, Skilfingr,
Wafudr, Hroptatyr, Gautr, Weratyr.

Da sprach Gangleri: Erschrecklich viel Namen habt ihr ihm gegeben, und wohl glaube ich, daß der sehr klug sein müsse, der weiß und angeben kann, welche Begebenheiten einen jeden dieser Namen veranlaßt haben. Da antwortete Har: Wohl gehört Klugheit dazu, das genau zu erörtern; aber doch ist davon in der Kürze zu sagen, daß dies zu den meisten dieser Benennungen Veranlassung gab, daß so vielerlei Sprachen in der Welt sind; denn alle Völker glaubten seinen Namen nach ihrer Zunge einrichten zu müssen und ihn damit anzurufen und anzubeten. Andere Veranlassungen zu diesen Namen müssen in seinen Fahrten gesucht werden, die in alten Sagen berichtet werden, und du magst mitnichten ein kluger Mann heißen, wenn du nicht von diesen merkwürdigen Begebenheiten zu erzählen weißt.

21. Da fragte Gangleri: Wie heißen die Namen der andern Asen? Und was haben sie Großes angerichtet? Har antwortete: Thor ist der vornehmste von ihnen. Er heißt Asathor oder Oekuthor, und ist der stärkste aller Götter und Menschen. Ihm gehört das Reich, das Thrudwangr genannt wird, aber sein Palast heißt Bilskirnir. Dieser Palast hat fünfhundert und vierzig Gemächer und ist das größte Gebäude, das je gemacht worden ist. So heißt es in Grimnismal:

Fünfhundert Gemächer und viermal zehn
Weiß ich in Bilskirnirs Bau.
Von allen Häusern, die Dächer haben,
Glaub' ich meines Sohns das größte.

Thor hat zwei Böcke, sie heißen Tanngniostr und Tanngrisnir (Zahnknistrer und Zahnknirscher), und einen Wagen, worin er fährt. Die Böcke ziehen den Wagen: darum heißt er Oekuthor. Er hat auch drei Kleinode: den Hammer Mjölnir, den Hrimthursen und Bergriesen kennen, wenn er geschwungen wird; was nicht zu verwundern ist, denn er hat ihren Vätern und Freunden manchen Kopf damit zerschlagen. Sein anderes Kleinod ist der Kraftgürtel, Megingiardr genannt: wenn er den um sich spannt, so wächst ihm die Asenkraft um die Hälfte. Noch ein drittes Ding hat er, in dem großer Wert liegt, das sind seine Eisenhandschuhe: die kann er nicht missen, um den Schaft des Hammers zu fassen. Und niemand ist so klug, daß er alle seine Großtaten zu erzählen wüßte. Ich könnte so manche Zeitung [Begebenheit] von ihm berichten, daß der Tag vergehen würde, ehe alles gesagt wäre, was ich weiß.

22. Da sprach Gangleri: Ich möchte auch von den andern Asen Kunde hören. Har sprach: Odins anderer Sohn ist Baldur. Von ihm ist nur Gutes zu sagen: er ist der beste und wird von allen gelobt. Er ist so schön von Antlitz und so glänzend, daß ein Schein von ihm ausgeht. Ein Kraut ist so licht, daß es mit Baldurs Augenbrauen verglichen wird, es ist das lichteste aller Kräuter: davon magst du auf die Schönheit seines Haars sowohl als seines Leibes schließen. Er ist der weiseste, beredteste und mildeste von allen Asen. Er hat die Eigenschaft, daß niemand seine Urteile schelten kann. Er bewohnt im Himmel die Stätte, welche Breidablick heißt. Da wird nichts Unreines geduldet, wie hier gesagt wird:

Die siebente ist Breidablick, da hat Baldur sich
Die Halle erhöht
In jener Gegend, wo ich der Greuel
Die wenigsten lauschen weiß.

23. Der dritte Ase ist Niördr genannt, er bewohnt im Himmel die Stätte, welche Noatun heißt. Er beherrscht den Gang des Windes und stillt Meer und Feuer; ihn ruft man zur See und bei der Fischerei an. Er ist so reich und vermögend, daß er allen, welche ihn darum anrufen, Gut, liegendes sowohl als fahrendes, gewähren mag. Er ward in Wanaheim erzogen, und die Wanen gaben ihn den Göttern zur Geisel und nahmen dafür von den Asen zur Geisel den Hönir: so verglichen sich

durch ihn die Götter mit den Wanen. Niördrs Frau heißt Skadi und ist die Tochter des Riesen Thiassi. Skadi wollte wohnen, wo ihr Vater gewohnt hatte, nämlich auf den Felsen in Thrymheim; aber Niördr wollte sich bei der See aufhalten. Da verglichen sie sich dahin, daß sie neun Nächte in Thrymheim und dann andere neun (drei) in Noatun sein wollten. Aber da Niördr von den Bergen nach Noatun zurück kam, sang er:

Leid sind mir die Berge; nicht lange war ich dort,
Nur neun Nächte.
Der Wölfe Heulen dünkte mich widrig
Gegen der Schwäne Singen.

Aber Skadi sang:

Nicht schlafen konnt' ich am Ufer der See
Von der Vögel Lärm;
Da weckte mich, vom Wasser kommend,
Jeden Morgen die Möwe.

Da zog Skadi nach den Bergen und wohnte in Thrymheim. Da jagt sie oft auf Schrittschuhen mit ihrem Bogen nach Tieren. Sie heißt (nach den Schrittschuhen) Öndurdis. Von ihr heißt es:

Thrymheim heißt die sechste, wo Thiassi hauste,
Jener mächtige Jote;
Nun bewohnt Skadi, die scheue Götterbraut,
Des Vaters alte Veste.

24. Niörd in Noatun zeugte seitdem zwei Kinder. Der Sohn hieß Freyr und die Tochter Freyja. Sie waren schön von Antlitz und mächtig. Freyr ist der trefflichste unter den Asen. Er herrscht über Regen und Sonnenschein und das Wachstum der Erde, und ihn soll man anrufen um Fruchtbarkeit und Frieden. Freyja ist die herrlichste der Asinnen. Sie hat die Wohnung im Himmel, die Folkwang heißt, und wenn sie zum Kampfe zieht, gehört die Hälfte der Gefallenen ihr und die Hälfte Odin, wie hier gesagt ist:

Folkwang ist die neunte: da hat Freyja Gewalt,
Die Sitze zu ordnen im Saal.
Der Walstatt Hälfte hat sie täglich zu wählen;
Odin hat die andre Hälfte.

Ihr Saal Sessrumnir ist groß und schön. Wenn sie ausfährt, sind zwei Katzen vor ihren Wagen gespannt. Sie ist denen gewogen, welche sie anrufen, und von ihr hat der Ehrenname den Ursprung, daß man vornehme Weiber Frauen nennt. Sie liebt den Minnesang, und es ist gut, sie in Liebessachen anzurufen.

25. Da sprach Gangleri: Groß scheint mir die Macht dieser Asen, und nicht zu verwundern ist es, daß so viel Gewalt euch beiwohnt, da ihr so gute Kunde habt von den Göttern und wißt, wen von ihnen man in jedem Falle anzurufen hat. Sind aber nicht noch mehr Götter? Har antwortete: Da ist noch ein Ase, der Tyr heißt. Er ist sehr kühn und mutig und herrscht über den Sieg im Kriege: darum ist es gut, daß Kriegsmänner ihn anrufen. Wer kühner ist als andere und vor nichts sich scheut, von dem sagt man sprichwörtlich, er sei tapfer wie Tyr. Er ist auch so weise, daß man von Klugen sagt, sie seien weise wie Tyr. Ein Beweis seiner Kühnheit ist dies: Als die Asen den Fenriswolf überredeten, sich mit dem Bande Gleipnir binden zu lassen, traute er ihnen nicht, daß sie ihn wieder lösen würden, bis sie zum Unterpfande Tyrs Hand in seinen Mund legten. Und als die Asen ihn nicht wieder lösen wollten, biß er ihm die Hand an der Stelle ab, die nun Wolfsglied heißt. Seitdem ist Tyr einhändig, gilt aber den Menschen nicht für einen Friedensstifter.

26. Ein anderer Ase heißt Bragi. Er ist berühmt durch Beredsamkeit und Wortfertigkeit und sehr geschickt in der Skaldenkunst, die nach ihm Bragur genannt wird, sowie auch diejenigen nach seinem Namen Bragurleute heißen, die redefertiger sind als andere Männer und Frauen. Seine Frau heißt Idun: sie verwahrt in einem Gefäße die Äpfel, welche die Götter genießen sollen, wenn sie altern, denn sie werden alle jung davon, und das mag währen bis zur Götterdämmerung. Da sprach Gangleri: Mich dünkt, die Götter haben der Treue und Sorgsamkeit Iduns große Dinge anvertraut. Da sprach Har und lächelte: Beinahe wäre es einstmals schlimm damit ergangen: ich könnte dir davon wohl erzählen; aber du sollst erst die Namen der andern Asen hören.

27. Heimdall heißt einer, der auch der weiße As genannt wird. Er ist groß und hehr und von neun Mädchen, die Schwestern waren, geboren. Er heißt auch Hallinskidi und Gullintanni, weil seine Zähne von Gold sind. Sein Pferd heißt Gulltopp. Er wohnt auf Himinbiörg bei Bifröst. Er ist der Wächter der Götter und wohnt dort an des Himmels Ende, um die Brücke vor den Bergriesen zu bewahren. Er bedarf weniger Schlaf als ein Vogel und sieht sowohl bei Nacht als bei Tag hundert Rasten weit; er hört auch das Gras in der Erde und die Wolle auf den Schafen wachsen, mithin auch alles, was einen stärkern Laut gibt. Er hat eine Trompete, die Giallarhorn heißt, und bläst er hinein, so wird es in allen Welten gehört. Heimdalls Schwert heißt Haupt. Von ihm heißt es:

Himinbiörg ist die achte, wo Heimdall soll
Die Weihestatt walten.
Der Götterwächter schlürft in schöner Wohnung
Selig den süßen Met.
Auch sagt er selbst in Heimdalls Gesang:
Ich bin neun Mütter Sohn und von neun Schwestern
geboren.

28. Hödur heißt einer der Asen. Er ist blind, aber sehr stark, und möchten die Götter wohl wünschen, daß sie seinen Namen nicht nennen dürften, denn nur allzulange wird seiner Hände Werk Göttern und Menschen im Gedächtnis bleiben.

29. Widar heißt einer, der auch der schweigende Ase genannt wird. Er hat einen dicken Schuh und ist der stärkste nach Thor. Auf ihn vertrauen die Götter in allen Gefahren.

30. Ali oder Wali heißt einer der Asen. Odins Sohn und der Rinda. Er ist kühn in der Schlacht und ein guter Schütze.

31. Uller heißt ein Ase, Sohn der Sif und Thors Stiefsohn. Er ist ein so guter Bogenschütze und Schrittschuhläufer, daß niemand sich mit ihm messen kann. Er ist schön von Angesicht und kriegerisch von Gestalt. Bei Zweikämpfen soll man ihn anrufen.

32. Forseti heißt der Sohn Baldurs und der Nanna, der Tochter Neps. Er hat im Himmel den Saal, der Glitnir heißt, und alle, die sich in Rechtsstreitigkeiten an ihn wenden, gehen verglichen nach Hause. Das ist der beste Richterstuhl für Götter und Menschen. Es heißt von ihm:

Glitnir ist die zehnte: auf goldnen Säulen ruht
Des Saales Silberdach.
Da thront Forseti den langen Tag
Und schlichtet allen Streit.

33. Noch zählt man einen zu den Asen, den einige den Verlästerer der Götter, den Anstifter alles Betrugs, und die Schande der Götter und Menschen nennen. Sein Name ist Loki oder Loptr, und sein Vater der Riese Farbauti; seine Mutter heißt Laufey oder Nal; seine Brüder sind Bileistr und Helblindi. Loki ist schmuck und schön von Gestalt, aber bös von Gemüt und sehr unbeständig. Er übertrifft alle andern in Schlauheit und jeder Art von Betrug. Er brachte die Asen in manche Verlegenheit; doch half er ihnen oft auch durch seine Klugheit wieder heraus. Seine Frau heißt Sigyn und deren Sohn Nari oder Narwi.

34. Loki hatte noch andere Kinder. Angurboda hieß ein Riesenweib in Jötunheim: mit der zeugte Loki drei Kinder: das erste war der Fenriswolf, das andere Jörmungandr, d. i. die Midgardschlange, das dritte war Hel. Als aber die Götter erfuhren, daß diese drei Geschwister in Jötunheim erzogen würden, und durch Weissagung erkannten, daß ihnen von diesen Geschwistern Verrat und großes Unheil bevorstehe, indem sie Böses von Mutters –, aber noch Schlimmeres von Vaters wegen von ihnen erwarten zu müssen glaubten, schickte Allvater die Götter, daß sie diese Kinder nähmen und zu ihm brächten. Als sie aber zu ihm kamen, warf er die Schlange in die tiefe See, welche alle Länder umgibt, wo die Schlange zu solcher Größe erwuchs, daß sie mitten im Meer um alle Länder liegt und sich in den Schwanz beißt. Die Hel aber warf er hinab nach Niflheim und gab ihr Gewalt über neun Welten, daß sie denen Wohnungen anwiese, die zu ihr gesendet würden: solchen nämlich, die vor Alter oder an Krankheiten starben. Sie hat da eine große Wohnstätte; das Gehege umher ist außerordentlich hoch und mit mächtigen Gittern verwahrt. Ihr Saal heißt Elend, Hunger ihre Schüssel, Gier ihr Messer, Träg (Ganglat) ihr Knecht, Langsam (Ganglöt) ihre Magd, Einsturz ihre Schwelle, ihr Bette Kümmernis und ihr Vorhang dräuendes Unheil. Sie ist halb schwarz, halb menschenfarbig, also kenntlich genug durch grimmiges, furchtbares Aussehen.

Den Wolf erzogen die Götter bei sich, und Tyr allein hatte den Mut, zu ihm zu gehen und ihm zu essen zu geben. Und als die Götter sahen, wie sehr er jeden Tag wuchs, und alle Vorhersagungen meldeten, daß er zu ihrem Verderben bestimmt sei, da faßten die Asen den Beschluß, eine sehr starke Fessel zu machen, welche sie Läding (Leuthing) hießen. Die brachten sie dem Wolf und baten ihn, seine Kraft an der Kette zu versuchen. Der Wolf hielt das Band nicht für überstark und hieß sie damit machen, was sie wollten. Aber das erstemal, daß der Wolf sich streckte, brach das Band, und er war frei von Läding. Darauf machten die Asen eine andere noch halbmal stärkere Fessel, die sie Droma nannten. Sie baten den Wolf, auch diese Kette zu versuchen, und sagten, er würde seiner Kraft wegen sehr berühmt werden, wenn ein so starkes Geschmeide ihn nicht halten könnte. Der Wolf bedachte, daß dieses Band viel stärker sei, daß aber auch seine Kraft gewachsen, seit er das Band Läding gebrochen hatte; zugleich erwog er, daß er sich entschließen müsse, einige Gefahr zu bestehen, wenn er berühmt werden wolle. Er ließ sich also das Band anlegen. Als die Asen damit fertig waren, schüttelte sich der Wolf und reckte sich und schlug das Band an den Boden, daß die Stücke weit davon flogen. So brach er sich los von Droma. Das wurde hernach sprichwörtlich, sich aus Läding zu lösen, oder aus Droma zu befreien, wenn von einer schwierigen Sache die Rede ist. Danach fürchteten die Asen, daß sie den Wolf nicht würden binden können. Da schickte Allvater den Jüngling, Skirnir genannt, der Freyrs Diener war, zu einigen Zwergen in Schwarzalfenheim und ließ das Band Gleipnir verfertigen. Dies war aus sechserlei Dingen gemacht: aus dem Schall des Katzentritts, dem Bart der Weiber, den Wurzeln der Berge, den Sehnen der Bären, der Stimme der Fische und dem Speichel der Vögel. Hast du auch diese Geschichte nie gehört, so magst du doch bald befinden, daß sie wahr ist und wir dir nicht lügen: denn da du wohl bemerkt hast, daß die Frauen keinen Bart, die Berge keine Wurzeln haben und der Katzentritt keinen Schall gibt, so magst du mir wohl glauben, daß das Übrige ebenso wahr ist, was ich dir gesagt habe, wenn du auch von einigen dieser Dinge keine Erfahrung hast. Da sprach Gangleri: An den Dingen, die du zum Beispiel anführst, kann ich allerdings die Wahrheit erkennen; aber wie war das

Band beschaffen? Har antwortete: Das kann ich dir wohl sagen: das Band war schlicht und weich wie ein Seidenband und so stark und fest, wie du sogleich hören sollst. Als das Band den Asen gebracht wurde, dankten sie dem Boten für das wohl verrichtete Geschäft und fuhren dann auf die Insel Lyngwi im See Amswartnir, riefen den Wolf herbei, zeigten ihm das Seidenband und baten ihn, es zu zerreißen. Sie sagten, es wäre wohl etwas stärker, als es nach seiner Dicke das Aussehen habe. Sie gaben es einer dem andern und versuchten ihre Stärke daran, allein es riß nicht. Doch sagten sie, der Wolf werde es wohl zerreißen mögen. Der Wolf antwortete: Um dieses Band dünkt es mich so, als wenn ich wenig Ehre damit einlegen möchte, wenn ich auch eine so schwache Fessel entzweireiße; falls es aber mit List und Betrug gemacht ist, obgleich es so schwach scheint, so kommt es nicht an meine Füße. Da sagten die Asen, er möge leicht ein dünnes Seidenband zerreißen, da er zuvor die schweren Eisenfesseln zerbrochen habe. Wenn du aber dieses Band nicht zerreißen kannst, so haben die Götter sich nicht vor dir zu fürchten, und wir werden dich dann lösen. Der Wolf antwortete: Wenn ihr mich so fest bindet, daß ich mich selbst nicht lösen kann, so spottet ihr mein, und es wird mir spät werden, Hilfe von euch zu erlangen: darum bin ich nicht gesonnen, mir dies Band anlegen zu lassen. Eh ihr mich aber der Feigheit zeiht, so lege einer von euch seine Hand in meinen Mund zum Unterpfand, daß es ohne Falsch hergeht. Da sah ein Ase den andern an, die Gefahr schien sie doppelt groß, und keiner wollte seine Hand herleihen, bis Tyr zuletzt seine Rechte darbot und sie dem Wolfe in den Mund legte. Und da der Wolf sich reckte, da erhärtete das Band, und je mehr er sich anstrengte, desto stärker ward es. Da lachten alle außer Tyr, denn er verlor seine Hand. Als die Asen sahen, daß der Wolf völlig gebunden sei, nahmen sie den Strick am Ende der Kette, der Gelgia hieß, und zogen ihn durch einen großen Felsen, Giöll genannt, und festigten den Felsen tief im Grunde der Erde. Auch nahmen sie noch ein anderes Felsenstück, Thwiti genannt, das sie noch tiefer in die Erde versenkten und das ihnen als Widerhalt diente. Der Wolf riß den Rachen furchtbar auf, schnappte nach ihnen und wollte sie beißen; aber sie steckten ihm ein Schwert in den Gaumen, daß das Heft wider den Unterkiefer, und die Spitze gegen den

Oberkiefer stand: damit ist ihm das Maul gesperrt. Er heult entsetzlich, und Geifer rinnt aus seinem Munde und wird zu dem Fluß, den man Wan nennt. Also liegt er bis zur Götterdämmerung. Da sprach Gangleri: Wahrlich, üble Kinder zeugte Loki, und dies ganze Geschlecht ist furchtbar. Aber warum töteten die Asen den Wolf nicht, da sie doch Übles von ihm erwarteten? Har antwortete: die Asen halten ihre Heiligtümer und Freistätten so sehr in Ehren, daß sie mit dem Blute des Wolfs sie nicht beflecken wollten, obgleich Weissagungen verkündeten, daß er Odins Mörder werden solle.

35. Da fragte Gangleri: Welches sind die Asinnen? Har antwortete: Frigg ist die vornehmste: ihr gehört der Palast, der Fensal heißt, und überaus schön ist. Eine andere heißt Saga, die Söckwabeck bewohnt, das auch eine große Halle ist. Die dritte ist Eir, die beste der Ärztinnen. Die vierte Gefion: sie ist unvermählt und ihr gehören alle, die unvermählt sterben. Fulla, die fünfte, ist auch Jungfrau, und trägt loses Haar und ein Goldband ums Haupt. Sie trägt Friggs Schmuckkästchen, wartet ihrer Fußbekleidung und nimmt Teil an ihrem heimlichen Rat. Freyja ist die vornehmste nach Frigg; sie ist einem Manne vermählt, der Odhur heißt. Deren Tochter heißt Hnofs: die ist so schön, daß nach ihrem Namen alles genannt wird, was schön und kostbar ist. Odhur zog fort auf ferne Wege, und Freyja weint ihm nach, und ihre Zähren sind rotes Gold. Freyja hat viele Namen: die Ursache ist, daß sie sich oft andere Namen gab, als sie, Odhur zu suchen, zu unbekannten Völkern fuhr. Sie heißt Mardöll, Hörn, Gefn und Syr. Freyja besitzt den Halsschmuck, Brisinga Men genannt. Sie heißt auch Wanadis (Wanengöttin). Die siebente heißt Siöfn: sie sucht Gemüter der Menschen, der Männer wie der Frauen, zur Zärtlichkeit zu wenden, und nach ihrem Namen ist die Liebe Siafni genannt. Die achte, Lofn, ist den Anrufenden so mild und gütig, daß sie von Allvater oder Frigg Erlaubnis hat, Männer und Frauen zu verbinden, was auch sonst für Hindernis oder Schwierigkeit entgegenstehe. Daher ist nach ihrem Namen der Urlaub genannt, so wie alles, was Menschen loben und preisen. Die neunte ist Wara; sie hört die Eide und Verträge, welche Männer und Frauen zusammen schließen, und straft diejenigen, welche sie brechen. Wara ist weise und erforscht alles, so daß ihr nichts

verborgen bleibt; daher kommt die Redensart, daß man eines Dinges gewahr werde, wenn man es in Erfahrung bringt. Die zehnte ist Syn, welche die Türen der Halle bewacht und denen verschließt, welche nicht eingehen sollen; ihr ist auch der Schutz derer befohlen, die bei Gericht eine Sache in Abrede stellen, daher die Redensart: Abwehr (Syn) ist vorgeschoben, wenn man die Schuld leugnet. Die elfte ist Hlin, die solchen zum Schutz bestellt ist, welche Frigg vor einer Gefahr behüten will. Daher das Sprichwort: Wer sich in Nöten retten will, lehnt sich an (hleinir). Die zwölfte ist Snotra; sie ist weis und feinsinnig: nach ihr heißen alle snotr, sowohl Männer als Frauen, die klug und feinsinnig sind. Die dreizehnte ist Gna, welche Frigg in ihren Geschäften nach allen Weltteilen schickt. Sie hat ein Pferd, das durch Luft und Flut rennt und Hofhwarfnir heißt. Einst geschah es, daß sie von etlichen Wanen gesehen ward, da sie durch die Luft ritt. Da sprach einer:

Was fliegt da, was fährt da,
Was lenkt durch die Luft?

Sie antwortete:

Ich fliege nicht, ich fahre nicht,
Ich lenke durch die Luft
Auf Hofhwarfnir, den Hamskerpir
Zeugte mit Gardrofwa.

Nach Gnas Namen gebraucht man den Ausdruck gnäfa von allem Hochfahrenden. Auch Sol und Bil zählen zu den Asinnen. Ihres Ursprungs ist zuvor gedacht.

36. Noch andere sind, die in Walhall dienen, das Trinken bringen, das Tischzeug und die Älschalen verwahren sollen. In Grimnismal wird ihrer so gedacht:

Hrist und Mist sollen das Horn mir reichen;
Skeggiöld und Skögul,
Hlöck (Hlanka) und Herfiötr, Hildr und Thudr,
Göll und Geirahöd,
Randgrid und Radgrid und Reginleif
Schenken den Einheriern Äl.

Diese heißen Walküren. Odin sendet sie zu jedem Kampf. Sie wählen die Fallenden und walten des Sieges. Gudr und Rota und die jüngste der Nornen, welche Skuld heißt, reiten beständig den Wal zu wählen und des Kampfes zu walten. Auch Jörd, die Mutter Thors, und Rinda, Walis Mutter, zählen zu den Asinnen.

37. Gymir hieß ein Mann, und seine Frau Oerboda; sie war Bergriesengeschlechts. Deren Tochter ist Gerda, die schönste aller Frauen. Eines Tages war Freyr auf Hlidskialf gegangen und sah über alle Welten. Als er nach Norden blickte, sah er in einem Gehege ein großes und schönes Haus. Zu diesem Hause ging ein Mädchen, und als sie die Hände erhob, um die Türe zu öffnen, da leuchteten von ihren Händen Luft und Wasser, und alle Welten strahlten von ihr wider. Und so rächte sich seine Vermessenheit an ihm, sich an diese heilige Stätte zu setzen, daß er harmvoll hinwegging. Und als er heim kam, sprach er nicht, auch mochte er weder schlafen noch trinken, und niemand wagte es, das Wort an ihn zu richten. Da ließ Niörd den Skirnir, Freyrs Diener, zu sich rufen und bat ihn, zu Freyr zu gehen, mit ihm zu reden und zu fragen, warum er so zornig sei, daß er mit niemand reden wolle. Skirnir sagte, er wolle gehen, aber ungern, denn er versehe sich übler Antwort von ihm. Und als er zu Freyr kam, fragte er, warum Freyr so finster sei und mit niemand rede. Da antwortete Freyr und sagte, er habe ein schönes Weib gesehen, und um ihretwillen sei er so harmvoll, daß er nicht länger leben möge, wenn er sie nicht haben solle: „Und nun sollst du fahren und für mich um sie bitten und sie mit dir heimführen, ob ihr Vater wolle oder nicht, und will ich dir das wohl lohnen.“ Da antwortete Skirnir und sagte, er wolle die Botschaft werben, wenn ihm Freyr sein Schwert gebe. Das war ein so gutes Schwert, daß es von selbst focht. Und Freyr ließ es ihm daran nicht mangeln und gab ihm das Schwert. Da fuhr Skirnir und warb um das Mädchen für ihn und erhielt die Verheißung, nach neun (drei) Nächten wolle sie an den Ort kommen, der Barri heißt, und mit Freyr Hochzeit halten. Und als Skirnir dem Freyr sagte, was er ausgerichtet habe, da sang er so:

Lang ist eine Nacht, länger sind zweie,
Wie mag ich dreie dauern?
Oft schien ein Monat mich minder lang
Als eine halbe Nacht des Harrens.

Das ist die Ursache, warum Freyr kein Schwert hatte, als er mit Beli stritt und ihn mit einem Hirschhorn erschlug. Da sprach Gangleri: Es ist sehr zu verwundern, daß ein solcher Häuptling, wie Freyr ist, sein Schwert hingab, ohne ein gleich gutes zu behalten. Ein erschrecklicher Schade war ihm das, als er mit jenem Beli kämpfte, und ich glaube gewiß, daß ihn da seiner Gabe gereute. Da antwortete Har: Es lag wenig daran, als er dem Beli begegnete; denn Freyr hätte ihn mit der Hand töten können; aber es kann geschehen, daß es den Freyr übler dünkt, sein Schwert zu missen, wenn Muspels Söhne zu streiten kommen.

38. Da sprach Gangleri: Du sagtest, daß alle die Männer, die im Kampf gefallen sind von Anbeginn der Welt, zu Odin nach Walhall gekommen seien. Was hat er ihnen zum Unterhalt zu geben? Denn mich dünkt, das muß eine gewaltige Menge sein. Da antwortete Har: Es ist wahr, was du sagst: eine gewaltige Menge ist da, und noch viel mehr müssen ihrer werden; aber doch wird es scheinen, ihrer seien viel zu wenig, wenn der Wolf kommt. Und niemals ist die Volksmenge in Walhall so groß, daß ihr das Fleisch des Ebers nicht genügen möchte, der Sährimnir hieß. Jeglichen Tag wird er gesotten und ist am Abend wieder heil. Doch dünkt mich wahrscheinlich, daß dir wenige auf die Frage, die du jetzt gefragt hast, richtig Bescheid sagen werden. Andhrimnir heißt der Koch und der Kessel Eldrim, wie hier gesagt ist:

Andhrimnir läßt in Eldrim
Sährimnir sieden,
Das beste Fleisch; doch erfahren wenige,
Wieviel der Einherier essen.

Da fragte Gangleri: Genießt Odin von derselben Speise wie die Einherier? Har antwortete: Die Speise, die auf seinem Tische steht, gibt er seinen beiden Wölfen, welche Geri und Freki heißen, und keiner Kost bedarf er; Wein ist ihm Trank und Speise, wie es heißt:

Geri und Freki füttert der krieggewohnte
Herrliche Heervater,
Da nur von Wein der waffenhehre
Odin ewig lebt.

Zwei Raben sitzen auf seinen Schultern und sagen ihm ins Ohr alle Zeitungen, die sie hören und sehen; sie heißen Hugin und Munin. Er sendet sie morgens aus, alle Welten zu umfliegen, und mittags kehren sie zurück, und so wird er manche Zeitungen gewahr. Die Menschen nennen ihn darum Rabengott. Davon wird gesagt:

Hugin und Munin müssen jeden Tag
Über die Erde fliegen.
Ich fürchte, daß Hugin nicht nach Hause kehrt;
Doch sorg' ich mehr um Munin.

39. Da fragte Gangleri: Was haben die Einherier zu trinken, das ihnen so genügen mag als ihre Speise? Oder wird da Wasser getrunken? Da antwortete Har: Wunderlich fragst du nun, als ob Allvater Könige, Jarle und andere herrliche Männer zu sich entbieten würde und gäbe ihnen Wasser zu trinken. Ich weiß gewiß, daß manche nach Walhall kommen, die meinen sollten, einen Trunk Wassers teuer erkauft zu haben, wenn ihnen da nichts Besseres geboten würde, nachdem sie Wunden und tödliche Schmerzen erduldet haben. Aber viel anderes kann ich dir davon berichten. Die Ziege, die Heidrun heißt, steht über Walhall und weidet an den Zweigen des vielberühmten Baumes, der Lärad genannt wird, und von ihrem Euter fließt so viel Met, daß sie täglich ein Gefäß füllt, das so groß ist, daß alle Einherier davon vollauf zu trinken haben. Da sprach Gangleri: Das ist eine gewaltig treffliche Ziege, und ein ausbündig guter Baum muß das sein, an dem sie weidet. Da versetzte Har: Noch merkwürdiger jedoch ist der Hirsch Eikthyrnir, der in Walhall steht und an den Zweigen desselben Baumes nagt; und von seinem Gehörn fallen so viel Tropfen herab, daß sie nach Hwergelmir fließen, und daraus folgende Ströme entspringen: Sid, Wid, Sekin, Ekin, Swöl, Gunnthro, Fiörm, Fimbulthul, Gipul, Göpul, Gömul, Geirwimul; diese umfließen der Asen Gebiet. Aber noch diese werden genannt: Thyn, Win, Thöll, Böll, Grad, Gunnthrain, Nyt, Naut, Nönn, Hrönn, Wina, Wegswin, Thiodnuma.

40. Da sprach Gangleri: Dies sind wunderliche Dinge, die du mir da sagst. Ein furchtbar großes Haus muß Walhall sein, und ein großes Gedränge mag da oft an den Türen entstehen. Da versetzte

Har: Warum fragst du nicht, wieviele Türen an Walhall seien und von welcher Größe? Wenn du das sagen hörst, wirst du gestehen, daß es wunderlich wäre, wenn nicht ein jeder aus- und eingehen könnte, wie er wollte. Auch das mag mit Wahrheit gesagt werden, daß es nicht schwerer ist, Platz darin zu finden, als hineinzukommen. Hier magst du hören, wie es in Grimnismal heißt:

Fünfhundert Türen und viermal zehn
Weiß ich in Walhall.
Achthundert Einherier gehen aus je einer,
Wenn es den Wolf zu wehren gilt.

41. Da sprach Gangleri: Eine gewaltige Menge ist in Walhall, und ich muß wohl glauben, daß Odin ein gewaltiger Häuptling ist, wenn er so großem Heere gebietet. Aber was ist der Einherier Kurzweil, wenn sie nicht zechen? Har antwortete: Jeden Morgen, wenn sie angekleidet sind, wappnen sie sich und gehen in den Hof und kämpfen und fällen einander. Das ist ihr Zeitvertreib. Und wenn es Zeit ist zum Mittagsmahl, reiten sie heim gen Walhall und setzen sich an den Trinktisch, wie hier gesagt ist:

Die Einherier alle in Odins Saal
Streiten Tag für Tag;
Sie wählen den Wal und reiten vom Kampf heim
Mit Asen Äl zu trinken;
Dann sitzen sie friedlich beisammen.

Aber wahr ist, was du sagtest, Odin ist ein großer Häuptling: dafür gibt es Beweise genug. So heißt es hier mit der Asen eigenen Worten:

Die Esche Yggdrasil ist der Bäume erster,
Skidbladnir der Schiffe,
Odin der Asen, aller Rosse Sleipnir,
Bifröst der Brücken, der Skalden Bragi,
Habrok der Habichte, der Hunde Garm.

42. Da fragte Gangleri: Wem gehört das Roß Sleipnir? Oder was ist von ihm zu sagen? Har antwortete: Nicht magst du von Sleipnir

Kunde haben, wenn du nicht weißt, bei welcher Veranlassung er erzeugt wurde, und das wird dich wohl der Erzählung wert dünken. Es geschah früh bei der ersten Niederlassung der Götter, als sie Midgard erschaffen und Walhall gebaut hatten, daß ein Baumeister kam und sich erbot, eine Burg zu bauen in drei Halbjahren, die den Göttern zum Schutz und Schirm wäre wider Bergriesen und Hrimthursen; wenn sie gleich über Midgard eindrängen. Aber er bedingte sich das zum Lohn, daß er Freyja haben sollte und dazu Sonne und Mond. Da traten die Asen zusammen und rieten Rat und gingen den Kauf ein mit dem Baumeister, daß er haben sollte, was er anspräche, wenn er in einem Winter die Burg fertig brächte; wenn aber am ersten Sommertag noch irgend ein Ding an der Burg unvollendet wäre, so sollte er des Lohnes entraten; auch dürfte er von niemandem bei dem Werke Hilfe empfangen. Als sie ihm diese Bedingung sagten, da verlangte er von ihnen, daß sie ihm erlauben sollten, sich der Hilfe seines Pferdes Swadilfari zu bedienen, und Loki riet dazu, daß ihm dies zugesagt wurde. Da griff er am ersten Wintertag dazu, die Burg zu bauen und führte in der Nacht die Steine mit dem Pferde herbei. Die Asen dünkte es groß Wunder, wie gewaltige Felsen das Pferd herbeizog; und noch halbmal so viel Arbeit verrichtete das Pferd als der Baumeister. Der Kauf aber war mit vielen Zeugen und starken Eiden bekräftigt worden; denn ohne solchen Frieden hätten sich die Jötune bei den Asen nicht sicher geglaubt, wenn Thor heimkäme, der damals nach Osten gezogen war, Unholde zu schlagen. Als der Winter zu Ende ging, ward der Bau der Burg sehr beschleunigt, und schon war sie hoch und stark, daß ihr kein Angriff mehr schaden konnte. Und als noch drei Tage blieben bis zum Sommer, war es schon bis zum Burgtor gekommen. Da setzten sich die Götter auf ihre Richterstühle und hielten Rat, und einer fragte den andern, wer dazu geraten hätte, Freyja nach Jötunheim zu vergeben und Luft und Himmel so zu verderben, daß Sonne und Mond hinweggenommen und den Jötunen gegeben werden sollten. Da kamen sie alle überein, daß der dazu geraten haben werde, der zu allem Übel rate: Loki, Laufeyjas Sohn, und sagten, er sollte eines übeln Todes sein, wenn er nicht Rat fände, den Baumeister um seinen Lohn zu bringen. Und als sie dem Loki zusetzten, ward er bange vor ihnen und schwur Eide, er wolle es so einrichten, daß der Baumeister um seinen Lohn käme, was es ihn auch kosten möchte. Und denselben Abend, als der Baumeister nach Steinen ausfuhr mit seinem Hengste Swadilfari, da lief eine Stute aus dem Walde dem Hengste entgegen und wieherte ihm zu. Und als der Hengst merkte, was Rosses das war, da ward er wild, zerriß die Stricke und lief der Mähre nach, und die Mähre voran zum Walde und der Baumeister dem Hengste nach, ihn zu fangen. Und diese Rosse liefen die ganze Nacht umher, und ward diese Nacht das Werk versäumt, und am Tage darauf ward dann nicht gearbeitet, wie sonst geschehen war. Und als der Meister sah, daß das Werk nicht zu Ende kommen möge, da geriet er in Riesenzorn. Die Asen aber, die nun für gewiß erkannten, daß es ein Bergriese war, der zu ihnen gekommen, achteten ihre Eide nicht mehr und riefen zu Thor, und im Augenblick kam er und hob auch gleich seinen Hammer Miöllnir und bezahlte mit ihm den Baulohn, nicht mit Sonne und Mond; vielmehr verwehrte er ihm das Bauen auch in Jötunheim, denn mit dem ersten Streich zerschmetterte er ihm den Hirnschädel in kleine Stücke und sandte ihn hinab gen Niflhel. Loki selbst war als Stute dem Swadilfari begegnet, und einige Zeit nachher gebar er ein Füllen, das war grau und hatte acht Füße, und dies ist der Pferde bestes bei Göttern und Menschen. So heißt es in der Völuspa:

Da gingen die Berater zu den Richterstühlen,
Hochheilge Götter, hielten Rat,
Wer mit Frevel hätte die Luft erfüllt
Oder dem Riesenvolk Odhurs Braut gegeben.
Da schwanden die Eide, Wort und Schwüre,
Alle festen Verträge jüngst trefflich erdacht.
Das schuf von Zorn bezwungen Thor;
Er säumt selten, wenn er solches vernimmt.

43. Da fragte Gangleri: Was ist von Skidbladnir zu berichten, welches das beste der Schiffe sein soll? Gibt es weder ein ebenso gutes Schiff als dieses, noch ein ebenso großes? Har antwortete: Skidbladnir ist das beste Schiff und das künstlichste; aber Naglfari, das Muspel besitzt, ist das größte. Gewisse Zwerge, Iwaldis Söhne, schufen Skidbladnir und gaben das Schiff dem Freyr: es ist so groß, daß alle Asen mit ihrem Gewaffen und Heergeräte an Bord sein können, und sobald die Segel aufgezogen sind, hat es

Fahrwind, wohin es auch steuert. Und will man es nicht gebrauchen, die See damit zu bewahren, so ist es aus so vielen Stücken und mit so großer Kunst, daß man es wie ein Tuch zusammenfalten und in seiner Tasche tragen kann.

44. Da sprach Gangleri: Ein gutes Schiff ist Skidbladnir, und gar große Zauberei mag dazu gehört haben, es so kunstreich zu schaffen. Aber ist es dem Thor auf seinen Fahrten nie begegnet, daß er so Starkes und Mächtiges fand, das ihm an Kraft und Zauberkunst überlegen war? Har antwortete: Wenige, glaube ich, wissen davon zu sagen, und große Gefahren hat er doch bestanden; aber wenn es sich je begab, daß etwas so stark oder mächtig war, daß es Thor nicht besiegen konnte, so ist es besser, nicht davon zu reden, denn es gibt viele Beispiele dafür und Gründe genug zu glauben, daß Thor der Mächtigste sei. Da sprach Gangleri: So scheint es ja, als hätt' ich euch nach einem Dinge gefragt, worauf niemand antworten könne. Da sprach Jafnhar: Wir haben von Begebenheiten sagen hören, deren Wahrheit uns kaum glaublich dünkt; aber hier sitzt der in der Nähe, welcher getreuen Bericht davon geben mag, und du darfst glauben, daß er jetzt nicht zum erstenmal lügen wird, der nie zuvor gelogen hat. Da sprach Gangleri: Hier will ich stehen und hören, ob ich von diesen Geschichten Bescheid erhalte; denn im andern Fall erkläre ich euch für überwunden, wenn ihr keine Antwort wißt auf meine Frage. Da sprach Thridi: Offenbar ist es nun, daß er diese Geschichten wissen will, obwohl uns bedünkt, es sei nicht gut, davon zu sprechen. Du hast also zu schweigen. Der Anfang dieser Erzählung ist nun, daß Thor ausfuhr mit seinem Wagen und seinen Böcken und mit ihm der Ase, der Loki heißt. Da kamen sie am Abend zu einem Bauern und fanden da Herberge. Zur Nacht nahm Thor seine Böcke und schlachtete sie; darauf wurden sie abgezogen und in den Kessel getragen. Und als sie gesotten waren, setzte sich Thor mit seinem Gefährten zum Nachtmahl. Thor bat auch den Bauern, seine Frau und beide Kinder, mit ihm zu speisen. Des Bauern Sohn hieß Thialfi und die Tochter Röskwa. Da legte Thor die Bocksfelle neben den Herd und sagte, der Bauer und seine Hausleute möchten die Knochen auf die Felle werfen. Thialfi, des Bauern Sohn, hatte das Schenkelbein des einen Bocks, das schlug er mit seinem Messer entzwei,

um zum Mark zu kommen. Thor blieb die Nacht da, und am Morgen stand er auf vor Tag, kleidete sich, nahm den Hammer Miöllnir und erhob ihn, die Bocksfelle zu weihen. Da standen die Böcke auf; aber dem einen lahmte das Hinterbein. Thor befand es und sagte, der Bauer oder seine Hausgenossen müßten unvorsichtig mit den Knochen des Bocks umgegangen sein, denn er sehe, das eine Schenkelbein wäre zerbrochen. Es braucht nicht weitläufig erzählt zu werden, da es ein jeder begreifen kann, wie der Bauer erschrecken mochte, als er sah, daß da Thor die Brauen über die Augen sinken ließ, und wie wenig er auch von den Augen noch sah, so meinte er doch vor der Schärfe des Blicks zu Boden zu fallen. Thor faßte den Hammerschaft so hart mit den Fingern an, daß die Knöchel davon weiß wurden. Der Bauer gebärdete sich, wie man denken mag, so, daß alle seine Hausgenossen entsetzlich schrien und alles, was sie hatten, zum Ersatze boten. Als Thor ihren Schrecken sah, ließ er von seinem Zorn, beruhigte sich und nahm ihre Kinder Thialfi und Röskwa zum Vergleich an: die wurden nun Thors Dienstleute und folgten ihm seitdem überall.

45. Er ließ seine Böcke dort zurück und setzte seine Reise ostwärts nach Jötunheim fort bis an das Meer, fuhr dann über die tiefe See, und als er die Küste erreichte, stieg er ans Land und mit ihm Loki, Thialfi und Röskwa. Da sie eine Weile fortgegangen waren, kamen sie an einen großen Wald, durch den gingen sie den ganzen Tag, bis es dunkel ward. Thialfi, aller Männer fußrüstigster, trug Thors Tasche; aber Speisevorrat war nicht leicht zu erlangen. Als es dunkel geworden war, suchten sie ein Nachtlager und fanden eine ziemlich geräumige Hütte. An einem Ende war der Eingang so breit wie die Hütte selbst: die wählten sie zum Nachtaufenthalt. Aber um Mitternacht entstand ein starkes Erdbeben, der Boden zitterte unter ihnen, und die Hütte schwankte. Da stand Thor auf und rief seinen Gefährten; sie suchten weiter und fanden in der Mitte der Hütte zur rechten Hand einen Anbau: da gingen sie hinein. Thor setzte sich in die Türe; die andern hielten sich innerhalb hinter ihm und waren sehr bange. Thor hielt den Hammerschaft in der Hand und gedachte, sich zu wehren. Da hörten sie groß Geräusch und Getöse. Und als der Tag anbrach, ging Thor hinaus und sah da einen Mann nicht weit von ihm im Walde liegen, der war nicht klein; er schlief und schnarchte

gewaltig. Da glaubte Thor zu verstehen, welchen Lärm er in der Nacht gehört hatte, und umspannte sich mit den Stärkegürteln. Da wuchs ihm die Asenstärke. Indem erwachte der Mann und stand hastig auf. Und da wird gesagt, daß Thor dies eine Mal nicht gewagt habe, mit dem Hammer nach ihm zu schlagen. Er fragte ihn aber nach seinem Namen, und er nannte sich Skrymir. Und nicht brauche ich, sagte er, dich um deinen Namen zu fragen: ich weiß, daß du Asathor bist. Aber wohin hast du meinen Handschuh geschleppt? Da streckte Skrymir den Arm aus und hob seinen Handschuh auf. Nun sah Thor, daß er den in der Nacht zur Herberge gehabt, und der Anbau war der Däumling des Handschuhs gewesen. Skrymir fragte, ob ihn Thor zum Reisegefährten haben wolle, und Thor bejahte es. Da fing Skrymir an, seinen Speisesack zu lösen und gab sich dran, sein Frühstück zu verzehren, und Thor seinerseits tat mit seinen Gefährten ein Gleiches. Skrymir schlug vor, ihren Speisevorrat zusammenzulegen, und Thor willigte ein. Da knüpfte Skrymir all ihr Essen in einen Bündel und legte ihn auf seinen Rücken. Er ging den Tag über voran und stieg große Schritte: am Abend aber suchte er ihnen Nachtherberge unter einer mächtigen Eiche. Da sprach Skrymir zu Thor, er wolle sich schlafen legen: nehmt ihr den Speisebündel und bereitet euch ein Nachtmahl. Darauf schlief Skrymir ein und schnarchte mächtig, und Thor nahm den Speisebündel und wollte ihn öffnen, und das ist zu berichten, wie unglaublich es dünken möge, daß er keinen Knoten losbrachte: auch nicht einer der zusammengeknüpten Riemen ward loser. Und als er sah, daß seine Arbeit nicht fruchtete, ward er zornig, faßte seinen Hammer Miöllnir in beide Hände, schritt mit einem Fuß dahin vor, wo Skrymir lag, und schlug ihn auf das Haupt. Und Skrymir erwachte und fragte, ob ihm ein Blatt von dem Baum auf den Kopf gefallen sei. Auch fragte er, ob sie jetzt gegessen hätten und bereit wären, sich zur Ruhe zu begeben. Thor antwortete, sie wollten eben schlafen gehen. Sie gingen unter eine andere Eiche, wagten es aber, die Wahrheit zu sagen, nicht zu schlafen. Aber um Mitternacht hörte Thor den Skrymir im Schlafe so laut schnarchen, daß der Wald widerhallte. Da stand er auf und ging zu ihm, schwang den Hammer hastig und heftig und schlug ihn mitten auf den Wirbel, so daß er merkte, wie das Hammerende ihm tief ins Haupt sank. In dem Augenblick erwachte Skrymir und fragte: Was ist mir? Ist mir eine Eichel auf den Kopf gefallen? Oder was ist mit dir, Thor? Thor trat eilends zurück und antwortete, er sei eben aufgewacht, und fügte hinzu, es sei Mitternacht und also noch Zeit zu schlafen. Da gedachte Thor, wenn er es zuwege brächte, ihm den dritten Schlag zu schlagen, so sollte er ihn niemals wiedersehen. Er legte sich und wartete, bis Skrymir fest eingeschlafen wäre. Und kurz vor Tag hörte er, daß Skrymir eingeschlafen sein müsse. Da stand er auf und ging zu ihm und schwang den Hammer mit aller Kraft und traf ihn auf die Schläfe, welche nach oben gekehrt war, und der Hammer drang ein bis auf den Schaft. Da richtete Skrymir sich auf, strich sich die Wange und sprach: Sitzen Vögel über mir auf dem Baume? Es kam mir vor, da ich erwachte, als fiele mir von den Ästen irgend ein Abfall auf den Kopf. Wachst du, Thor? Es wird Zeit sein, aufzustehen und sich anzukleiden, obwohl ihr nun nicht mehr weit habt zu der Burg, die Utgard heißt. Ich hörte, wie ihr untereinander sprachet, daß ich kein kleiner Mann sei von Wuchs; aber dort sollt ihr größere Männer sehen, wenn ihr nach Utgard kommt. Nun will ich euch heilsamen Rat geben: überhebt euch da nicht zu sehr, denn nicht werden Utgardlokis Hofmänner von solchen Burschen stolze Worte dulden; in anderm Fall wendet lieber um: der Entschluß wird euch besser bekommen. Wollt ihr aber doch eure Reise fortsetzen, so haltet euch ostwärts; mein Weg geht nun nordwärts nach diesen Bergen, die ihr jetzt werdet sehen können. Da nahm Skrymir den Speisebündel und warf ihn auf den Rücken und wandte sich quer hinweg von ihnen in den Wald, und nicht ist gemeldet, daß die Asen gewünscht hätten, ihn gesund wiederzusehen.

46. Thor fuhr nun weiter mit seinen Gefährten und ging fort bis Mittag: da sah er auf einem Felde eine Burg stehen, und mußte den Nacken zurückbiegen, um über sie hinwegzusehen. Sie gingen hinzu, da war an dem Burgtor ein verschlossenes Gitter. Thor ging an das Gitter und konnte es nicht öffnen, und damit sie in die Burg gelangen mochten, schmiegten sie sich zwischen den Stäben hindurch und kamen so hinein. Da sahen sie eine große Halle und gingen hinzu. Die Türe war offen, sie gingen hinein und sahen da viele Männer auf zwei Bänken, die meisten sehr groß. Darnach kamen sie vor den König Utgardloki und grüßten ihn. Er aber sah säumig nach ihnen, bleckte die Zähne und sprach

lächelnd: Selten hört man von langer Reise Wahres berichten; aber verhält es sich anders denn ich denke: daß dieser kleine Bursch da Oekuthor sei? Du magst aber wohl mehr sein, als du scheinst. Aber welche Fertigkeiten sind es, deren ihr Gesellen euch dünkt kundig zu sein? Niemand darf hier unter uns sein, der sich nicht durch irgendeine Kunst oder Geschicklichkeit vor andern auszeichnete. Da sprach Loki, welcher der hinterste war: Eine Kunst versteh ich, die ich bereit bin, zu zeigen: Keiner soll hier innen sein, der seine Speise hurtiger aufessen möge als ich. Da versetzte Utgardloki: Das ist wohl eine Kunst, wenn du sie verstehst, und das wollen wir nun versuchen. Da rief er nach den Bänken hin, daß einer, Loki geheißen, auf den Estrich vortrete, sich gegen Loki zu versuchen. Da ward ein Trog genommen und auf den Boden der Halle gesetzt und mit Fleisch gefüllt: Loki setzte sich an das eine Ende und Loki an das andere, und aß jedweder aufs hurtigste, bis sie sich in der Mitte des Trogs begegneten. Da hatte Loki das Fleisch von den Knochen abgegessen, aber Loki hatte alles Fleisch mitsamt den Knochen verzehrt und den Trog dazu. Allen schien es nun, daß Loki das Spiel verloren habe. Da fragte Utgardloki, auf welche Kunst jener junge Mann sich verstände. Da sagte Thialfi, er wolle versuchen, mit einem jeden um die Wette zu laufen, den Utgardloki dazu ausersehe. Utgardloki sagte, das sei eine gute Kunst; er müsse aber sehr geübt zu sein glauben in der Hurtigkeit, wenn er in dieser Kunst zu siegen hoffe, und der Versuch sollte nun sogleich vor sich gehen. Da stand Utgardloki auf und ging hinaus, und war eine gute Rennbahn auf ebenem Felde. Utgardloki rief nun einen jungen Burschen herbei, der sich Hugi nannte, und gebot ihm, mit Thialfi um die Wette zu laufen. Da begannen sie den ersten Lauf und war Hugi so weit voraus, daß er am Ende der Bahn sich umwandte, dem Thialfi entgegen. Da sagte Utgardloki: Du mußt dich besser ausstrecken, Thialfi, wenn du das Spiel gewinnen willst; aber doch ist es wahr, daß noch keiner hieher gekommen ist, der mich fußfertiger dünkte. Sie begannen nun den zweiten Lauf, und als Hugi ans Ende der Bahn kam und sich umwandte, war Thialfi noch einen guten Pfeilschuß zurück. Da sagte Utgardloki: Das dünkt mich gut gelaufen; aber ich glaube nun kaum mehr, daß er das Spiel gewinnen wird; das wird sich nun zeigen, wenn sie den dritten Lauf rennen. Da nahmen sie nochmals ein Ziel, und als Hugi ans Ende der Bahn gekommen war und sich umkehrte, war Thialfi noch nicht in die Mitte der Bahn gekommen. Da sagten alle, sie hätten sich in diesem Spiele nun genug versucht. Da fragte Utgardloki den Thor, welche Kunst das sei, worin er sich vor ihnen hervortun wolle, nachdem die Leute von seinen Großtaten so viel Rühmens gemacht hätten. Da antwortete Thor, am liebsten wolle er sich im Trinken messen, mit wem es auch sei. Utgardloki sagte, das möge wohl geschehen. Er ging in die Halle, rief seinen Schenken und befahl ihm, das Horn zu bringen, woraus seine Hofleute zu trinken pflegen. Bald darauf kam der Mundschenk mit dem Horn und gab es dem Thor in die Hand. Da sprach Utgardloki: Aus diesem Horn scheint uns wohl getrunken, wenn es auf einen Trunk leer wird; einige trinken es auf den zweiten aus, aber keiner ist ein so schlechter Trinker, der es nicht in dreien leerte. Thor sah sich das Horn an: es schien ihm nicht zu groß, obwohl ziemlich lang; er war aber auch sehr durstig. Er fing an zu trinken und schlang gewaltig und glaubte nicht nötig zu haben, öfter abzusetzen und ins Horn zu sehen. Als ihm aber der Atem ausging, setzte er das Horn ab und sah zu, wie viel Trank noch übrig sei. Da schien es ihm ein sehr kleiner Betrag, um den das Horn jetzt leerer sei denn zuvor. Da sprach Utgardloki: Es ist wohl getrunken; aber doch nicht gar viel: ich hätte es nicht geglaubt, wenn mir gesagt worden wäre, daß Asathor nicht besser trinken könne. Ich weiß aber, du wirst es beim zweiten Zug austrinken. Thor antwortete nichts, sondern setzte das Horn an den Mund und dachte nun einen großen Trank zu tun, und bemühte sich zu trinken, so lang ihm der Atem vorhielt, sah aber doch, daß das Ende des Horns nicht so hoch hinauf wollte, als er gewünscht hätte, und als er das Horn vom Munde nahm, schien es ihm, als wenn nun noch weniger abgegangen wär als das erste Mal; doch konnte man das Horn nun tragen, ohne zu verschütten. Da sprach Utgardloki: Wie nun, Thor? Willst du dich immer sparen, einen Trunk mehr zu tun als dir gut ist? Nun scheint mir, wenn du mit dem dritten Trunk das Horn leeren willst, so muß dieser Zug der größte sein. Du wirst aber hier bei uns kein so großer Mann heißen können, als wofür du bei den Asen giltst, wenn du in andern Spielen nicht mehr leistest, als du mir in diesem zu vermögen scheinst. Da ward Thor zornig, setzte das Horn an den Mund und trank aus allen Kräften und so lang er trinken mochte, und als er ins Horn sah, war doch nur mehr als zuvor ein Abgang bemerklich. Da gab er das Horn zurück und wollte nicht mehr trinken. Da sprach Utgardloki: Es ist nun offenbar, daß deine Macht nicht so groß ist, als wir dachten. Denn man sieht nun, daß du hierin nichts vermagst. Thor antwortete: Ich will mich noch in andern Spielen versuchen; aber wunderlich würd es mich dünken, wenn ich daheim bei den Asen wäre, und solche Trünke würden für klein geachtet. Doch welches Spiel wollt ihr mir nun anbieten? Da sprach Utgardloki: Junge Burschen pflegen hier, was wenig zu bedeuten scheint, meine Katze dort von der Erde aufzuheben, und nicht würd ich gedenken, solches dem Asathor anzumuten, wenn ich nicht zuvor gesehen hätte, daß du viel weniger vermagst, als ich dachte. Alsbald lief eine graue, ziemlich große Katze über den Estrich der Halle, Thor ging hinzu, faßte sie mit der Hand mitten unterm Bauche und lupfte an ihr, und die Katze krümmte den Rücken, indem Thor an ihr hob, und als Thor sie so hoch emporzog, als er immer vermochte, ließ die Katze mit dem einen Fuß von der Erde: weiter brachte es Thor nicht in diesem Spiel. Da sprach Utgardloki: Es ging mit diesem Spiel, wie ich erwartete: die Katze ist ziemlich groß und Thor klein und kurz neben den großen Männern, die hier bei uns sind. Da sprach Thor: So klein ihr mich nennt, so komme nun her, wer da wolle und ringe mit mir: nun bin ich zornig. Da antwortete Utgardloki, indem er nach den Bänken sah, und sprach: Mitnichten sehe ich den Mann hier innen, den es nicht ein Kinderspiel dünken würde, mit dir zu ringen. Aber laßt sehen, fuhr er fort, die alte Frau ruft mir herbei, meine Amme Elli: mit der mag Thor ringen, wenn er will. Sie hat schon Männer niedergeworfen, die mir nicht schwächer schienen, als Thor ist. Alsbald kam eine alte Frau in die Halle: zu der sprach Utgardloki, sie solle sich mit Asathor messen. Wir wollen den Bericht nicht längen; der Kampf lief so ab: je stärker sich Thor anstrengte, je fester stand sie. Nun fing die Frau an, ihm ein Bein zu stellen, Thor ward mit einem Fuße los und ein harter Kampf folgte; aber nicht lange währte es, so war Thor auf ein Knie gefallen. Da ging Utgardloki hinzu und gebot ihnen, den Kampf einzustellen. Er fügte hinzu: Thor habe nun nicht nötig, noch andere an seinem Hof zum Kampf zu fordern. Es war auch bald Nacht. Da wies Utgardloki den Thor und seine Gefährten zu den Sitzen, und brachten sie da die Nacht bei guter Aufnahme zu.

47. Am Morgen darauf, als es Tag wurde, stand Thor auf mit seinen Gefährten, sie kleideten sich und waren bereit, fortzuziehen. Da kam Utgardloki und ließ ihnen einen Tisch vorsetzen; es fehlte nicht an guter Bewirtung, Speis und Trank. Und als sie gegessen hatten, beeilten sie ihre Fahrt. Utgardloki begleitete sie hinaus bis vor die Burg, und beim Abschied sprach er zu Thor und fragte, wie er mit seiner Reise zufrieden sei und ob er einen Mächtigern, denn er selber sei, getroffen habe. Thor antwortete, er könne nicht sagen, daß die Begegnung mit ihnen nicht sehr zu seiner Unehre gereicht habe, „aber wohl weiß ich, daß ihr mich für einen gar unbedeutenden Mann halten werdet, womit ich übel zufrieden bin." Da sprach Utgardloki: Nun will ich dir die Wahrheit sagen, da du wieder aus der Burg gekommen bist, in die du, so lang ich lebe und zu befehlen habe, nicht noch öfter kommen sollst. Und ich weiß auch wahrlich, daß du niemals hinein gekommen wärest, wenn ich vorher gewußt hätte, daß du so große Kraft besäßest, womit du uns beinahe in großes Unglück gebracht hättest. Aber ich habe dir ein Blendwerk vorgemacht; denn das erstemal, als ich dich im Walde fand, war ich es, der mit euch zusammentraf, und als du den Speisebündel lösen solltest, da hatte ich ihn mit Eisenbändern zugeschnürt, und du fandest nicht, wo du ihn öffnen solltest. Und danach schlugst du mir mit dem Hammer drei Schläge, und war der erste der geringste und war doch so stark, daß er mein Tod geworden wäre, wenn er getroffen hätte. Aber du sahst bei meiner Halle einen Felsstock und sahst oben darin drei viereckte Täler, und eines war das tiefste: das waren die Spuren deiner Hammerschläge. Den Felsstock hielt ich vor deine Hiebe; aber du sahst es nicht. So war es auch mit den Spielen, worin ihr euch mit meinen Hofleuten maßet. Das erste war das, worin sich Loki versuchte: er war sehr hungrig und aß stark; aber der, welcher Loki hieß, war das Wildfeuer und verbrannte das Fleisch und den Trog zugleich. Und als Thialfi mit dem um die Wette lief, der Hugi hieß, das war mein Gedanke und nicht war's zu erwarten, daß Thialfi es mit dessen Geschwindigkeit aufnehmen könne. Und als du aus dem Horne trankst und es dir langsam abzunehmen schien, da geschah fürwahr ein Wunder, das ich nicht für möglich gehalten hätte: das

andere Ende des Hornes lag außen im Meere, das sahst du nicht; wenn du aber jetzt zum Meere kommst, so wirst du sehen können, welche große Abnahme du hinein getrunken hast: das nennt man nun Ebbe. Ferner sprach er: Das dünkte mich nicht weniger wert, als du die Katze lupftest, und dir die Wahrheit zu sagen, da erschraken alle, die es sahen, als du ihr einen Fuß von der Erde hobst, denn die Katze war nicht, was sie dir schien: es war die Midgardschlange, die um alle Lande liegt, und kaum war sie noch lang genug, daß Schweif und Haupt die Erde berührten, denn so hoch strecktest du den Arm auf, daß nicht weit zum Himmel war. Ein großes Wunder war es auch um den Ringkampf, den du mit Elli rangst, indem keiner jemals ward noch werden wird, den nicht, wenn er so alt wird, daß Elli ihn erreicht, das Alter zu Fall brächte. Nun aber ist das die Wahrheit, daß wir scheiden sollen, und wird es uns beiderseits besser sein, wenn ihr nicht öfter kommt, mich zu besuchen; ich werde aber auch ein andermal meine Burg mit solchen und andern Täuschungen schirmen, daß ihr keine Gewalt über mich erlangt. Und als Thor diese Rede hörte, griff er nach seinem Hammer und hob ihn in die Luft; als er aber zuschlagen wollte, sah er Utgardloki nirgend mehr. Er wandte sich zurück nach der Burg und gedachte, sie zu brechen: da sah er weite und schöne Felder vor sich, aber keine Burg. Da kehrte er um und zog seines Weges, bis er wieder nach Thrudwang kam. Und das ist die Wahrheit, daß er sich vorsetzte, zu versuchen, ob er mit der Midgardschlange nicht zusammentreffen möchte, was seitdem geschah. Nun glaube ich, daß dir niemand Genaueres von dieser Fahrt Thors sagen könne.

48. Da sprach Gangleri: Ein gewaltiger Mann muß Utgardloki sein, und viel mit Täuschung und Zauberei vermögen, und seine Gewalt scheint um so größer, als er Hofleute hat, die große Macht besitzen. Aber hat dies Thor auch gerächt? Har antwortete: Es ist nicht unbekannt, selbst den Ungelehrten, wie Thor für die Reise, die nun erzählt ward, Ersatz nahm. Er weilte nicht lange daheim, sondern griff so hastig zu dieser Fahrt, daß er weder Wagen noch Reisegesellschaft mitnahm. Er ging aus über Midgard als ein junger Gesell, und kam eines Abends zu einem Riesen, der Ymir hieß. Da blieb Thor und nahm Herberge. Aber als es tagte, stand Ymir auf und machte sich fertig, auf die See zu rudern zum Fischfang. Thor

stand auch auf und war gleich bereit und bat, daß Ymir ihn mit sich auf die See rudern ließe. Ymir sagte, er könne nur wenig Hilfe von ihm haben, da er so klein und jung sei, „und es wird dich frieren, wenn ich so weit hinausfahre und so lange außen bleibe, wie ich gewohnt bin.“ Aber Thor sagte: er dürfe um deswillen nur immer recht weit hinausfahren, da es noch ungewiß sei, wer von ihnen beiden zuerst auf die Rückkehr dringen werde; und zürnte Thor dem Riesen so, daß wenig fehlte, er hätte ihn seinen Hammer fühlen lassen. Doch unterließ er es, weil er seine Kraft anderwärts zu versuchen gedachte. Er fragte Ymirn, was sie zum Köder nehmen wollten, und Ymir sagte, er solle sich selber einen Köder verschaffen. Da ging Thor dahin, wo er eine Herde Ochsen sah, die Ymir gehörte, und nahm den größten Ochsen, der Himinbriotr (Himmelsbrecher) hieß, riß ihm das Haupt ab und nahm das mit an die See. Ymir hatte das Boot unterdes ins Wasser geflößt. Thor ging an Bord, setzte sich hinten ins Schiff, nahm zwei Ruder und ruderte so, daß Ymir gedachte, von seinem Rudern habe er gute Fahrt. Ymir ruderte vorn, so daß sie schnell fuhren. Da sagte Ymir, sie wären nun an die Stelle gekommen, wo er gewohnt sei, zu halten und Fische zu fangen. Aber Thor sagte, er wolle noch viel weiter rudern: sie fuhren also noch lustig weiter. Da sagte Ymir, sie wären nun so weit hinausgekommen, daß es gefährlich wäre, in größerer Ferne zu halten wegen der Midgardschlange. Aber Thor sagte, er werde noch eine Weile rudern, und so tat er, womit Ymir übel zufrieden war. Endlich zog Thor die Ruder ein, und rüstete eine sehr starke Angelschnur zu, und der Haken daran war nicht kleiner oder schwächer. Thor steckte den Ochsenkopf an die Angel, warf sie von Bord, und die Angel fuhr zu Grunde. Da mag man nun fürwahr sagen, daß Thor die Midgardschlange nicht minder zum Besten hatte, als Utgardloki seiner spottete, da er die Schlange mit seiner Hand heben sollte. Die Midgardschlange schnappte nach dem Ochsenkopf, und die Angel haftete dem Wurm im Gaumen. Als die Schlange das merkte, zuckte sie so stark, daß Thor mit beiden Fäusten auf den Schiffsrand geworfen ward. Da ward Thor zornig, fuhr in seine Asenstärke und sperrte sich so mächtig, daß er mit beiden Füßen das Schiff durchstieß und sich gegen den Grund des Meeres stemmte: also zog er die Schlange herauf an Bord. Und das mag man sagen, daß niemand einen schrecklichen Anblick gesehen hat, der nicht sah, wie jetzt Thor die Augen wider die

Schlange schärfte und die Schlange von unten ihm entgegen stierte und Gift blies. Da wird gesagt, daß der Riese die Farbe wechselte und vor Schrecken erbleichte, als er die Schlange sah, und wie die See im Boot aus- und einströmte. Aber in dem Augenblick, da Thor den Hammer ergriff und in der Luft erschwang, stürzte der Riese hinzu mit seinem Messer und zerschnitt Thors Angelschnur, und die Schlange versank in die See, und Thor warf den Hammer nach ihr, und die Leute sagen, er habe ihr im Meeresgrund das Haupt abgeschlagen; doch mich dünkt, die Wahrheit ist, daß die Midgardschlange noch lebt und in der See liegt. Aber Thor schwang die Faust und traf den Riesen so ans Ohr, daß er über Bord stürzte und seine Fußsohlen sehen ließ. Da watete Thor ans Land.

49. Da fragte Gangleri: Haben sich noch andere Abenteuer mit den Asen ereignet? Eine gewaltige Heldentat hat Thor auf dieser Fahrt verrichtet. Har antwortete: Es mag noch von Abenteuern berichtet werden, die den Asen bedeutender scheinen. Und das ist der Anfang dieser Sage, daß Baldur, der gute, schwere Träume träumte, die seinem Leben Gefahr dräuten. Und als er den Asen seine Träume sagte, pflogen sie Rat zusammen und beschlossen, dem Baldur Sicherheit vor allen Gefahren auszuwirken. Da nahm Frigg Eide von Feuer und Wasser, Eisen und allen Erzen, Steinen und Erden, von Bäumen, Krankheiten und Giften, dazu von allen vierfüßigen Tieren, Vögeln und Würmern, daß sie Baldurs schonen wollten. Als das geschehen und allen bekannt war, da kurzweilten die Asen mit Baldurn, daß er sich mitten in den Kreis stellte, und einige nach ihm schossen, andere nach ihm hieben und noch andere mit Steinen warfen. Und was sie auch taten, es schadete ihm nicht; das dünkte sie alle ein großer Vorteil. Aber als Loki, Laufeyjas Sohn, das sah, da gefiel es ihm übel, daß den Baldur nichts verletzen sollte. Da ging er zu Frigg nach Fensal in Gestalt eines alten Weibes. Da fragte Frigg die Frau, ob sie wüßte, was die Asen in ihrer Versammlung vornähmen. Die Frau antwortete: sie schössen alle nach Baldur; ihm aber schadete nichts. Da sprach Frigg: Weder Waffen noch Bäume mögen Baldurn schaden: ich habe von allen Eide genommen. Da fragte das Weib: Haben alle Dinge Eide geschworen, Baldurs zu schonen? Frigg antwortete: Östlich von Walhall wächst eine Staude, Mistiltein genannt, die schien mir zu jung, sie in Eid zu nehmen. Darauf

ging die Frau fort; Loki nahm den Mistiltein, riß ihn aus und ging zur Versammlung. Hödur stand zu äußerst im Kreise der Männer; denn er war blind. Da sprach Loki zu ihm: Warum schießest du nicht nach Baldur? Er antwortete: Weil ich nicht sehe, wo Baldur steht; zum andern hab ich auch keine Waffe. Da sprach Loki: Tu doch wie andere Männer und biet Baldurn Ehre, wie alle tun. Ich will dich dahin weisen, wo er steht: so schieß nach ihm mit diesem Reis. Hödur nahm den Mistelzweig und schoß nach Baldur nach Lokis Anweisung. Der Schuß flog und durchbohrte ihn, daß er tot zur Erde fiel, und das war das größte Unglück, das Menschen und Götter betraf. Als Baldur gefallen war, standen die Asen alle wie sprachlos und gedachten nicht einmal, ihn aufzuheben. Einer sah den andern an; ihr aller Gedanke war wider den gerichtet, der diese Tat vollbracht hätte; aber sie durften es nicht rächen: es war an einer heiligen Freistätte. Als aber die Asen die Sprache wieder erlangten, da war das erste, daß sie so heftig zu weinen anfingen, daß keiner mit Worten dem andern seinen Harm sagen mochte. Und Odin nahm sich den Schaden um so mehr zu Herzen, als niemand so gut wußte als er, zu wie großem Verlust und Verfall den Asen Baldurs Ende gereichte. Als nun die Asen sich erholt hatten, da sprach Frigg und fragte, wer unter den Asen ihre Gunst und Huld gewinnen und den Helweg reiten wolle, um zu versuchen, ob er da Baldurn fände, und der Hel Lösegeld zu bieten, daß sie Baldurn heimfahren ließe gen Asgard. Und er hieß Hermodhr der schnelle, Odins Sohn, der diese Fahrt übernahm. Da ward Sleipnir, Odins Hengst, genommen und vorgeführt, Hermodhr bestieg ihn und stob davon.

Da nahmen die Asen Baldurs Leiche und brachten sie zur See. Hringhorn hieß Baldurs Schiff, es war aller Schiffe größtes. Das wollten die Götter vom Strande stoßen und Baldurs Leiche darauf verbrennen; aber das Schiff ging nicht von der Stelle. Da ward gen Jötunheim nach dem Riesenweibe gesendet, die Hyrrockin hieß, und als sie kam, ritt sie einen Wolf, der mit einer Schlange gezäumt war. Als sie vom Rosse gesprungen war, rief Odin vier Berserker herbei, es zu halten; aber sie vermochten es nicht anders, als indem sie es niederwarfen. Da trat Hyrrockin an das Vorderteil des Schiffes und stieß es im ersten Anfassen vor, daß Feuer aus den Walzen fuhr und alle Lande zitterten. Da ward Thor zornig und griff nach dem Hammer und würde ihr das

Haupt zerschmettert haben, wenn ihr nicht alle Götter Frieden erbeten hätten. Da ward Baldurs Leiche hinaus auf das Schiff getragen, und als sein Weib, Neps Tochter Nanna, das sah, da zersprang sie vor Jammer und starb. Da ward sie auf den Scheiterhaufen gebracht und Feuer darunter gezündet, und Thor trat hinzu und weihte den Scheiterhaufen mit Miöllnir, und vor seinen Füßen lief der Zwerg, der Lit hieß, und Thor stieß mit dem Fuße nach ihm und warf ihn ins Feuer, daß er verbrannte. Und diesem Leichenbrande wohnten vielerlei Gäste bei: zuerst ist Odin zu nennen, und mit ihm fuhr Frigg und die Walküren und Odins Raben, und Freyr fuhr im Wagen und hatte den Eber vorgespannt, der Gullinbursti hieß oder Sildrugtanni. Heimdall ritt den Hengst, Gulltopp genannt, und Freyja fuhr mit ihren Katzen. Auch kam eine große Menge Hrimthursen und Bergriesen. Odin legte den Ring, der Draupnir hieß, auf den Scheiterhaufen, der seitdem die Eigenschaft gewann, daß jede neunte Nacht acht gleich schöne Goldringe von ihm tropften. Baldurs Hengst ward mit allem Geschirr zum Scheiterhaufen geführt.

Von Hermodhr aber ist zu sagen, daß er neun Nächte durch tiefe dunkle Täler ritt, so daß er nichts sah, bis er zum Giöllflusse kam und über die Giöllbrücke ritt, die mit glänzendem Golde belegt ist. Modgudr heißt die Jungfrau, welche die Brücke bewacht: die fragte ihn nach Namen und Geschlecht und sagte, gestern seien fünf Haufen toter Männer über die Brücke geritten, „und nicht donnert sie jetzt minder unter dir allein, und nicht hast du die Farbe toter Männer: warum reitest du den Helweg?" Er antwortete: Ich soll zu Hel reiten, Baldur zu suchen. Hast du vielleicht Baldurn auf dem Heimwege gesehen? Da sagte sie: Baldur sei über die Giöllbrücke geritten; „aber nördlich geht der Weg hinab zu Hel." Da ritt Hermodhr dahin, bis er an das Helgitter kam: da sprang er vom Pferde und gürtete ihn fester, stieg wieder auf und gab ihm die Sporen: da setzte der Hengst so mächtig über das Gitter, daß er es nirgend berührte. Da ritt Hermodhr auf die Halle zu, stieg vom Pferde und trat in die Halle. Da sah er seinen Bruder Baldur auf dem Ehrenplatze sitzen. Hermodhr blieb dort die Nacht über. Aber am Morgen verlangte Hermodhr von Hel, daß Baldur mit ihm reiten solle, und sagte, welche Trauer um ihn bei den Asen sei. Aber Hel sagte, das solle sich nun erproben, ob Baldur so allgemein geliebt werde, als man sage. „Und wenn alle Dinge in der Welt, lebendige sowohl als tote, ihn beweinen, so soll er zurück zu den Asen fahren; aber bei Hel bleiben, wenn eins widerspricht und nicht weinen will." Da stand Hermodhr auf, und Baldur geleitete ihn aus der Halle und nahm den Ring Draupnir und sandte ihn Odin zum Andenken, und Nanna sandte der Frigg einen Überwurf und noch andere Gaben und der Fulla einen Goldring. Da ritt Hermodhr seines Weges zurück und kam nach Asgard und sagte alle Zeitungen, die er da gehört und gesehen hatte.

Danach sandten die Asen Boten in alle Welt und geboten, Baldurn aus Hels Gewalt zu weinen. Alle taten das, Menschen und Tiere, Erde, Steine, Bäume und alle Erze; wie du schon gesehen haben wirst, daß diese Dinge weinen, wenn sie aus dem Frost in die Wärme kommen. Als die Gesandten heimfuhren und ihre Gewerbe wohl vollbracht hatten, fanden sie in einer Höhle ein Riesenweib sitzen, das Thöck (Döck, Dunkel) genannt war. Die baten sie auch, den Baldur aus Hels Gewalt zu weinen. Sie antwortete:

Thöck muß weinen mit trocknen Augen
Über Baldurs Ende.
Nicht im Leben noch im Tod hatt' ich Nutzen von ihm:
Behalte Hel, was sie hat.

Man meint, daß dies Loki, Laufeyjas Sohn, gewesen sei, der den Asen so viel Leid zugefügt hatte.

50. Da sprach Gangleri: Viel Arges wahrlich hatte Loki zuwege gebracht, da er erst verursachte, daß Baldur erschlagen wurde, und dann Schuld war, daß er nicht erlöst ward aus Hels Gewalt. Aber ward das nicht irgendwie an ihm gerochen? Har antwortete: Es ward ihm so vergolten, daß er lange daran gedenken wird. Als die Götter so wider ihn aufgebracht waren, wie man erwarten mag, lief er fort und barg sich in einem Berge. Da machte er sich ein Haus mit vier Türen, daß er aus dem Hause nach allen Seiten sehen könnte. Oft am Tage verwandelte er sich in Lachsgestalt und barg sich in dem Wasserfall, der Franangr hieß, und bedachte bei sich, welches Kunststück die Asen wohl erfinden könnten, ihn in dem Wasserfall zu fangen. Und einst, als er daheim saß, nahm er Flachsgarn und verflocht es zu Maschen, wie man seitdem Netze macht. Dabei brannte Feuer vor ihm. Da sah er,

daß die Asen nicht weit von ihm waren; denn Odin hatte von Hlidskialfs Höhe seinen Aufenthalt erspäht. Da sprang er schnell auf und hinaus ins Wasser, nachdem er das Netz ins Feuer geworfen. Und als die Asen zu dem Hause kamen, da ging der zuerst hinein, der von allen der Weiseste war und Kwafir hieß, und als er im Feuer die Asche sah, wo das Netz gebrannt hatte, da merkte er, daß dies ein Mittel sein sollte, Fische zu fangen, und sagte das den Asen. Da fingen sie an und machten ein Netz jenem nach, das Loki gemacht hatte, wie sie in der Asche sahen. Und als das Netz fertig war, gingen sie zu dem Flusse und warfen das Netz in den Wasserfall. Thor hielt das eine Ende, das andere die übrigen Asen, und nun zogen sie das Netz. Aber Loki schwamm voran und legte sich am Boden zwischen zwei Steine, so daß das Netz über ihn hinweggezogen ward; doch merkten sie wohl, daß etwas Lebendiges vorhanden sei. Da gingen sie abermals an den Wasserfall und warfen das Netz aus, nachdem sie etwas so Schweres darangebunden hatten, daß nichts unten durchschlüpfen mochte. Loki fuhr vor dem Netze her, und als er sah, daß es nicht weit von der See sei, da sprang er über das ausgespannte Netz und lief zurück in den Sturz. Nun sahen die Asen, wo er geblieben war: da gingen sie wieder an den Wasserfall und teilten sich in zwei Haufen nach den beiden Ufern des Flusses. Thor aber, mitten im Flusse watend, folgte ihnen bis an die See. Loki hatte nun die Wahl, entweder mit Lebensgefahr nach der See zu ziehen oder abermals über das Netz zu springen. Er tat das letzte und sprang schnell über das ausgespannte Netz. Thor griff nach ihm und kriegte ihn in der Mitte zu fassen; aber er glitt ihm in der Hand, so daß er ihn erst am Schwanz wieder festhalten mochte. Darum ist der Lachs hinten spitz. Nun war Loki friedlos gefangen. Sie brachten ihn in eine Höhle und nahmen drei lange Felsenstücke, stellten sie auf die schmale Kante und schlugen ein Loch in jedes. Dann wurden Lokis Söhne, Wali und Nari oder Narwi, gefangen. Den Wali verwandelten die Asen in Wolfsgestalt: da zerriß er seinen Bruder Narwi. Da nahmen die Asen seine Därme und banden den Loki damit über die drei Felsen: der eine stand ihm unter den Schultern, der andere unter den Lenden, der dritte unter den Kniegelenken, die Bänder aber wurden zu Eisen. Da nahm Skadi einen Giftwurm und befestigte ihn über ihm, damit das Gift aus dem Wurm ihm ins Antlitz träufelte. Und

Sigyn, sein Weib, steht neben ihm und hält ein Becken unter die Gifttropfen. Und wenn die Schale voll ist, da geht sie und gießt das Gift aus; derweil aber tropft ihm das Gift ins Angesicht, wogegen er sich so heftig sträubt, daß die ganze Erde schüttert, und das ist's, was man Erdbeben nennt. Dort liegt er in Banden bis zur Götterdämmerung.

51. Da sprach Gangleri: Was für Zeitungen sind zu sagen von der Götterdämmerung? Ich hörte dessen nie zuvor erwähnen. Har antwortete: Davon sind viele und wichtige Zeitungen zu sagen. Zum ersten, daß ein Winter kommen wird, Fimbulwinter genannt. Da stöbert Schnee von allen Seiten, da ist der Frost groß und sind die Winde scharf, und die Sonne hat ihre Kraft verloren. Dieser Winter kommen dreie nacheinander und kein Sommer dazwischen. Zuvor aber kommen drei andere Jahre, da die Welt mit schweren Kriegen erfüllt sein wird. Da werden sich Brüder aus Habgier ums Leben bringen und der Sohn des Vaters, der Vater des Sohnes nicht schonen. So heißt es in der Völuspa:

Brüder befehden sich und fällen einander,
Geschwisterte sieht man die Sippe brechen.
Unerhörtes ereignet sich, großer Ehbruch.
Beilalter, Schwertalter, wo Schilde klaffen,
Windzeit, Wolfszeit, eh die Welt zerstürzt.
Der eine achtet des andern nicht mehr.

Da geschieht es, was die schrecklichste Zeitung dünken wird: daß der Wolf die Sonne verschlingt, den Menschen zu großem Unheil. Der andere Wolf wird den Mond packen und so auch großen Schaden tun, und die Sterne werden vom Himmel fallen. Da wird sich auch ereignen, daß so die Erde bebt und alle Berge, daß die Bäume entwurzelt, die Berge zusammenstürzen und alle Ketten und Bande brechen und reißen. Da wird der Fenriswolf los, und das Meer überflutet das Land, weil die Midgardschlange wieder Jotenmut annimmt und das Land sucht. Da wird auch Naglfar, das Schiff, das so heißt und aus Nägeln der Toten gemacht ist, weshalb wohl die Warnung am Ort ist, daß, wenn ein Mensch stirbt, ihm die Nägel nicht unbeschnitten bleiben, womit der Bau des Schiffes Naglfar beschleunigt würde, den noch Götter und Menschen verspätet wünschen. Bei dieser Überschwemmung aber wird Naglfar flott. Hrymr heißt der Riese, der Naglfar steuert. Der Fenriswolf fährt mit klaffendem Rachen umher, daß sein Oberkiefer den Himmel, der Unterkiefer die Erde berührt, und wäre Raum dazu, er würde ihn noch weiter aufsperren. Feuer glüht ihm aus den Augen und Nasen. Die Midgardschlange speit Gift aus, daß Luft und Meer entzündet werden; entsetzlich ist ihr Anblick, indem sie dem Wolf zur Seite kämpft. Von diesem Lärmen birst der Himmel: da kommen Muspels Söhne hervorgeritten. Surtur fährt an ihrer Spitze, vor ihm und hinter ihm glühendes Feuer. Sein Schwert ist wunderscharf und glänzt heller als die Sonne. Indem sie über die Brücke Bifröst reiten, zerbricht sie, wie vorhin gesagt ward. Da ziehen Muspels Söhne nach der Ebene, die Wigrid heißt; dahin kommt auch der Fenriswolf und die Midgardschlange, und auch Loki wird dort sein und Hrymr, und mit ihm alle Hrimthursen. Mit Loki ist Hels ganzes Gefolge, und Muspels Söhne haben ihre eigene glänzende Schlachtordnung. Die Ebene Wigrid ist hundert Rasten breit nach allen Seiten.

Und wenn diese Dinge sich begeben, erhebt sich Heimdall und stößt aus aller Kraft ins Giallarhorn und weckt alle Götter, die dann Rat halten. Da reitet Odin zu Mimirs Brunnen und holt Rat von Mimir für sich und sein Gefolge. Die Esche Yggdrasil bebt, und alles erschrickt im Himmel und auf Erden. Die Asen wappnen sich zum Kampf, und alle Einherier eilen zur Walstatt. Zuvorderst reitet Odin mit dem Goldhelm, dem schönen Harnisch und dem Spieß, der Gungnir heißt. So eilt er dem Fenriswolf entgegen, und Thor schreitet an seiner Seite, mag ihm aber wenig helfen, denn er hat vollauf zu tun, mit der Midgardschlange zu kämpfen. Freyr streitet wider Surtur, und kämpfen sie ein hartes Treffen, bis Freyr erliegt, und wird das sein Tod, daß er sein gutes Schwert mißt, das er dem Skirnir gab. Inzwischen ist auch Garm, der Hund, losgeworden, der vor der Gnupahöhle lag: das gibt das größte Unheil, da er mit Tyr kämpft und einer den andern zu Falle bringt. Dem Thor gelingt es, die Midgardschlange zu töten; aber kaum ist er neun Schritte davongegangen, so fällt er tot zur Erde von dem Gifte, das der Wurm auf ihn gespien hat. Der Wolf verschlingt Odin, und wird das sein Tod. Alsbald kehrt sich Widar gegen den Wolf und setzt ihm den Fuß in den Unterkiefer. An diesem Fuße hat er den Schuh, zu dem man alle Zeiten hindurch sammelt, die Lederstreifen nämlich, welche die Menschen von ihren Schuhen schneiden, wo die Zehen und Fersen sitzen. Darum soll diese Streifen ein jeder wegwerfen, der darauf bedacht ist, den Asen zu Hilfe zu kommen. Mit der Hand greift Widar dem Wolf nach dem Oberkiefer und reißt ihm den Rachen entzwei, und wird das des Wolfes Tod. Loki kämpft mit Heimdall und erschlägt einer den andern. Darauf schleudert Surtur Feuer über die Erde und verbrennt die ganze Welt. So heißt es in der Völuspa:

Ins erhobne Horn   bläst Heimdall laut;
Odin murmelt   mit Mimirs Haupt.
Yggdrasil zittert,   die ragende Esche;
Es rauscht der alte Baum,   da der Riese frei wird.

Was ist mit den Asen,   was ist mit den Alfen?
All Jötunheim ächzt,   die Asen versammeln sich.
Die Zwerge stöhnen   vor steinernen Türen,
Der Bergwege Weiser: Wißt ihr, was das bedeutet?

Hrym fährt von Osten,   es hebt sich die Flut;
Jörmungandr wälzt sich   im Jötunmute.
Der Wurm schlägt die Brandung,   aufschreit der Adler,
Leichen zerreißt er;   Naglfagr wird los.

Der Kiel fährt von Osten,   Muspels Söhne kommen
Über die See gesegelt,   und Loki steuert.
Des Untiers Abkunft   ist all mit dem Wolf;
Auch Bileists Bruder   ist ihm verbunden.

Surtur fährt von Süden   mit flammendem Schwert,
Von seiner Klinge scheint   die Sonne der Götter.
Steinberge stürzen,   Riesinnen straucheln,
Zu Hel fahren Helden,   der Himmel klafft.

Nun hebt sich Hlins   anderer Harm,
Da Odin eilt   zum Angriff des Wolfs.
Belis Mörder   mißt sich mit Surtur:
Da fällt Friggs   einzige Freude.

Nicht säumt Siegvaters erhabner Sohn,
Mit dem Leichenwolf Widar zu fechten:
Er stößt dem Hwedrungssohn den Stahl ins Herz
Durch gähnenden Rachen: so rächt er den Vater.

Da schreitet der schöne Sohn Hlodyns
Der Natter näher, der neidgeschwollnen.
Mutig trifft sie Midgards Weiher;
Doch fährt neun Fuß weit Fiörgins Sohn.
Alle Wesen müssen die Weltstatt räumen.

Schwarz wird die Sonne, die Erde sinkt ins Meer,
Vom Himmel fallen die heitern Sterne,
Glutwirbel umwühlen den allnährenden Weltbaum,
Die heiße Lohe beleckt den Himmel.

Auch heißt es so:

Widrid heißt das Feld, wo sich finden zum Kampf
Surtur und die sel'gen Götter.
Hundert Rasten hat es rechts und links:
Solcher Walplatz wartet ihrer.

52. Da fragte Gangleri: Was geschieht hernach, wenn Himmel und Erde verbrannt sind und alle Welten und die Götter alle tot sind und alle Einherier und alles Menschenvolk? Ihr habt vorhin doch gesagt, daß ein jeder Mensch in irgend einer Welt leben soll durch alle Zeiten. Har antwortete: Es gibt viel gute und viel üble Aufenthalte; am besten ist's, in Gimil zu sein. Sehr gut ist es auch für die, welche einen guten Trunk lieben, in dem Saale, der Brimir heißt und gleichfalls im Himmel steht. Ein guter Saal ist auch jener, der Sindri heißt und auf den Nidabergen steht, ganz aus rotem Gold gebaut. Diese Säle sollen nur gute und rechtschaffene Menschen bewohnen. In Nastrand (Leichenstrand) ist ein großer, aber übler Saal, dessen Türen nach Norden sehen. Er ist mit Schlangenrücken gedeckt, und die Häupter der Schlangen sind alle in das Haus hineingekehrt und speien Gift, daß Ströme davon durch den Saal rinnen, durch welche Eidbrüchige und Meuchelmörder waten, wie es heißt:

Einen Saal seh' ich der Sonne fern,
In Nastrand; die Türen sind nordwärts gekehrt.
Gifttropfen fallen durch die Fenster nieder;
Aus Schlangenrücken ist der Saal gewunden.
Im starrenden Strome stehn da und waten
Meuchelmörder und Meineidige.

Aber in Hwergelmir ist es am schlimmsten:

Da saugt Nidhöggr der Entseelten Leichen.

53. Da sprach Gangleri: Leben denn dann noch Götter, und gibt es noch eine Erde oder einen Himmel? Har antwortete: Die Erde taucht aus der See auf, grün und schön, und Korn wächst darauf ungesät. Widar und Wali leben noch, weder die See noch Surturs Lohe hat ihnen geschadet. Sie wohnen auf dem Idafeld, wo zuvor Asgard war. Auch Thors Söhne, Modi und Magni, stellen sich ein und bringen den Miöllnir mit. Danach kommen Baldur und Hödur aus dem Reiche Hels: da sitzen sie alle beisammen und besprechen sich und gedenken ihrer Heimlichkeiten, und sprechen von Zeitungen, die vordem sich ereignet, von der Midgardschlange und dem Fenriswolf. Da finden sich im Grase die Goldtafeln, welche die Asen besessen haben. Wie es heißt:

Widar und Wali walten des Heiligtums,
Wenn Surturs Lohe losch.
Modi und Magni sollen Miöllnir schwingen
Und zu Ende kämpfen den Krieg.

An einem Orte, Hoddmimirs-Holz genannt, verbargen sich während Surturs Lohe zwei Menschen, Lif und Lifthrasir genannt, und nährten sich vom Morgentau. Von diesen beiden stammt ein so großes Geschlecht, daß es die ganze Welt bewohnen wird. So heißt es hier:

Lif und Lifthrasir leben verborgen
In Hoddmimirs Holz;
Morgentau ist all ihr Mahl.
Von ihnen stammt ein neu' Geschlecht.

Und das wird dich wunderbar dünken, daß die Sonne eine Tochter geboren hat, nicht minder schön als sie selber: die wird nun die Bahn der Mutter wandeln. So heißt es hier:

Eine Tochter entstammt der strahlenden Göttin,
Eh der Wolf sie würgt.
Glänzend fährt nach der Götter Fall
Die Maid auf den Wegen der Mutter.

Wenn du aber nun weiter fragen willst, so weiß ich nicht, woher dir das kommt; denn nie hört ich jemanden mehr von den Schicksalen der Welt berichten. Nimm also hiermit vorlieb.

54. Darauf hörte Gangleri ein großes Getöse rings um sich her. Und als er sich wandte und recht um sich blickte, fand er sich alleine stehen auf einer weiten Ebene und sah weder Halle noch Burg mehr. Da ging er seines Weges fort und kam in sein Reich und erzählte die Zeitungen, die er gehört und gesehen hatte, und nach ihm erzählte einer dem andern diese Geschichten.

Abb. 12: Brakteat. Hamburg (Schleswig).

2. Aus der Skaldskaparmal

Sprache der Dichtkunst

Bragarödur. Bragis Gespräche mit Oegir

55. Ein Mann heißt Oegir oder Hler; er bewohnte das Eiland, das nun Hlesey heißt, und war sehr zauberkundig. Er unternahm eine Reise nach Asgard; und als die Asen von seiner Fahrt erfuhren, ward er wohl empfangen, jedoch mit allerlei Sinnverblendungen. Und am Abend, als das Trinken beginnen sollte, ließ Odin Schwerter in die Halle tragen, die waren so glänzend, daß ein Schein davon ausging und es keiner andern Beleuchtung bedurfte, während man saß und trank. Da kamen die Asen zu ihrem Gelage, und setzten sich auf ihre Hochsitze zwölf der Asen, die da zu Richtern bestellt waren. Dies sind ihre Namen: Thor, Niördr, Freyr, Tyr, Heimdall, Bragi, Widar, Wali, Uller, Hönir, Forseti, Loki. Desgleichen hießen die Asinnen: Frigg, Freyja, Gefion, Idun, Gerdr, Sigyn, Fulla, Nanna. Oegirn schien herrlich alles, was er sah. Alle Wände waren mit schönen Schilden bedeckt, da war auch kräftiger Met und des Trankes genug. Als Oegirs Nachbar saß Bragi, und während sie tranken, tauschten sie Gespräche. Da sagte Bragi dem Oegir von manchen Geschichten, die sich vordem bei den Asen zugetragen.

56. Er begann seine Erzählung damit, daß drei Asen auszogen, Odin, Loki und Hönir. Sie fuhren über Berge und öde Marken, wo es um ihre Kost übel bestellt war. Als sie aber in ein Tal herabkamen, sahen sie eine Herde Ochsen; da nahmen sie der Ochsen einen und wollten ihn sieden. Und als sie glaubten, daß er gesotten wäre, und den Sud aufdeckten, war er noch ungesotten. Und zum zweitenmal, als sie den Sud wieder aufdeckten, nachdem einige Zeit vergangen war, fanden sie ihn noch ungesotten. Da sprachen sie unter sich, wovon das kommen möge. Da hörten

sie oben in der Eiche über sich sprechen, daß der, welcher dort sitze, schuld sei, daß der Sud nicht zum Sieden komme. Als sie hinschauten, saß da ein Adler, der war nicht klein. Da sprach der Adler: Wollt ihr gestatten, daß ich mich von dem Ochsen sättige, so soll der Sud sieden.

Das sagten sie ihm zu: da ließ er sich vom Baume nieder, setzte sich zum Sude und nahm sogleich die zwei Lenden des Ochsen vorweg nebst beiden Bugen. Da ward Loki zornig, ergriff eine große Stange und stieß sie mit aller Macht dem Adler in den Leib. Der Adler ward scheu von dem Stoße und flog empor: da haftete die Stange in des Adlers Rumpf; aber Lokis Hände an dem andern Ende. Der Adler flog nah am Boden, daß Loki mit den Füßen Gestein, Wurzeln und Bäume streifte; die Arme aber, meinte er, würden ihm aus den Achseln reißen. Er schrie und bat den Adler flehentlich um Frieden; der aber sagte, Loki solle nimmer loskommen, er schwöre ihm denn, Idun mit ihren Äpfeln aus Asgard zu bringen. Das bewilligte Loki: da ward er los und kam zurück zu seinen Gefährten; und wird für diesmal von dieser Reise ein mehreres nicht erzählt, bis sie heimkamen. Zur verabredeten Zeit aber lockte Loki Idun aus Asgard in einen Wald, indem er vorgab, er habe da Äpfel gefunden, die sie Kleinode dünken würden; auch riet er ihr, ihre eigenen Äpfel mitzunehmen, um sie mit jenen vergleichen zu können. Da kam der Riese Thiassi in Adlershaut dahin, ergriff Idun und flog mit ihr fort gen Thrymheim, wo sein Heimwesen war. Die Asen aber befanden sich übel bei Iduns Verschwinden, sie wurden schnell grauhaarig und alt. Da hielten sie Versammlung und fragte einer den andern, was man zuletzt von Idun wisse. Das war das letzte, das man von ihr gesehen hatte, daß sie mit Loki aus Asgard gegangen war. Da ward Loki ergriffen und zur Versammlung geführt, auch mit Tod oder Peinigung bedroht. Da erschrak er und versprach, er wolle nach Idun in Jötunheim suchen, wenn Freyja ihm ihr Falkengewand leihen wolle. Als er das erhielt, flog er nordwärts gen Jötunheim und kam eines Tags zu des Riesen Thiassi Behausung. Er war eben auf die See gerudert und Idun allein daheim. Da wandelte sie Loki in Nußgestalt, hielt sie in seinen Klauen und flog, was er konnte. Als aber Thiassi heimkam und Idun vermißte, nahm er sein Adlerhemde und flog Loki nach mit Adlersschnelle. Als aber die Asen den Falken mit der Nuß fliegen sahen und den Adler hinter ihm drein, gingen sie hinaus unter Asgard und nahmen eine Bürde Hobelspäne mit. Und als der Falke in die Burg flog und sich hinter der Burgmauer niederließ, warfen die Asen alsbald Feuer in die Späne. Der Adler vermochte sich nicht inne zu halten, als er den Falken aus dem Gesichte verlor: also schlug das Feuer ihm ins Gefieder, daß er nicht weiter fliegen konnte. Da waren die Asen bei der Hand und töteten den Riesen Thiassi innerhalb des Gatters; allbekannt ist dieser Totschlag.

Aber Skadi, des Riesen Thiassi Tochter, nahm Helm und Brünne und alles Hausgeräte und fuhr gen Asgard, ihren Vater zu rächen. Da boten ihr die Asen Ersatz und Überbuße. Zum ersten sollte sie sich einen der Asen zum Gemahl wählen, aber ohne mehr als die Füße von denen zu sehen, unter welchen sie wähle. Da sah sie eines Mannes Füße vollkommen schön und rief: Diesen wähl' ich, Baldur ist ohne Fehl. Aber es war Niörd von Noatun. Das war auch eine ihrer Vergleichsbedingungen, daß die Asen es dahin bringen sollten, daß sie lachen müsse; sie glaubte, das würden sie nicht zu Wege bringen. Da befestigte Loki eine Schnur an dem Bart einer Ziege und mit dem andern Ende an seine Lenden, wodurch sie hin und her gezogen wurden und beide laut schrien vor Schmerz. Da ließ sich Loki vor Skadi in die Knie fallen. Sie lachte, und somit war ihre Aussöhnung mit den Asen vollbracht. Noch wird gesagt, daß Odin ihr zur Überbuße Thiassis Augen nahm, sie an den Himmel warf und zwei Sterne daraus bildete. Da sprach Oegir: Ein gewaltiger Mann dünkt mich Thiassi gewesen zu sein; aber welcher Abstammung war er? Bragi antwortete: Älwaldi hieß sein Vater, und merkwürdig wird es dich bedünken, wenn ich dir von ihm erzähle. Er war sehr reich an Gold, und als er starb und seine Söhne das Erbe teilen sollten, da maßen sie bei der Teilung das Gold damit, daß ein jeder seinen Mund davon voll nehmen sollte, und einer so oft als der andere. Einer dieser Söhne war Thiassi, der andere Idi, der dritte Gangr. Davon hat die Redensart ihren Ursprung, daß wir das Gold dieser Jötune Mundmaß nennen, und in Runen und in der Skaldensprache umschreiben wir es so, daß wir es dieser Joten Sprache oder Rede nennen. Da sprach Oegir: Das dünkt mich in der Geheimsprache wohl angewandt.

57. Ferner sprach Oegir: Woher hat die Kunst ihren Ursprung, die ihr Skaldenkunst nennt? Bragi antwortete: Dies war der Anfang davon, daß die Asen Unfrieden hatten mit dem Volk, das man Wanen nennt. Nun aber traten sie zusammen, Frieden zu schließen, und der kam auf diese Weise zustande, daß sie von beiden Seiten zu einem Gefäße gingen und ihren Speichel hineinspuckten. Als sie nun schieden, wollten die Asen dies Friedenszeichen nicht untergehen lassen. Sie nahmen es und schufen einen Mann daraus, der Kwasir heißt. Der ist so weise, daß ihn niemand um ein Ding fragen mag, worauf er nicht Bescheid zu geben weiß. Er fuhr weit umher durch die Welt, die Menschen zu lehren. Einst aber, da er zu den Zwergen Fialar und Galar kam, die ihn eingeladen hatten, riefen sie ihn beiseite zu einer Unterredung und töteten ihn. Sein Blut ließen sie in zwei Gefäße und einen Kessel rinnen: Der Kessel heißt Odhrörir; aber die Gefäße Son und Bodn. Sie mischten Honig in das Blut, woraus ein so kräftiger Met entstand, daß ein jeder, der davon trinkt, ein Dichter oder ein Weiser wird. Den Asen berichteten die Zwerge, Kwasir sei in der Fülle seiner Weisheit erstickt; denn keiner war klug genug, seine Weisheit all zu erfragen.

Danach luden diese Zwerge den Riesen, der Gilling heißt, mit seinem Weibe zu sich und baten den Gilling, die Zwerge mit ihnen auf die See zu rudern. Als sie aber eine Strecke vom Land waren, ruderten die Zwerge nach den Klippen und stürzten das Schiff um. Gilling, der nicht schwimmen konnte, ertrank, worauf die Zwerge das Schiff wieder umkehrten und zu Lande ruderten. Sie sagten seinem Weibe von diesem Vorgang: da gehabte sie sich übel und weinte laut. Fialar fragte sie, ob es ihr Gemüt erleichtern möge, wenn sie nach der See hinaussähe, wo er umgekommen sei. Das wollte sie tun. Da sprach er mit seinem Bruder Galar, er solle hinaufsteigen über die Schwelle, und wenn sie hinausginge, einen Mühlstein auf ihren Kopf fallen lassen, weil er ihr Gejammer nicht ertragen möge. Und also tat er. Als der Riese Suttung, Gillings Brudersohn, dies erfuhr, zog er hin, ergriff die Zwerge, führte sie auf die See und setzte sie da auf eine Meerklippe. Da baten sie Suttung, ihr Leben zu schonen, und boten ihm zur Sühne und Vaterbuße den köstlichen Met, und diese Sühne ward zwischen ihnen geschlossen. Suttung führte den Met mit sich nach Hause und verbarg ihn auf dem sogenannten Hnitberge; seine Tochter Gunnlöd setzte er zur Hüterin. Davon heißt die Skaldenkunst Kwasirs Blut, oder der Zwerge Trank, auch Odhrörirs-, oder Bodens- und Sons-Naß, und der Zwerge Fährgeld (weil ihnen dieser Met von der Klippe Erlösung und Heimkehr verschaffte), ferner Suttungs Met und Hnitbergs Lauge.

58. Da sprach Oegir: Sonderbar dünkt mich der Gebrauch, die Dichtkunst mit diesen Namen zu nennen. Aber wie kamen die Asen an Suttungs Met? Bragi antwortete: Davon wird erzählt, daß Odin von Hause zog und an einen Ort kam, wo neun Knechte Heu mähten. Er fragte sie, ob sie ihre Sensen gewetzt wollten. Das bejahten sie. Da zog er einen Wetzstein aus dem Gürtel und wetzte. Die Sicheln schienen ihnen jetzt viel besser zu schneiden: da feilschten sie um den Stein: er aber sprach, wer ihn kaufen wolle, solle geben, was billig sei. Sie sagten alle, das wollten sie; aber jeder bat, den Stein ihm zu verkaufen. Da warf er ihn hoch in die Luft, und da ihn alle fangen wollten, entzweiten sie sich so, daß sie einander mit den Sicheln die Hälse zerschnitten. Da suchte Odin Nachtherberge bei dem Riesen, der Baugi hieß, dem Bruder Suttungs. Baugi beklagte seine übeln Umstände und sagte, neun seiner Knechte hätten sich umgebracht; nun wisse er nicht, wo er Werkleute hernehmen solle. Da nannte sich Odin bei ihm Bölwerkr, und erbot sich, die Arbeit der neun Knechte Baugis zu übernehmen; zum Lohn verlangte er einen Trunk von Suttungs Met. Baugi sprach, er habe über den Met nicht zu gebieten; Suttung, sagte er, wolle ihn allein behalten; doch wolle er mit Bölwerkr dahin fahren und versuchen, ob sie des Mets bekommen könnten. Bölwerkr verrichtete den Sommer über Neunmännerarbeit für Baugi; im Winter aber begehrte er seinen Lohn. Da fuhren sie beide zu Suttung, und Baugi erzählte seinem Bruder, wie er den Bölwerkr gedungen habe; aber Suttung verweigerte geradeheraus jeden Tropfen seines Mets. Da sagte Bölwerkr zu Baugi, sie wollten eine List versuchen, ob sie an den Met kommen möchten, und Baugi wollte das geschehen lassen. Da zog Bölwerkr einen Bohrer, der Rati hieß und sprach, Baugi sollte den Berg durchbohren, wenn der Bohrer scharf genug sei. Baugi tat das, sagte aber bald, der Berg sei durchgebohrt. Aber Bölwerkr blies ins Bohrloch, da flogen die Splitter heraus, ihm entgegen. Daran erkannte er, daß Baugi mit Trug umgehe, und bat ihn, ganz durchzubohren. Baugi bohrte weiter,

und als Bölwerkr zum andernmal hineinblies, flogen die Splitter einwärts. Da wandelte sich Bölwerkr in einen Wurm und schlüpfte in das Bohrloch. Baugi stach mit dem Bohrer nach ihm, verfehlte ihn aber. Da fuhr Bölwerkr dahin, wo Gunnlöd war, und lag bei ihr drei Nächte, und sie erlaubte ihm, drei Trünke von dem Met zu trinken. Und im ersten Trunk trank er den Odhrörir ganz aus, im andern leerte er den Bodn, im dritten den Son [vgl. S. 317], und hatte nun den Met alle. Da wandelte er sich in Adlersgestalt und flog eilends davon. Als aber Suttung den Adler fliegen sah, nahm er sein Adlerhemd und flog ihm nach. Und als die Asen Odin fliegen sahen, da setzten sie ihre Gefäße in den Hof. Und als Odin Asgard erreichte, spie er den Met in die Gefäße. Als aber Suttung ihm so nahe gekommen war, daß er ihn fast erreicht hätte, ließ er von hinten einen Teil des Metes fahren. Danach verlangt niemanden: habe sich das, wer da wolle; wir nennen es der schlechten Dichter Teil. Aber Suttungs Met gab Odin den Asen, und denen, die da schaffen können. Darum nennen wir die Skaldenkunst Odins Fang oder Fund, oder Odins Trank und Gabe und der Asen Getränk.

Thors und Hrungnirs Kampf

Sk. c. 17.

59. Thor war nach Osten gezogen, Unholde zu töten. Odin ritt auf Sleipnir gen Jötunheim und kam zu dem Riesen, der Hrungnir hieß. Da fragte Hrungnir, welchen Mann er da sehe mit dem Goldhelm, der Luft und Wasser reite? Er sagte auch, er reite ein sehr gutes Roß. Da sagte Odin, er wolle sein Haupt verwetten, daß kein so gutes Roß in Jötunheim sei. Hrungnir sagte, jenes Roß möge gut sein, aber sein eignes Roß, das Gullfaxi heiße, mache viel weitere Sprünge. Hrungnir ward zornig, sprang auf sein Roß und setzte Odin nach und gedachte, ihm seine Prahlerei zu lohnen. Odin ritt so schnell, daß er eine gute Strecke voraus war; aber Hrungnir war in so großem Jotenzorn, daß er nicht merkte, wie er schon innerhalb der Asenmauer sei. Als er nun an

das Tor der Halle kam, luden ihn die Asen zum Trinkgelage. Er trat in die Halle und begehrte einen Trunk. Sie nahmen die beiden Schalen, aus welchen Thor zu trinken pflegte, und Hrungnir leerte sie beide. Und als er trunken wurde, ließ er das Großsprechen nicht; er sagte, er wolle Walhall nehmen und nach Jötunheim bringen, Asgard versenken und alle Götter töten außer Freyja und Sif, die wolle er mit sich heim führen. Darauf, als Freyja ihm einschenkte, drohte er, den Asen all ihr Äl auszutrinken. Als aber die Asen sein Großsprechen verdroß, nannten sie Thors Namen: alsbald kam Thor in die Halle und schwang den Hammer und fragte zornig, wer schuld sei, daß hundweise Jötune da trinken dürften, oder dem Hrungnir erlaubt habe, in Walhall zu sein und warum ihm Freyja einschenke wie bei den Gelagen der Asen? Da antwortete Hrungnir und sagte, indem er mit unfreundlichen Augen auf Thor blickte, Odin habe ihn zum Trinkgelage gebeten, und er sei in dessen Frieden. Da sagte Thor, die Einladung solle den Hrungnir gereuen, ehe er hinauskomme. Hrungnir entgegnete, Asathor werde wenig Ehre davon haben, wenn er ihn unbewaffnet töte; mehr Mut verrate er, wenn er es wage, an der Ländergrenze bei Griottunagardr mit ihm zu kämpfen. Es war große Unklugheit, sagte er, daß ich Schild und Schleifstein daheim ließ. Wenn ich meine Waffen hier hätte, wollten wir gleich einen Holmgang versuchen; da dies aber nicht der Fall ist, so beschuldige ich dich eines Neidingswerks, so du mich wehrlos töten willst. Thor wollte sich der Annahme des Zweikampfes keineswegs entziehen, da er dazu aufgefordert worden ward, was ihm nie zuvor begegnet war.

Da fuhr Hrungnir seines Weges und sputete sich aus aller Macht, bis er gen Jötunheim kam. Da machte seine Fahrt großes Aufsehen bei den Jötunen sowie auch, daß es zwischen ihm und Thor zur Verabredung des Zweikampfs gekommen war. Die Jötune hielten es für überaus wichtig, wer den Sieg erhielte; denn sie fürchteten das Schlimmste von Thor, wenn Hrungnir bliebe; denn er war der Stärkste unter ihnen. Da machten sie auf Griottunagardr einen Mann von Lehm, der neun Rasten hoch war und dreie breit unter den Armen. Sie fanden aber kein Herz, das so groß war, als sich für ihn ziemte, bis sie das einer Stute nahmen, welches sich ihm jedoch nicht haltbar erwies, als Thor kam. Hrungnir selbst hatte bekanntlich ein Herz von hartem

Stein, scharfkantig und dreiseitig, wie man seitdem das Runenzeichen zu schneiden pflegt, das man Hrungnirs Herz nennt. Auch sein Haupt war von Stein, von Stein auch sein breiter, dicker Schild, und diesen Schild hielt er vor sich, als er auf Griottunagardr stand und Thors wartete. Seine Waffe war ein Schleifstein, den er über die Achsel nahm, und nicht mild war er anzuschauen. Ihm zur Seite stand der Lehmriese, der Möckurkalfi hieß. Er war aber sehr furchtsam, und man sagt, daß er Wasser ließ, als er Thor sah. Thor fuhr zum Holmgang und mit ihm Thialfi. Da lief er Thialfi voraus, dahin, wo Hrungnir stand, und sprach zu ihm: Du stehst übel behütet, Jötun: zwar hast du den Schild vor dir; aber Thor hat dich gesehen, er fährt niederhalb in die Erde und wird von unten an dich kommen. Darauf warf sich Hrungnir den Schild unter die Füße und stand darauf; die Steinwaffe aber faßte er mit beiden Händen. Darauf vernahm er Blitze und hörte starke Donnerschläge und sah nun Thor im Asenzorn, der gewaltig heranfuhr, den Hammer schwang und ihn aus der Ferne nach Hrungnir warf. Hrungnir hob die Steinwaffe mit beiden Händen und hielt sie entgegen: da traf sie der Hammer im Fluge, und der Schleifstein brach entzwei: der eine Teil fiel zur Erde, und davon sind alle Wetzsteinfelsen gekommen; der andere fuhr in Thors Haupt, so daß er vor sich auf die Erde stürzte. Der Hammer Miöllnir aber traf den Hrungnir mitten auf das Haupt und zerschmetterte ihm den Schädel zu kleinen Stücken. Er selbst fiel vorwärts über Thor, so daß sein Fuß auf Thors Halse lag. Thialfi aber griff Möckurkalfi an, der mit geringem Ruhme fiel. Darauf ging Thialfi zu Thor und wollte Hrungnirs Fuß von ihm nehmen, hatte aber nicht die Macht dazu. Da gingen die Asen alle hinzu, als sie von Thors Fall hörten und wollten den Fuß von ihm nehmen, brachten es aber auch nicht zu Wege. Da kam Magni herbei, der Sohn Thors und Jarnsaxas, der erst drei Winter alt war, der warf Hrungnirs Fuß von Thor und sprach: Schmach und Schande, Vater, daß ich so spät kam! Ich glaube, ich hätte diesen Riesen mit der Faust zur Hel gesandt, wär ich mit ihm zusammengetroffen. Da stand Thor auf und empfing seinen Sohn wohl und sagte, er würde ein tüchtiger Mann werden; auch will ich dir, sagte er, das Roß Gullfaxi geben, das Hrungnir besaß. Da hub Odin an und sagte, Thor habe übel getan, daß er dies gute Pferd dem Sohne einer

Riesenfrau gegeben habe, und nicht seinem Vater. Da fuhr Thor heim gen Thrudwang, und der Schleifstein stak in seinem Haupte. Da kam die Wala hinzu, die Groa hieß, die Frau Oewandils des Recken; die sang Zauberlieder über Thor, bis der Schleifstein los ward. Als Thor dies merkte und Hoffnung schöpfte, von dem Schleifstein erledigt zu werden, wollte er der Groa die Heilung lohnen und sie froh machen. Da sagte er ihr die Zeitung, daß er von Norden her über die Eliwagar gewatet sei und im Korb auf seinem Rücken den Oerwandil aus Jötunheim getragen habe. Und zum Wahrzeichen gab er an, daß eine Zehe ihm aus dem Korb vorgestanden und erfroren sei: die habe Thor abgebrochen, hinauf an den Himmel geworfen und den Stern daraus gemacht, der Oerwandils Zehe heißt. Noch sagte Thor, es werde nicht lange mehr anstehen, bis Oerwandil heimkomme. Darüber ward Groa so erfreut, daß sie ihrer Zauberlieder vergaß, und so ward der Schleifstein nicht loser und steckt noch in Thors Haupte. Darum ist es auch eines jeden Pflicht, solche Steine wegzuwerfen, denn damit rührt sich der Stein in Thors Haupt.

Thors Fahrt nach Geirrödsgard

Sk. c. 18.

60. Es verdient gar sehr erzählt zu werden, wie Thor nach Geirrödsgard fuhr; denn da hatte er weder den Hammer Miöllnir noch den Stärkegürtel noch die Eisenhandschuhe bei sich, woran Loki schuld war, der ihn begleitete. Denn dem Loki war es einstmals begegnet, da er zu seiner Kurzweil mit Friggs Falkenhemde ausflog, daß er aus Neugierde nach Geirrödsgard flog, wo er eine große Halle sah. Da ließ er sich nieder und sah ins Fenster. Aber Geirröd erblickte ihn und befahl, den Vogel zu greifen und ihm zu bringen. Der Ausgesandte gelangte mit Not die Hallenwand hinan, so hoch war sie. Loki ergötzte sich daran, wie jener ihm so mühsam nachstrebte und gedachte, es sei noch früh genug für ihn aufzufliegen, wenn der Mann das Beschwerlichste überstanden

habe. Als dieser nun nach ihm langte, da schlug er die Flügel und spreizte die Füße; aber diese hingen fest. Da ward Loki ergriffen und dem Riesen Geirröd gebracht. Als der ihm in die Augen sah, da ahnte ihm, daß es ein Mann sein möge und gebot ihm, Rede zu stehen; aber Loki schwieg. Da schloß ihn Geirröd in eine Kiste und ließ ihn da drei Monate hungern. Und als ihn Geirröd herausnahm und reden hieß, gestand Loki, wer er sei, und löste sein Leben damit, daß er dem Geirröd schwur, den Thor nach Geirrödsgard zu bringen, ohne daß er den Hammer und den Stärkegürtel hätte.

Unterwegs nahm Thor Herberge bei einem Riesenweibe, das Gridr hieß. Sie war die Mutter Widars, des schweigsamen. Sie sagte dem Thor die Wahrheit von Geirröd, er sei ein hundweiser und übel umgänglicher Jötun. Auch lieh sie ihm ihre eigenen Stärkegürtel und Eisenhandschuhe und ihren Stab, Gridarwölr genannt. Da fuhr Thor zu dem Flusse, der Wimur hieß, aller Flüsse größtem. Da umspannte er sich mit den Stärkegürteln und stemmte Grids Stab gegen die Strömung; Loki aber hielt sich unten am Gurte. Als nun Thor mitten in den Fluß kam, da wuchs dieser so stark an, daß er ihm bis an die Schulter stieg. Da sprach Thor:

Wachse nicht Wimur, nun ich waten muß
Hin zu des Joten Hause.
Wisse, wenn du wächsest, wächst mir die Asenkraft
Ebenhoch dem Himmel.

Da sah Thor in eine Bergkluft hinauf, daß da Gialp, Geirröds Tochter, quer über dem Strome stand und dessen Wachsen verursachte. Da nahm Thor einen großen Stein aus dem Fluß auf und warf nach ihr, indem er sprach: Bei der Quelle muß man den Strom stauen. Sein Wurf pflegte sein Ziel nicht zu verfehlen. In demselben Augenblicke nahte er sich dem Lande, ergriff einen Sperberbaumstrauch und stieg aus dem Flusse: daher das Sprichwort, der Sperberbaum sei Thors Rettung.

Als nun Thor zu Geirröd kam, wurden die Reisegefährten zuerst in das Gästehaus gewiesen. Da war ein Stuhl zum Sitzen, auf den setzte sich Thor. Nun ward er gewahr, daß der Stuhl unter ihm sich gegen die Decke hob. Da stieß er mit Grids Stabe gegen das Sparrwerk und drückte sich auf den Stuhl hinab. Alsbald entstand großes Gekrach und folgte lautes Geschrei. Unter dem Stuhle waren Geirröds Töchter Gialp und Greip gewesen, und hatte er beiden den Rücken zerbrochen. Da sprach Thor:

Einstmals übt' ich die Asenstärke
In des Joten Hause,
Da Gialp und Greip, Geirröds Töchter,
Mich zum Himmel hoben.

Da ließ Geirröd den Thor in die Halle zu den Spielen rufen. Da waren große Feuer der ganzen Länge der Halle nach. Und als Thor in der Halle dem Geirröd gegenüber stand, da faßte Geirröd mit der Zange einen glühenden Eisenkeil und warf ihn nach Thor. Aber Thor fing ihn mit den Eisenhandschuhen in der Luft auf. Geirröd sprang hinter eine Eisensäule sich zu wahren. Aber Thor warf den Keil, daß er durch die Säule fuhr, durch Geirröd, durch die Wand und draußen noch in die Erde.

Lokis Wette mit den Zwergen

Sk. c. 35.

61. Loki, Laufeyjas Sohn, hatte der Sif hinterlistigerweise alles Haar abgeschoren. Als Thor das gewahrte, ergriff er Loki und würde ihm alle Knochen zerschlagen haben, wenn er nicht geschworen hätte, von den Schwarzelfen zu erlangen, daß er der Sif Haare von Gold machte, die wie anderes Haar wachsen sollten. Darauf fuhr Loki zu den Zwergen, die Iwaldis Söhne heißen. Diese machten das Haar und zugleich Skidbladnir und den Spieß Odins, der Gungnir heißt. Da verwettete Loki sein Haupt mit dem Zwerge, der Brock heißt, daß dessen Bruder Sindri nicht drei eben so gute Kleinode machen könnte, wie diese wären. Und als sie zu der Schmiede kamen, legte Sindr eine Schweinshaut in die Esse und

gebot dem Brock zu blasen und nicht eher aufzuhören, bis er aus der Esse nähme, was er hineingelegt. Aber sobald Sindri aus der Schmiede gegangen war und Brock blies, setzte sich eine Fliege auf seine Hand und stach ihn. Dennoch hörte er nicht auf mit Blasen, bis der Schmied das Werk aus der Esse nahm. Da war es ein Eber mit goldenen Borsten. Darauf legte er Gold ins Feuer und gebot ihm, zu blasen und nicht eher mit Blasen abzulassen, bis er zurückkäme. Er ging hinaus; aber die Fliege kam wieder, setzte sich jenem auf den Hals und stach nun noch einmal so stark; doch fuhr er fort zu blasen, bis der Schmied aus der Esse einen Goldring zog, der Draupnir heißt. Darauf legte er Eisen in die Esse und hieß ihn blasen und sagte, alles sei vergebens, wenn er mit Blasen inne hielte. Da setzte sich ihm eine Fliege zwischen die Augen und stach ihm in die Augenlider, und als das Blut ihm in die Augen troff, daß er nichts mehr sah, griff er schnell mit der Hand zu, während der Blasbalg ruhte, und jagte die Fliege fort. Da kam der Schmied zurück und sagte, beinahe wäre das nun völlig verdorben, was in der Esse läge. Darauf zog er einen Hammer aus der Esse. Alle diese Kleinode legte er darauf seinem Bruder Brock in die Hände und hieß ihn damit gen Asgard fahren, die Wette zu lösen. Als nun er und Loki ihre Kleinode brachten, setzten sich die Götter auf ihre Richterstühle, und sollte das Urteil gelten, das Odin, Thor und Freyr sprächen. Da gab Loki dem Odin den Spieß Gungnir, dem Thor das Haar für die Sif und dem Freyr den Skidbladnir und nannte die Eigenschaften dieser Kleinode, daß der Spieß nie sein Ziel verfehle, das Haar wachse, sobald es auf Sifs Haupt komme und Skidbladnir immer Fahrwind habe, sobald die Segel aufgezogen würden, wohin man auch fahren wollte; und zugleich könne man das Schiff nach Belieben zusammenfalten wie ein Tuch und in der Tasche tragen. Darauf brachte Brock seine Kleinode hervor und gab dem Odin den Ring, und sagte, in jeder neunten Nacht würden acht eben so kostbare Ringe von ihm niederträufeln. Dem Freyr gab er den Eber und sagte, er renne durch Luft und Wasser Tag und Nacht schneller als irgend ein Pferd, und nie wäre es so finster in der Nacht oder im Schwarzwald, daß es nicht hell genug würde, wohin er auch führe, so leuchteten seine Borsten. Dem Thor gab er den Hammer und sagte, er möge so stark damit schlagen, als er wolle, was ihm auch vorkäme, ohne daß der Hammer Schaden nähme; und wohin er ihn auch werfe, so solle er ihn doch nicht verlieren, und nie solle er so weit fliegen, daß er nicht in seine Hand zurückkehre, und wenn es ihm beliebe, solle er so klein werden, daß er ihn im Busen verbergen könne. Er habe nur den Fehler, daß sein Stiel zu kurz geraten sei. Da urteilten die Götter, der Hammer sei das Beste von allen Kleinoden und die beste Wehr wider die Hrimthursen, und entschieden sie die Wette dahin, daß der Zwerg gewonnen habe. Da erbot sich Loki, sein Haupt zu lösen; aber der Zwerg antwortete, darauf dürfe er nicht hoffen. So nimm mich denn, sagte Loki; aber als jener ihn fassen wollte, war er schon weit fort, denn Loki hatte Schuhe, die ihn durch die Luft und Wasser trugen. Da bat der Zwerg den Thor, ihn zu ergreifen, und dieser tat es. Da wollte der Zwerg Lokis Haupt abhauen, aber Loki sagte, nur das Haupt sei sein, nicht der Hals. Da nahm der Zwerg einen Riemen und ein Messer und wollte Löcher in Lokis Lippen schneiden und ihm den Mund zusammennähen; aber das Messer schnitt nicht. Da sagte er, besser wär es, wenn er seines Bruders Ahle hätte, und in dem Augenblick, als er sie nannte, war sie bei ihm und durchbohrte jenem die Lippen. Da nähte er ihm den Mund zusammen und riß den Riemen am Ende der Naht ab. Der Riemen, womit er dem Loki den Mund zusammen nähte, hieß Wartari (Lippenreißer).

Die Niflungen und Giukungen

Sk. c. 39-42.

62. Es wird erzählt, daß drei der Asen ausfuhren, die Welt kennen zu lernen: Odin, Loki und Hönir. Sie kamen zu einem Fluß und gingen an ihm entlang bis zu einem Wasserfall, und bei dem Wasserfall war ein Otter, der hatte einen Lachs darin gefangen und aß blinzelnd. Da hob Loki einen Stein auf und warf nach dem Otter und traf ihn am Kopf. Da rühmte Loki seine Jagd, daß er mit einem Wurf Otter und Lachs erjagt habe. Darauf nahmen sie

den Lachs und den Otter mit sich. Sie kamen zu jenem Gehöfte und traten hinein, und der Bauer, der es bewohnte, hieß Hreidmar und war ein gewaltiger Mann und sehr zauberkundig. Da baten die Asen um die Nachtherberge, und sagten, sie hätten Mundvorrat bei sich und zeigten dem Bauern ihre Beute. Als aber Hreidmar den Otter sah, rief er seine Söhne Fafnir und Regin herbei, und sagte, ihr Bruder Otr wär erschlagen und auch, wer es getan hätte. Da ging der Vater mit den Söhnen auf die Asen los, griffen und banden sie, und sagten, der Otter wäre Hreidmars Sohn gewesen. Die Asen boten Lösegeld so viel als Hreidmar selbst verlangen würde, und ward das zwischen ihnen vertragen und mit Eiden bekräftigt. Da ward der Otter abgezogen, und Hreidmar nahm den Balg und sagte, sie sollten den Balg mit rotem Golde füllen und ebenso von außen hüllen, und damit sollten sie Frieden kaufen. Da sandte Odin den Loki nach Schwarzalfenheim, und er kam zu dem Zwerge, der Andwari hieß und ein Fisch im Wasser war. Loki griff ihn mit den Händen und heischte von ihm zum Lösegeld alles Gold, das er in seinem Felsen hatte. Und als sie in den Felsen kamen, trug der Zwerg alles Gold hervor, das er hatte, und war das ein gar großes Gut. Da verbarg der Zwerg unter seiner Hand einen kleinen Goldring: Loki sah es und gebot ihm, den Ring herzugeben. Der Zwerg bat, ihm den Ring nicht abzunehmen, weil er mit dem Ringe, wenn er ihn behielte, sein Gold wieder vermehren könne. Aber Loki sagte, er solle nicht einen Pfennig übrigbehalten, nahm ihm den Ring und ging hinaus. Da sagte der Zwerg, der Ring solle jedem, der ihn besäße, das Leben kosten. Loki versetzte, das sei ihm ganz recht, und es solle gehalten werden nach seiner Voraussage; er werde es aber dem schon zu wissen tun, der ihn künftig besitzen solle. Da fuhr er zurück zu Hreidmars Hause und zeigte Odin das Gold, und als er den Ring sah, schien er ihm schön; er nahm ihn vom Haufen und gab das übrige Gold dem Hreidmar. Da füllte er den Otterbalg so dicht er konnte und richtete ihn auf, als er voll war. Da ging Odin hinzu und sollte ihn mit dem Golde hüllen. Als er das getan hatte; sprach er zu Hreidmar, er solle zusehen, ob der Balg gehörig gehüllt sei. Hreidmar ging hin und sah genau zu und fand ein einziges Barthaar und gebot auch das zu hüllen, denn sonst wäre ihr Vertrag gebrochen. Da zog Odin den Ring hervor, hüllte das Barthaar und sagte, hiermit habe er sich nun der Otterbuße entledigt. Und als Odin seinen Speer genommen hatte und Loki seine Schuhe, daß sie sich nicht mehr fürchten durften, da sprach Loki, es sollte dabei bleiben, was Andwari gesagt hatte, daß der Ring und das Gold dem Besitzer das Leben kosten solle, und so geschah es seitdem. Darum heißt das Gold Otterbuße und der Asen Notgeld.

Als Hreidmar das Gold zur Sohnesbuße empfangen hatte, verlangten Fafnir und Regin ihren Teil davon zur Brudersbuße; aber Hreidmar gönnte ihnen nicht einen Pfennig davon. Da kamen die Brüder überein, ihren Vater des Goldes wegen zu töten. Als das geschehen war, verlangte Regin, daß Fafnir das Gold zur Hälfte mit ihm teilen sollte. Fafnir antwortete, es sei wenig Hoffnung, daß er das Gold mit seinem Bruder teilen werde, da er seinen Vater um das Gold erschlagen habe, und gebot ihm, sich fortzumachen, denn sonst würde es ihm ergehen wie dem Hreidmar. Fafnir hatte das Schwert Hrotti und den Helm, den Hreidmar besessen hatte, genommen und den auf sein Haupt gesetzt. Dieser Helm hieß Oegishelm und war allen Lebendigen ein Schrecken zu schauen. Regin hatte das Schwert, das Refil hieß: damit entfloh er; Fafnir fuhr auf die Gnitaheide, machte sich da ein Bett, nahm Schlangengestalt an und lag auf dem Golde.

Da fuhr Regin zu Hialprek, König in Thiodi, und ward dessen Schmied; auch übernahm er die Pflege Sigurds, des Sohnes Sigmunds, des Sohnes Wölfungs. Seine Mutter war Hiordis, König Eilimis Tochter. Sigurd war der gewaltigste aller Heerkönige nach Geschlecht, Kraft und Sinn. Regin sagte ihm davon, daß Fafnir dort auf dem Golde läge, und reizte ihn, sich des Goldes zu bemächtigen. Da machte Regin ein Schwert, das Gram hieß und so scharf war, daß, als es Sigurd in fließendes Wasser hielt, es eine Wollflocke zerschnitt, die der Strom gegen seine Schärfe trieb; demnächst klobte Sigurd mit dem Schwerte Regins Amboß bis auf den Untersatz entzwei. Darauf fuhr Sigurd mit Regin zur Gnitaheide. Da grub Sigurd eine Grube auf Fafnirs Wege und setzte sich hinein. Als nun Fafnir zum Wasser kroch und über die Grube kam, da durchbohrte ihn Sigurd mit dem Schwerte, und war das sein Tod. Da ging Regin hinzu und sagte, er hätte seinen Bruder getötet, und verlangte das zur Sühne, daß er Fafnirs Herz nähme und am Feuer briete. Dann kniete Regin nieder, trank Fafnirs Blut und legte sich schlafen. Als aber Sigurd das Herz briet und dachte, es wäre gar und mit dem Finger versuchte, ob es weich genug wäre, und das Fett aus dem Herzen ihm an den Finger kam, verbrannte er sich und steckte den Finger in den Mund. Und als das Herzblut ihm auf die Zunge kam, verstand er die Sprache der Vögel und wußte, was die Adlerinnen sagten, die auf den Bäumen saßen. Da sprach eine:

Dort sitzt Sigurd blutbespritzt
Und brät am Feuer Fafnirs Herz.
Klug dünkte mich der Ringverderber,
Wenn er das leuchtende Lebensfleisch äße.

Eine andere sagte:

Da liegt nun Regin und geht zu Rat,
Wie er betrüge den Mann, der ihm vertraut;
Sinnt in der Bosheit auf falsche Beschuldigung:
Der Unheilschmied brütet dem Bruder Rache.

Da ging Sigurd zu Regin und erschlug ihn und dann zu seinem Rosse, das Grani hieß, und ritt, bis er zu Fafnirs Bette kam, nahm das Gold heraus und band es in zwei Bündeln auf Granis Rücken, stieg dann selber auf und ritt seines Weges. Darum heißt das Gold Fafnirs Bette oder Lager oder Gnitaheides Staub und Granis Bürde.

Da ritt Sigurd, bis er ein Haus fand auf einem Berge. Darin schlief ein Weib mit Helm und Brünne bekleidet. Er zog das Schwert und schnitt die Brünne von ihr: da erwachte sie und nannte sich Hilde. Sie hieß Brynhild und war Walküre. Sigurd ritt hinweg und kam zu dem Könige, der Giuki hieß; sein Weib war Grimhild genannt. Seine Kinder waren Gunnar, Högni, Gudrun und Gudny. Gutthorm war Giukis Stiefsohn. Sigurd weilte da lange Zeit. Da freite er Gudrun, Giukis Tochter; und Gunnar und Högni schwuren Brüderschaft mit Sigurd. Darauf fuhr Sigurd mit Giukis Söhnen zu Atli, dem Sohne Budlis, um dessen Schwester Brynhild für Gunnar zu bitten. Sie wohnte auf dem Hindaberge, und war ihre Burg mit Wafurlogi (waberndem Feuer) umgeben; auch hatte sie das Gelübde getan, keinen andern Mann zu freien, als der es wagte, durch Wafurlogi zu reiten. Da ritt Sigurd mit den Giukungen, die auch Niflungen hießen, den Berg hinan, und sollte nun Gunnar durch Wafurlogi reiten. Er hatte das Roß, das Goti hieß; dies Roß wagte aber nicht, in das Feuer zu rennen. Da tauschten Sigurd und Gunnar Gestalt und Namen; denn Grani wollte unter keinem andern Manne gehen als unter Sigurd. Da saß Sigurd auf Grani und ritt durch Wafurlogi. Denselben Abend hielt er Hochzeit mit Brynhild, und als sie zu Bette gingen, zog er das Schwert Gram aus der Scheide und legte es zwischen sie beide. Am Morgen aber, da er aufstand und sich ankleidete, gab er Brynhilden zur Morgengabe den Goldring, den Loki dem Andwari genommen hatte, und empfing von ihr einen andern Ring zum Andenken. Alsdann sprang Sigurd auf sein Roß und ritt zu seinen Gesellen. Darauf tauschte er mit Gunnar abermals die Gestalt, und Gunnar fuhr mit Brynhild zu König Giuki. Sigurd hatte zwei Kinder mit Gudrun, Sigmund und S(ch)wanhild.

Einstmals begab es sich, daß Brynhild und Gudrun zum Wasser gingen, ihre Schleier zu waschen. Als sie nun zum Flusse kamen, watete Brynhild tiefer vom Land in den Strom und sagte, sie wolle das Wasser an ihrem Haupte nicht leiden, das aus Gudruns Haare rinne, dieweil sie einen hochgemuteren Mann habe. Da ging Gudrun ihr nach in den Fluß und sagte, darum dürfe sie ihren Schleier wohl über ihr im Strom waschen, dieweil sie einen Mann habe, dem weder Gunnar noch ein anderer in der Welt an Kühnheit gleiche; denn er habe Fafnir und Regin erschlagen und beider Erbe gewonnen. Da antwortete Brynhild: Mehr war das wert, daß Gunnar durch Wafurlogi ritt, was Sigurd nicht wagte. Da lachte Gudrun und sprach: Meinst du, Gunnar sei durch Wafurlogi geritten? So meine ich, daß der mit dir zu Bette ging, der mir diesen Goldring gab. Der Ring aber, den du an der Hand hast und zur Morgengabe empfingst, heißt Andwara-Naut, und glaub ich nicht, daß ihn Gunnar auf Gnitaheide geholt habe. Da schwieg Brynhild und ging heim. Darauf reizte sie Gunnar und Högni, Sigurd zu töten; aber weil sie dem Sigurd Brüderschaft geschworen hatten, stifteten sie ihren Bruder Gutthorm dazu an. Der durchbohrte Sigurd im Schlafe mit dem Schwerte, und als Sigurd die Wunde empfangen hatte, warf er sein Schwert Gram nach ihm, und das schnitt ihn in der Mitte durch. Da fiel

Sigurd und sein dreijähriger Sohn Sigmund, den sie auch töteten. Darauf durchstieß sich Brynhild mit dem Schwert und ward mit Sigurd verbrannt. Aber Gunnar und Högni nahmen da Fafnirs Erbe und Andwaranaut und beherrschten nun die Lande.

König Atli, Budlis Sohn, Brynhildens Bruder, nahm da Gudrun zur Ehe, die Sigurd gehabt hatte, und gewannen sie Kinder. König Atli lud Gunnar und Högni zu sich, und diese fuhren zu seinem Gastgebot. Eh' sie aber vom Hause fuhren, verbargen sie das Gold, Fafnirs Erbe, im Rhein, und ward dies Gold niemals seitdem gefunden. Aber König Atli hatte ein Heer versammelt, womit er Gunnar und Högni überfiel. Sie wurden gefangengenommen, und König Atli ließ dem Högni das Herz lebendig ausschneiden, und war das sein Tod. Gunnarn ließ er in den Schlangenhof werfen; aber heimlich ward ihm eine Harfe gebracht, die er mit den Zehen schlug, weil ihm die Hände gebunden waren, daß alle Schlangen einschliefen bis auf eine Natter, die gegen ihn lief und ihn in die Brust biß und dann den Kopf in die Wunde steckte und sich an seine Leber hing, bis er tot war. Gunnar und Högni wurden Niflungen genannt oder Giukungen: darum heißt das Gold der Niflungen Hort oder Erbe. Bald darauf tötete Gudrun ihre beiden Söhne und ließ aus ihren Schädeln mit Gold und Silber Trinkgeschirre machen. Darauf ward der Niflungen Leichenfeier begangen. Bei diesem Gelage ließ Gudrun dem König Atli in diese Trinkgeschirre Met schenken, der mit dem Blut der Jünglinge gemischt war; ihre Herzen aber ließ sie braten und gab sie dem Könige zu essen. Und als das geschehen war, sagte sie es ihm selbst mit vielen unholden Worten. Es fehlte da nicht an kräftigem Met, so daß die meisten Leute schliefen, die da saßen. In der Nacht aber ging sie zu dem König, als er eingeschlafen war, und mit ihr Högnis Sohn. Sie töteten ihn, und also ließ er das Leben. Darauf warfen sie Feuer in die Halle und verbrannten alles Volk, das darin war.

Dann ging sie an die See und sprang ins Meer und wollte sich ertränken. Aber sie ward über die Bucht getragen und kam an das Land, das König Jonakur besaß. Und als der sie sah, nahm er sie zu sich und vermählte sich mit ihr. Sie hatten drei Söhne mit Namen Sörli, Hamdir und Erp. Sie waren alle rabenschwarz von Farbe des Haars, wie Gunnar und Högni und die andern Niflungen.

Bei ihnen ward S(ch)wanhild, Sigurds Tochter, erzogen, die aller Frauen schönste war. Das erfuhr der König Jörmunrek, der reiche: da sandte er seinen Sohn Randwer, sie ihm zu werben. Und als er zu Jonakur kam, ward ihm S(ch)wanhild übergeben, daß er sie dem König Jörmunrek brächte. Da sagte Bicki, es gezieme sich besser, daß Randwer S(ch)wanhild nähme; denn er wäre jung und sie auch; Jörmunrek aber alt. Dieser Rat gefiel ihnen wohl als jungen Leuten. Darauf verriet Bicki dies dem Könige: da ließ Jörmunrek seinen Sohn greifen und zum Galgen führen. Da nahm Randwer seinen Habicht, rupfte ihm die Federn aus und bat, ihn seinem Vater zu senden. Darauf ward er gehängt. Als aber König Jörmunrek den Habicht sah, da kam ihm in den Sinn, wie der Habicht flug- und federlos sei, so sei auch sein Reich ohne Bestand; denn er sei alt und sohnlos. Da ließ König Jörmunrek, als er mit seinem Gefolge aus dem Wald von der Jagd geritten kam und die Königin S(ch)wanhild beim Haarwaschen saß, über sie reiten und sie unter den Hufen der Rosse zu Tode treten. Als aber Gudrun dies erfuhr, reizte sie ihre Söhne, den Tod S(ch)wanhildens zu rächen. Und als sie sich reisefertig machten, gab sie ihnen Brünnen und Helme von solcher Stärke, daß kein Eisen haften mochte. Auch gab sie ihnen den Rat, wenn sie zu König Jörmunrek kämen, sollten sie des Nachts, wenn er schliefe, zu ihm gehen und sollten Sörli und Hamdir ihm Hände und Füße abhauen, aber Erp das Haupt. Als sie aber unterwegs waren, fragten sie den Erp, wie er ihnen beistehen wolle, wenn sie König Jörmunrek träfen. Er antwortete, er wolle ihnen helfen wie die Hand dem Fuße. Da sagten sie, die Füße hätten an den Händen keine Stützen. Sie waren ihrer Mutter erzürnt, weil diese sie mit harten Worten zu der Fahrt angetrieben hatte: darum gedachten sie zu tun, was ihr am übelsten gefiele, und töteten Erp, weil sie den am meisten liebte. Bald darauf strauchelte Sörli beim Gehen mit einem Fuße und stützte sich mit den Händen. Da sprach er: Nun half die Hand dem Fuße: besser wäre es, wenn Erp lebte. Als sie aber zu König Jörmunrek kamen des Nachts, da er schlief, und ihm Arme und Füße abhieben, da erwachte er und rief seinen Leuten und hieß sie aufstehen. Da sprach Hamdir: Nun müßte auch der Kopf ab, wenn Erp lebte. Da standen die Hofmänner auf und griffen sie an, konnten sie aber mit Waffen nicht bezwingen. Da rief Jörmunrek, sie sollten sie mit Steinen zu

Tode werfen. Das geschah: da fielen Sörli und Hamdir. Und nun war Giukis Geschlecht und ganze Nachkommenschaft tot.

Von Sigurd lebte noch eine Tochter, die Aslaug hieß und bei Heimir in Hlindalir erzogen worden war. Von ihr stammen mächtige Geschlechter. Es wird auch gesagt, Sigmund, Wölfungs Sohn, sei so stark gewesen, daß er Gift trank, ohne daß es ihm schadete, und seine Söhne Sinfiötli und Sigurd waren so hart von Haut, daß kein Gift ihnen schadete, das von außen an sie kam.

Menja und Fenja

Sk. c. 43.

63. Skiöld hieß ein Sohn Odins, von dem die Skiöldunge stammen. Er hatte Sitz und Herrschaft in den Landen, die nun Dänmark heißen; aber damals hießen sie Gotland. Skiöld hatte einen Sohn, Fridleif genannt, der nach ihm die Lande beherrschte. Fridleifs Sohn hieß Frodi, der nach seinem Vater das Königtum überkam. Das war in der Zeit, da Kaiser Augustus in der ganzen Welt Frieden stiftete und Christus geboren ward, und weil Frodi der mächtigste aller Könige in den Nordlanden war, ward ihm dieser Friede in der dänischen Zunge beigelegt, und nannten ihn die Nordmänner Frodis Frieden. Niemand beschädigte da den andern, wenn er auch seines Vaters oder Bruders Mörder getroffen hätte, los oder gebunden. Da war auch kein Dieb oder Räuber, so daß ein Goldring lange Zeit unberührt auf Jalangersheide lag. König Frodi sandte Boten nach Swithiod zu dem Könige, der Fiölnir hieß, und ließ da zwei Mägde kaufen, die Fenja und Menja hießen und sehr groß und stark waren. In dieser Zeit gab es in Dänmark zwei so große Mühlsteine, daß niemand stark genug war, sie umzudrehen. Diese Mühlsteine hatten die Eigenschaft, daß sie mahlten, was der Müller wollte. Die Mühle hieß Grotti, der Mann aber, der dem König Frodi die Mühle gab, ward Hengikiöptr genannt. König Frodi ließ die Mägde in die Mühle führen und gebot ihnen, ihm Gold, Frieden

und Frodis Glück zu mahlen. Er verstattete ihnen nicht länger Ruhe, als so lange der Kuckuck schwieg oder ein Lied gesungen werden mochte. Da sollen sie das Lied gesungen haben, das Grottengesang heißt, und ehe sie von dem Gesange ließen, mahlten sie dem König ein Heer, so daß in der Nacht ein Seekönig kam, Mysingr genannt, welcher den Frodi tötete und große Beute machte. Damit war Frodis Friede zu Ende. Mysingr nahm die Mühle mit sich, und so auch Fenja und Menja, und befahl ihnen, Salz zu mahlen. Und um Mitternacht fragten sie Mysingr, ob er Salz genug habe: und er gebot ihnen fortzumahlen. Sie mahlten noch eine kurze Frist, da sank das Schiff unter. Im Meer aber entstand nun ein Schlund, da wo die See durch das Mühlsteinloch fällt. Auch ist seitdem die See gesalzen.

38. Das Grottenlied

1 Nun kamen wir her zu des Königs Haus
Vorwissende Frauen, Fenja und Menja.
Bei Frodi werden, Fridleifs Sohne,
Die mächtigen Maide als Mägde gehalten.

2 Man an führte zur Mühle die Frauen alsbald,
Die Schrotsteine sollten sie rühren.
Er ließ ihnen länger nicht Ruhe lassen,
Als solang er hörte die Mägde singen.

3 Da ließen sie knattern die knarrende Mühle:
„Umschwingen wir Starken den leichten Stein."
Nur mehr zu mahlen, bat er die Mägde.

4 Sie sangen und schwangen den schnaubenden Stein,
Bis Frodis Volk in Schlaf verfiel.
Da sang Menja, die mahlen sollte:

5 „Wir mahlen dem Frodi Macht und Reichtum
Und goldenes Gut auf des Glückes Mühle.
Er sitz' ihm im Schoß und schlaf' auf Daunen
Nach Wunsch erwachend: das ist wohl gemahlen.

6 Nie soll hier einer dem andern schaden,
Hinterhalt legen, Unheil ersinnen,
Mit scharfem Schwerte nicht Wunden schlagen,
Und fänd' er gebunden des Bruders Mörder."

7 Da war es das erste Wort, das er sprach:
„Haltet nicht länger ein, als der Hauskuckuck schläft,
Oder nur während eine Weis' ich singe."

8 „Nicht warst du, Frodi, vorsichtig genug,
Den Mannen holdselig, als du Mägde kauftest:
Auf Stärke sahst du und schönes Antlitz;
Achtest ihrer Abkunft nicht.

9 Hart war Hrungnir und hart sein Vater,
Doch stärker als sie scheint mir Thiassi.
Idi und Oernir sind unsere Väter,
Der Bergriesen Brüder, die uns beide zeugten.

10 Nicht wär' Grotti gekommen aus grauem Felsen,
Nicht der schwere Schrotstein aus dem Schoß der Erde.
Nicht rührte den Mandel des Bergriesen Tochter –
Wäre das wem der Menschen bewußt.

11 Wir waren Gespielen neun Winter lang,
Da unter der Erde man uns erzog:
Da übten wir Mägde schon manche Großtat,
Faßten Felsen, sie fort zu rücken.

12 Wir wälzten die Steine zu den Riesenwohnungen:
Die Erd' im Grunde begann zu zittern.
Wir stießen und stürzten den Stein, daß er ächzte,
Die ragende Felswand ward Menschen erreichbar.

13 Seitdem geschah's, daß in Schweden wir
Vorwissende Frauen die Heerschar führten,
Bären birschten, Schilde brachen,
Entgegen gingen grau geschientem Heer.
Wir stürzten Stammfürsten, stützten andre:
Gutthorm dem guten gaben wir Beistand,
Feierten nicht früher, bis Knui fiel.

14 Solcherlei schufen wir, Sommer und Winter,
Bis wir als Kämpen wurden bekannt.
Mit scharfen Speeren schlugen wir Wunden
In Fleisch und Gebein und färbten die Klingen.

15 Nun sind wir gekommen zu des Königs Haus
Und werden unmenschlich als Mägde behandelt:
Grus (Sand) frißt die Sohlen und Kälte die Glieder;
Wir mahlen dem Feinde: schlimm ist's bei Frodi.

16 Ruhet nun, Hände, raste nun, Stein,
Genug von mir gemahlen ist nun.
Doch haben die Hände hier nicht Ruhe,
Bis Frodi meint, genug sei gemahlen.

17 So greifet nun, Helden, zu harten Speeren,
Zu triefenden Waffen. Erwache, Frodi!
Erwache, Frodi, willst du lauschen
Unserm Singen und alten Sagen!

18 Feuer seh' ich brennen östlich der Burg,
Kriegsbotschaft kommt, das verkündet die Glut.
Ein Heer ist im Anzug, eindringt es hier,
Und verbrennt alsbald die Burg dem Fürsten.

19 Nicht magst du mehr halten den Stuhl in Hledra
Mit roten Spangen und spähem Gestein.
Mächtiger mahlen wir Mägde noch.
Noch weilst du, Walmaid, dem Walfeld fern.

20 Tapfer mahlt meines Vaters Tochter;
Denn vieler Fürsten Fall sieht sie nahn.
Schwere Stücke springen von der Mühle,
Eisen beschlagene: doch immer gemahlen!

21 Nun immer gemahlen! Yrsas Sohn,
Halfdans Enkel wird Frodi rächen.
Er wird von ihr geheißen werden
Sohn und Bruder: wir beide wissen's!"

22 Die Mägde mahlten aus aller Macht:
Die Jungen waren im Jotenzorn.
Die Mahlstange brach, die Mühle riß,
Der mächtige Mühlstein fuhr mitten entzwei.

23 Die Bergriesen- bräute sprachen:
„Nun finden wir, Frodi, wohl Feierabend:
Genug gemahlen haben wir Mägde.“

Hrolf Kraki

Sk. c. 44.

64. Ein König in Dänmark hieß Hrolf Kraki, und war der berühmteste aller Könige der Vorzeit, dazu der mildeste, kühnste und leutseligste. Ein Beweis seiner Leutseligkeit, die in alten Sagen sehr berühmt ist, war dies: Ein armer Bursche, Wöggr genannt, kam einst in König Hrolfs Halle, als der König noch jung an Jahren und von zartem Wuchse war. Da ging Wöggr vor ihn stehen und sah ihn an. Da sprach der König: Was willst du damit sagen, junger Gesell, daß du mich so ansiehst? Wöggr antwortete: Als ich daheim war, hört ich sagen, König Hrolf in Hledra sei der größte Mann in Nordlanden; und nun sitzt hier auf dem Hochsitz eine kleine Krähe (Kraki), die nennen sie ihren König. Da versetzte der König: Du Gesell hast mir einen Namen gegeben, und ich werde Hrolf Kraki heißen; es ist aber Gebrauch, daß dem Namen eine Gabe folge. Weil ich nun sehe, daß du kein Geschenk hast, das du mir zu diesem Namen geben könntest oder sich für mich schickte, so soll dem andern geben, der da hat. Da zog er einen Goldring von der Hand und gab ihm den. Da sprach Wöggr: Du gibst als der beste aller Könige; darum gelob ich dir, ich will des Mannes Mörder sein, der dein Mörder wird. Da sprach der König lachend: Über wenig wird Wöggr froh.

Ein anderes Beispiel erzählt man von Hrolf Krakis Kühnheit. In Upsala herrschte ein König, Adils genannt, der Yrfa, Hrolf

Krakis Mutter, zur Frau hatte. Er war in Unfrieden mit dem König von Norwegen, der Ali hieß. Sie kämpften miteinander auf dem Eise des Sees, der Wänir heißt. Da sandte König Adils Boten zu Hrolf Kraki, seinem Stiefsohne, daß er ihm zu Hilfe käme, und versprach seinem ganzen Heere Gold, so lange die Fahrt währte. Und der König selber sollte drei Kleinode erhalten, die er aus Schweden wählen würde. Aber Hrolf Kraki konnte ihm nicht zuziehen wegen des Kriegs, den er mit den Sachsen hatte. Doch sandte er ihm seine zwölf Berserker. Darunter waren Bödwar Biarki, Hialti der Kühne, Hwitserkr der Mutige, Wöttr, Widseti und die Brüder Swipdagr und Beigudr. In diesem Kriege fiel König Ali und ein großer Teil seines Heers. Da nahm König Adils dem Toten den Helm Hildiswin und seinen Hengst Hrafn. Da verlangten die Berserker Hrolfs Krakis jeglicher drei Pfund Gold zu Lohn und überdies die Kleinode, die sie für Hrolf Kraki gewählt hatten und ihm nun zu bringen verlangten. Das war der Helm Hildigöltr, der Panzer Finsleif, an dem kein Schwert haftete, und der Goldring, der Swiagris hieß und von Adils Vorfahren herkam. Aber der König weigerte alle diese Kleinode und bezahlte auch nicht einmal den Lohn. Da fuhren die Berserker heim und waren übel zufrieden. Sie berichteten dies dem König Hrolf, der sich sogleich bereit machte, gen Upsala zu fahren, und als er mit seinen Schiffen in den Fyrifluß kam, ritt er gen Upsala und seine zwölf Berserker mit ihm, die da friedlos waren. Yrsa, seine Mutter, empfing ihn und folgte ihm zur Herberge; aber nicht zu des Königs Halle. Da wurden große Feuer für sie angezündet und ward Äl zum Trinken gereicht. Da kamen König Adils Mannen herein und trugen Scheite ins Feuer und machten es so groß, daß Hrolf und den seinen die Kleider brannten, und fragten, ob das wahr sei, daß Hrolf Kraki und seine Berserker weder Feuer noch Eisen scheuten. Da sprang Hrolf Kraki auf mit allen den seinigen und rief:

Laßt uns mehren die Glut   in Adils Gemach.

Da nahm er seinen Schild und warf ihn ins Feuer und lief über das Feuer, während der Schild brannte, und rief:

Der fürchtet kein Feuer,   der drüber fährt.

So taten auch seine Mannen einer nach dem andern. Darauf nahmen sie die, welche das Feuer hatten, und warfen sie hinein. Da kam Yrsa, gab Hrolf Kraki ein Hirschhorn mit Gold gefüllt und darin den Ring Swiagris und bat ihn, fortzureiten zu seinem Heere. Da sprangen sie auf ihre Pferde und ritten fort über Fyrisfeld. Da sahen sie, daß König Adils ihnen mit seinem Heere nachritt in voller Rüstung und wollte sie töten. Da nahm Hrolf Kraki mit seiner Rechten Gold aus dem Horn und streute es auf den Weg. Als die Schweden das sahen, sprangen sie von den Sätteln und nahm jeder, was er bekommen konnte. Aber König Adils gebot ihnen zu reiten und ritt selber aus aller Macht. Sein Pferd hieß Slungnir, das schnellste aller Pferde. Als Hrolf Kraki sah, daß König Adils ihn schier erritten hatte, nahm er den Ring Swiagris, warf ihn ihm zu und bat ihn, den als eine Gabe zu nehmen. König Adils ritt nach dem Ringe, hob ihn mit dem Speer auf und ließ ihn an den Griff niedergleiten. Da wandte sich Hrolf Kraki, und als er sah, wie sich jener bückte, sprach er: wie ein Schwein gebogen hab ich nun den, welcher der reichste in Schweden war. Und also schieden sie. Darum heißt das Gold Krakis Saat oder Samen von Fyrisfeld.

Högni und Hilde

Sk. c. 50

65. Ein König, Högni genannt, hatte eine Tochter, mit Namen Hilde. Diese machte zur Kriegsgefangenen ein König Namens Hedin, Hiarrandis Sohn, während König Högni zur Königsversammlung geritten war. Als er nun hörte, daß in seinem Reiche geheert worden und seine Tochter fortgeführt sei, ritt er mit seinem Gefolge, Hedin aufzusuchen und hörte, daß er nordwärts längs der Küste gesegelt sei. Als er aber nach Norwegen kam, vernahm er, Hedin habe sich westlich gewendet. Da segelte ihm Högni nach bis zu den Orkneyen, und als er nach Häey kam, lag Hedin mit seinem Heere davor. Da ging Hilde, ihren Vater aufzusuchen

und bot ihm in Hedins Namen ein Halsband zum Vergleich; wenn er aber das nicht wolle, so sei Hedin zur Schlacht bereit, und hätte Högni von ihm keine Schonung zu hoffen. Högni antwortete seiner Tochter hart, und als sie Hedin traf, sagte sie ihm, daß Högni keinen Vergleich wolle, und bat ihn, sich zum Streit zu rüsten. Und also taten sie beide, gingen aus an das Eiland und ordneten ihr Heer. Da rief Hedin seinen Schwäher Högni an und bot ihm Vergleich und viel Gold zur Buße. Högni antwortete: Zu spät bietest du mir das, wenn du dich vergleichen willst; denn nun habe ich mein Schwert Dainsleif gezogen, das von den Zwergen geschmiedet ist und eines Mannes Tod werden muß, so oft es entblößt wird, und dessen Hieb immer trifft und Wunden schlägt, die niemals heilen. Da sprach Hedin: Du rühmst dich des Schwertes, aber noch nicht des Sieges. Ich nenne jedes Schwert gut, das seinem Herrn getreu ist. Da begannen sie die Schlacht, die Hiadningawig (Kampf der Hedninge) genannt wird, und stritten den ganzen Tag, und am Abend fuhren die Könige wieder zu den Schiffen. In der Nacht aber ging Hilde zum Walplatz und weckte durch Zauberkunst die Toten alle, und den andern Tag gingen die Könige zum Schlachtfelde und kämpften, und so auch alle, die tags zuvor gefallen waren. Also währte der Streit fort einen Tag nach dem andern, und alle, die da fielen, und alle Schwerter, die auf dem Walplatze lagen, und alle Schilde wurden zu Steinen. Aber sobald es tagte, standen alle Toten wieder auf und kämpften, und alle Waffen wurden wieder brauchbar. Und in den Liedern heißt es, die Hiadninge würden so fortfahren bis zur Götterdämmerung.

Anhang

39. Solarliod

Das Sonnenlied

1 Gut und Leben raubte lang allen Lebenden
Jener grimme Greis:
Über die Wegscheide, die er bewachte,
Konnte keiner lebend kommen.

2 Einsam immer saß er und aß,
Lud nie den Mann zum Mahl,
Bis müd und matt und unvermögend
Jetzt ein Gast die Gasse gegangen kam.

3 Des Tranks bedürftig, beteuerte sich der Fremdling
Und heißen Hunger zu haben;
Mit verzagtem Herzen zeigt' er Vertrauen
Zu dem übel gearteten.

4 Trank und Speise spendet' er dem Müden
Gern aus ganzem Herzen,
Gedachte Gottes und gab dem Bedürftigen,
Weil er sich verworfen wußte.

5 Aufstand jener mit üblem Vorsatz;
Nicht bedurfte der Wandrer der Wohltat.
Die Sünde schwoll: im Schlaf ermordet er,
Wie weis' er war, den Reuigen.

6 Den Gott im Himmel um Hilfe flehte der,
Als er verwundet erwachte;
Aber der andere nahm seine Sünden auf sich,
Der ihn schuldlos erschlug.

7 Heilige Engel schwebten   vom Himmel hernieder
Und bargen seine Seele:
Ein lauteres Leben   lebt sie ewig
Bei Gott dem Allgütigen.

8 Besitz und Gesundheit   sind keinem sicher,
Wie gut es ihm ergehe.
Oft verderbt uns,   woran wir am wenigsten dachten;
Niemand setzt sich selbst sein Schicksal.

9 Nicht versahen sich's   Säwaldi und Unnar,
Daß ihr Glück so bald zerbräche;
Doch mußten sie nackt,   da nichts ihnen blieb,
Wie Wölfe fliehen zum Walde.

10 Zum Fall hat viele   die Liebe geführt;
Viel Schmerzen schufen die Frauen:
Meineid befleckte manche,   die der mächtige Gott
Doch so schön geschaffen.

11 Schwertbrüder waren   Swafudr und Swarthedin,
Mochten nicht ohn' einander sein.
Eines Weibes wegen   wurden sie sich feind:
Die stand ihnen zum Sturz bestimmt.

12 Alles vergaßen sie   über dem Glanz der Schönen,
Scherz und schöne Tage,
Sie schlugen alles   sich aus dem Sinn
Bis auf der Lieben lichten Leib.

13 Da wurden ihnen düster   die dunklen Nächte,
Sie schliefen den süßen Schlaf nicht mehr.
Aus diesem Harme   erwuchs der Haß
Zwischen Bundesbrüdern.

14 Allzuoft wird   Unenthaltsamkeit
Grimmig vergolten,
Den Holmgang gingen sie   um das holde Weib
Und lagen beid' im Blute.

15 Übermutes soll sich keiner vermessen:
Des ward ich wohl gewahr,
Denn abgefallen sind allermeist
Von Gott, die sich ihm ergaben.

16 Reich und mächtig waren Nadey und Webogi,
Lustig zu leben allein bedacht;
Von Feuer zu Feuer nun sieht man sie fahren,
Die schnöden Geschwüre zu bähen.

17 Sie hofften nur auf sich und dünkten sich hoch
Über alle Sterblichen;
Aber den Lauf wies ihrem Lose
Anders der Allmächtige.

18 Sie lebten nach Lust und Laune dahin
Und sparten im Spiele das Gold nicht:
Das büßen nun beide, da sie bettelnd wechseln
Zwischen Frost und Feuer.

19 Dem Abgünstigen traue nicht allzuviel
Wie süß er red' und raune.
Heuchl' ihm Freundschaft: fremden Trug
Lassen wir weislich uns warnen.

20 So erging es Sörli dem Guten,
Als er sich in Wigolfs Gewalt gab:
Er traut' ihm treulich; doch jener trog ihn,
Der seinen Bruder erschlagen.

21 Er gewährt' ihnen Frieden, als wär' es von Herzen;
Man verhieß ihm Gold dagegen.
Sie schienen versöhnt beim süßen Met;
Noch kam der Falsch nicht zum Vorschein.

22 Aber darauf, am andern Tag,
Als sie Rygiartal erritten,
Mit Schwertern erschlugen sie den Schuldlosen
Und ließen sein Leben schwinden.

23 Die Hülle trugen sie auf heimlichen Wegen
Und bargen im Brunnen die Stücke.
Sie wollten es hehlen; der Herr aber sah's,
Der Heilige, himmelhernieder.

24 Die Seele lud er, der süße Gott,
In seine Freuden zu fahren;
Doch mag er wohl säumig die Mordgesellen
Ihres langen Leids erledigen.

25 Die Disen bitte, die Bräute des Himmels,
Dir holdes Herz zu hegen:
Deinen Wünschen werden sie in kommenden Wochen
Alles zu Liebe lenken.

26 Das Werk des Unmuts, das auf dir lastet,
Büße nicht Böses häufend.
Liebestat versöhne den Schwerverletzten:
Das, sagt man, frommt der Seele.

27 Um Gnadengaben flehe zu Gott,
Dem Mächtigen, der uns Menschen schuf;
Übels viel befährt der Mann,
Der seinen Vater versäumt.

28 Mit brünstigem Flehn erbitte dir,
Wes du dich bedürftig dünkst.
Wer nichts erbittet, dem bietet man nichts:
Wer ersinnt des Schweigenden Schäden?

29 Spät komm' ich gefahren, frühe beschieden
Vor des Fürsten Türe.
Da erhoff' ich, was mir verheißen ist:
Kost erlangt, wer verlangt.

30 Die Sünden sind schuld, daß wir trauernd scheiden
Aus dieser Welt des Wehs.
Niemand fürchte sich, der nichts verbrach:
Ein reines Herz errettet.

31 Wolfsgestalt   gewinnen alle,
Die wandelbaren Sinnes sind.
Das erfährt wohl jeder,   der fahren soll
Über feuriger Flammen Glut.

32 Freundlichen Rat   und weise geflochtnen
Sagt' ich dir siebenfach;
Vernimm ihn wohl   und vergiß ihn nie,
Er ist wohl wert zu wissen.

33 Erst will ich dir sagen,   wie selig ich war
In dieser Welt des Wehs.
Das ist das andre: daß alle Menschen
Wider Willen Leichen werden.

34 Wollust und Stolz   betrügt die Sterblichen,
Daß sie nach Schätzen schielen.
Zu langem Leide   wird das lichte Gold;
Manchen betören Taler.

35 Munter meist   erschien ich den Menschen,
Denn wenig wußt' ich voraus:
Die zeitliche Welt   hat wollustreich
Der Schöpfer geschaffen.

36 Mit Neigen saß ich   und nickte lange;
Doch groß war die Lust zu leben.
Aber des Waltenden   Willen entschied,
Zum Tode führen Wege viel.

37 Die Tage der Krankheit   fühlt' ich unsanft
Mir um die Hüfte geheftet;
Zerreißen wollt' ich sie;   aber sie waren stärker:
Leichter geht sich's lose.

38 Allein wußt' ich,   wie überall
Mir die Schmerzen schwollen.
Heim luden mich   der Hölle Töchter
Graunvoll alle Abend.

39 Die Sonne sah ich,   das schöne Tagsgestirn,
Sinken in die Welt des Schreiens,
Und der Hölle Gitter   hört ich mir zur Linken
Schaurig erschallen.

40 Die Sonne sah ich   blutrot scheinen,
Wie ich von der Welt mich wandte;
Doch heller schien sie mir   und herrlicher,
Als ich sie noch je gesehen.

41 Die Sonne sah ich,   sie war so schön,
Als säh ich Gott den Schöpfer selbst.
Ich neigte der herrlichen   heut' zum letzten Mal
In dieser Welt des Wehs.

42 Die Sonne sah ich,   so war ihr Glanz,
Daß sonst mir nichts bewußt mehr war.
Die Höllenflüsse   hallten zur Linken mir,
Gemischt mit manches Menschen Blut.

43 Die Sonne sah ich   bebenden Angesichts,
Der Schrecken voll und Schmerzen:
Denn mein Herz,   das hart bedrängte,
Zerging in Angst und Ohnmacht.

44 Die Sonne sah ich   noch selten verzagter;
Ich war der Welt schier halb entwandt;
Die Zunge stand mir   starr im Munde,
So fühlt' ich sie von Frost erfaßt.

45 Die Sonne sollt' ich   nicht wiedersehn
Nach jenem trüben Tage.
Der blaue Himmel   verbarg sich mir;
In Schmerzen entschwand die Besinnung.

46 Der Stern der Hoffnung (die Seele)   in der Stunde der Neugeburt
Entflog der bangen Brust.
Er schwang sich hoch empor   und setzte sich nirgends,
Daß er zur Ruhe kommen könnte.

47 Aber am ängstlichsten war mir die eine Nacht,
Wo ich starr lag auf dem Stroh.
Da verstand ich erst ganz das göttliche Wort:
Vom Staube stammen die Sterblichen.

48 Das wiss' und erwäge der waltende Gott,
Der die Welt und den Himmel wirkte,
Wie einsam wir beim Abschied bleiben,
Zählten wir gleich der Freunde viel.

49 Seiner Taten Frucht empfängt ein jeder:
Selig, wer da wohl gewirkt!
Ich Schatzentblößter kam auf ein Bett
Von schierem Sande zu liegen.

50 Der Haut zu pflegen vergißt man der Pflicht:
Dies dünkt das erste Bedürfnis.
Doch mir verleidete sich die Lauge solchen Bads
Über alle Maßen.

51 Auf der Nornen Stuhl saß ich neun Tage,
Ward dann auf den Hengst gehoben.
Schauerlich schien die Sonne der Riesin
Aus Nacht und Nebel nieder.

52 Innen und außen wähnt' ich alle sieben
Unterwelten zu durchwandern;
Auf und nieder sucht' ich ängstlich den Weg,
Der leidlicher zu wandern wäre.

53 Nun ist zu sagen, was ich zuerst ersah,
Als ich zu den Qualorten kam:
Versengte Vögel, die Seelen waren,
Flogen wie Fliegen umher.

54 Von Westen drangen die Drachen des Wahns
Und bedeckten die glühenden Gassen.
Sie schlugen die Schwingen, als sollte der Himmel
Bersten und die Erde.

55 Den Sonnenhirsch sah ich von Süden kommen
Von zwein am Zaun geleitet.
Auf dem Felde standen seine Füße,
Die Hörner hob er zum Himmel.

56 Von Norden ritten der Nüchternheit Söhne;
Ihrer sieben sah ich.
Volle Hörner hoben sie des herrlichen Mets
Aus des guten Gottes Brunnen.

57 Der Wind schwieg, die Wasser stockten:
Da hört' ich kläglichen Klang.
Aus allen Kräften eifrige Weiber
Mahlten den Müll zum Mahl.

58 Triefende Steine sah ich die traurigen Weiber
Übel handhaben.
Blutige Herzen hingen von ihren Brüsten
Zu langem Leide nieder.

59 Viel Männer sah ich matt von Wunden
Auf den glühenden Gassen.
Ihr Angesicht dünkte mich immerdar
Rot von rauchendem Blut.

60 Viele sah ich der Erde befohlen
Ohne das letzte Geleit.
Heidnische Sterne umstanden ihr Haupt
Von Todesstäben getroffen.

61 Manche sah ich da, die der Mißgunst sich
Um anderer Glück ergeben.
Blutge Runen standen auf ihrer Brust
Vermerkt des Meineids halber.

62 Manchen sah ich da, der weglos mußte
In der Öde traurig irren.
Der Lohn wird dem, der dieser Welt
Eitelkeit sich äffen läßt.

63 Männer sah ich da, die manches Stück
Von anderer Gut sich angeeignet.
In Scharen gingen sie zu Schatzliebs Burg
Und schleppten Bürden von Blei.

64 Männer sah ich da, die manchen hatten
Entleibt dem Gut zu Liebe.
Die Brust durchbohrten den Bösewichtern
Grimme Giftdrachen.

65 Männer sah ich da, die es missen wollten,
Die heiligen Tage zu halten.
Ihre Hände waren an heiße Steine
Notfest genagelt.

66 Männer sah ich da, die mehr als billig
Der Hochmut höhnte.
Ihr Gewand war wunderbar
Übergossen mit Blut.

67 Männer sah ich da, die manch Wort hatten
Auf andre Leute gelogen.
Ihren Häuptern hackten die Höllenraben
Eifrig die Augen aus.

68 Alle Schrecken mag einer nicht wissen,
Die die Höllenkinder quälen.
Süße Sünden werden schwer gebüßt;
Hochmut kommt vor dem Fall.

69 Männer sah ich da, die manchen Schatz
Gott zu Liebe gegeben:
Himmlische Kerzen über ihren Häuptern
Brannten lichterloh.

70 Männer sah ich da, die großmütig
Den Armen geholfen hatten:
Heilige Bücher lasen die Himmlischen
Über ihren Häuptern.

71 Männer sah ich da, die sich gemartert
Hatten viel mit Fasten.
Ihnen neigten die Engel Gottes:
Das ist süße Seligkeit.

72 Männer sah ich da, die ihrer Mutter
Das Mahl zum Mund geführt.
In Himmelsstrahlen standen ihnen
Die Betten gebreitet.

73 Himmlische Mädchen wuschen ihnen
Die Seele rein von Sünden,
Die freiwillig mit keuschem Fasten
Sich manchen Tag gemartert.

74 Himmlische Wagen sah ich zum Himmel fahren
Empor die göttlichen Gassen.
Männer lenkten sie, die unter Mörderhand
Ledig sanken aller Schuld.

75 Allmächtiger Vater, gleichmächtiger Sohn,
Heiliger Geist des Himmels,
Dich bitt' ich, nimm, die du erschaffen hast,
Uns aus dem Elend alle.

76 Beugwör und Listwör sitzen vor des Hirten Tor
Auf dem Orgelstuhl.
Flüssiges Eisen entfließt ihren Nasen;
So weckten sie Haß und Wut.

77 Frigg, Odins Frau, fährt auf der Erde Schiff
Zu der Wollust Wonne.
Ihre Segel senkt sie spät,
Die an harten Tauen hangen.

78 Erbe, dein Vater allein verhalf dir,
Mit Solkatlis Söhnen
Zu des Hirschen Horn, das aus dem Hügel nahm
Der weise Wigdwalin.

79 Das sind die Runen, die da ritzten
Njörds Töchter neun,
Radwör die älteste, und Kreppwör die jüngste
Mit ihrer Schwestern sieben.

80 Welche Gewalttaten wirkten nicht
Swafr und Swafrlogi!
Blut weckten sie, Wunden sogen sie,
Tödliche, bitterböse.

81 Dieses Lied, das ich dich lehrte,
Sollst du vor dem Volke singen:
Das Sonnenlied wird selten wohl
Den Leuten zu lügen scheinen.

82 Hier laß uns scheiden; am schönen Tag
Finden wir uns wieder.
Gebe Gott den Begrabnen Ruhe
Und verleihe den Lebenden Frieden.

83 Tröstliche Lehre ward dir im Traum gesungen,
Und Wahrheit ward dir enthüllt.
Von allen Lebenden war niemand so gelehrt,
Daß er das Sonnenlied singen hörte.

Abb. 13: Emaille, „Escutcheon“ mit Wirbelmuster.

40. Gunnars Harfenschlag

[Dieses Lied entdeckte Edmund Magnussen 1780 in Island. Es wurde im 18. Jahrhundert verfaßt, vermutlich von dem Gelehrten Gunnar Pâlsson (†1725). Thematisch schließt es sich an Lied 35, „Atlamal. Das jüngere Atli-Lied“, an.]

1 Einst war's, daß Gunnar   den Tod erwartete,
Giukis Sohn,   in Grabaks Saal.
Die Füße waren frei   dem fürstlichen Erben,
Die Hände mit hartem   Haft gebunden.

2 Die Harfe gab man   dem streitkühnen Helden,
Da zeigt' er die Kunst   mit den Zweigen der Füße.
Herrlich trat er   die Harfenstränge;
Wie der König konnte   keiner spielen.

3 Solchen Gesang   sang da Gunnar;
Die Harfe spricht   mit menschlicher Stimme,
Nicht süßer sänge sie,   wär' sie ein Schwan;
Der Wurmsaal schallt   von der Saiten Gold.

4 Die Schwester sah ich   unselig vermählt
Ihm, der den Bund   den Niflungen brach.
Her lud Atli   Högni und Gunnar,
Seine Schwäger beide,   sie zu ermorden.

5 Statt voller Kelche   ward ihnen Kampf,
Mordlich Gefecht   statt fröhlichen Mahls.
So lange Leute   nun leben, heißt es:
So falsch an Freunden   tat keiner zuvor.

6 „Wie ahndest du, Atli, also den Zorn?
Brynhild stach sich selber tot,
Sie, die Sigurden erschlagen ließ.
Was willst du Gudrunen drum weinen lassen?

7 Der Rabe schrie heißer vom hohen Baum,
Uns gefährde das Leben des Schwagers Fall.
Auch sagte mir Brynhild, Budlis Tochter,
Uns werde Atli überlisten.

8 Glaumwör wußt's es wohl zuvor,
Da wir zuletzt beisammen lagen.
Widrige Träume schreckten mein Weib:
„Fahre nicht, Gunnar! Falsch ist dir Atli.

9 Deinen Speer gerötet sah ich von Blut,
Den Erben Giukis den Galgen erbaut.
Ich dachte, die Disen lüden dich:
Drum traut nicht, Brüder, man will euch betrügen."

10 Auch hub Kostbera an, Högnis Vermählte,
Von verritzten Runen, abratenden Träumen.
Doch kühn war das Herz in der Helden Brust,
Sie bangten beide nicht vor dem bittern Tod.

11 „Uns ist von den Nornen das Alter bestimmt,
Uns Erben Giukis, nach Odins Willen.
Wider das Schicksal mag niemand sich setzen,
Noch von Heil verlassen dem Herzen vertraun.

12 Mich lächert, Atli, daß du lassen mußt
Die roten Ringe, die Reidmar besaß.
Ich weiß allein nun, wo sie verborgen sind,
Seit ihr dem Högni nach dem Herzen schnitt.

13 Mich lächert, Atli, daß dem lachenden Högni
Den hunnisch Heer nach dem Herzen schnitt.
Nicht ächzte der Niflung, als das Messer eindrang,
Verzog nicht die Braue bei dem bittern Tod.

14 Mich lächert, Atli, daß du lassen mußtest
So manchen der Mannen, der mutigsten gar,
Durch unsre Schwerter, eh du's vollbrachtest.
Unsre hehre Schwester erschlug dir den Bruder.

15 Kein furchtsam Wort bringt Gunnar vor,
Giukis Sohn, in Grafwitnirs Höhle.
Nicht wird er harmvoll Heervatern nahn,
Längst ist der Fürst der Leiden gewöhnt.

16 Eher soll Goin ans Herz mir graben
Und Nidhöggr die Nieren saugen,
Linn und Langbackr die Leber zehren,
Ehe der Gleichmut Gunnarn verläßt.

17 Doch wird es Gudrun grimmig rächen,
Daß uns Atli also betrogen hat.
Sie wird dir, Herrscher, die Herzen bringen.
Deiner Söhne gesotten zum Abendschmaus.

18 Aber mit Met vermischt ihr Blut
Sollst du aus der Schädel Schalen trinken.
Am härtesten härmt dir aber das Herz,
Wenn dich Gudrun feige und grausam schilt.

19 Kurz währt dein Leben nach der Könige Tod,
Böses bringt dir der Verrat an den Brüdern:
Wohl scheinst du es wert, daß wir durch die Schwester,
Die notgezwungene, den Treubruch zahlen.

20 Dich wird Gudrun mit dem Speer durchbohren,
Zur Seite soll ihr Niflung stehen.
Hohe Lohe wird deine Halle umspielen,
Und dann in Nastrand dich Nidhöggr saugen.

21 Grabak schläft schon und Grafwitnir,
Gion und Moin und Grafwölludr,
Ofnir und Swafnir, die giftgeschwollenen,
Nadr und Nidhöggr und die Nattern alle,
Hring und Höggwardr, vom Harfenschalle.

22 Alleine wacht noch Atlis Mutter:
Die wendet das Herz mir bis an die Wurzel,
Saugt mir die Leber, frißt mir die Lunge,
Läßt nicht länger den König leben.

23 Verhalle Harfe, von hinnen muß ich,
Das zweite Walhall bewohnen fürderhin,
Mit den Göttern trinken den teuern Met,
Von Sährimnir speisen in Odins Saal.

24 Gunnars Harfenschlag ist ausgesungen,
Mein Lied erlabt' euch zum letzten Mal.
Kein Fürst wird hinfort mit der Füße Zweigen
Die hellen Saiten der Harfe schlagen."

Abb. 14: Hablingbo Havor II.

Nachwort

Abb. 15: Wotan-Odin aus Torslunda.

Abb. 16: Lärbro Tängelgårda I.

NACHWORT

Zur eddischen Dichtung

Karl Simrocks Übersetzung der Edda, die 1851 zum erstenmal erschien und allein im 19. Jahrhundert 9 Auflagen erlebte, ist noch immer eine der umfassendsten deutschen Ausgaben der im Mittelalter in altisländischer Sprache entstandenen grandiosen Dichtung, die zu den Kostbarkeiten der Weltliteratur zählt. Sie besteht aus 2 bzw. 3 Teilen:

1) (16) Götterlieder 2) (24) Heldenlieder	Stabreim- Dichtung	Ältere Edda (auch: Lieder-Edda)
3) Drei jüngere Prosadichtungen des Snorri Sturluson (1. Gylfaginning; 2. Skaldskaparmal; 3. Hattatal)		Jüngere Edda (auch: Prosa-Edda oder: Snorri-Edda)

Der Name Edda bedeutet „Urgroßmutter“. Sein Sinn als Buchtitel ist nicht so klar (→ Register).

Entstanden sind die Lieder der Älteren Edda zwischen 800 und 1200; die späteren in Island, die früheren in Norwegen oder norwegischen Kolonien auf britischen Inseln; das jüngere Atli-Lied (35) auf Grönland. Die Verfasser sind unbekannt – für Dichtungen des früheren Mittelalters nicht ungewöhnlich.
Die Jüngere Edda entstand um 1220 in Island. Verfasser ist Snorri Sturluson (geb. 1178, ermordet 22. 9. 1241), Politiker und vor allem der bedeutendste isländische Dichter des Mittelalters. Er vermittelte die Regeln skaldischer Dichtung *(Skaldskaparmal* und *Hattatal)*, vor allem schuf er eine umfassende Darstellung der altnordischen Mythologie *(Gylfaginning)*.

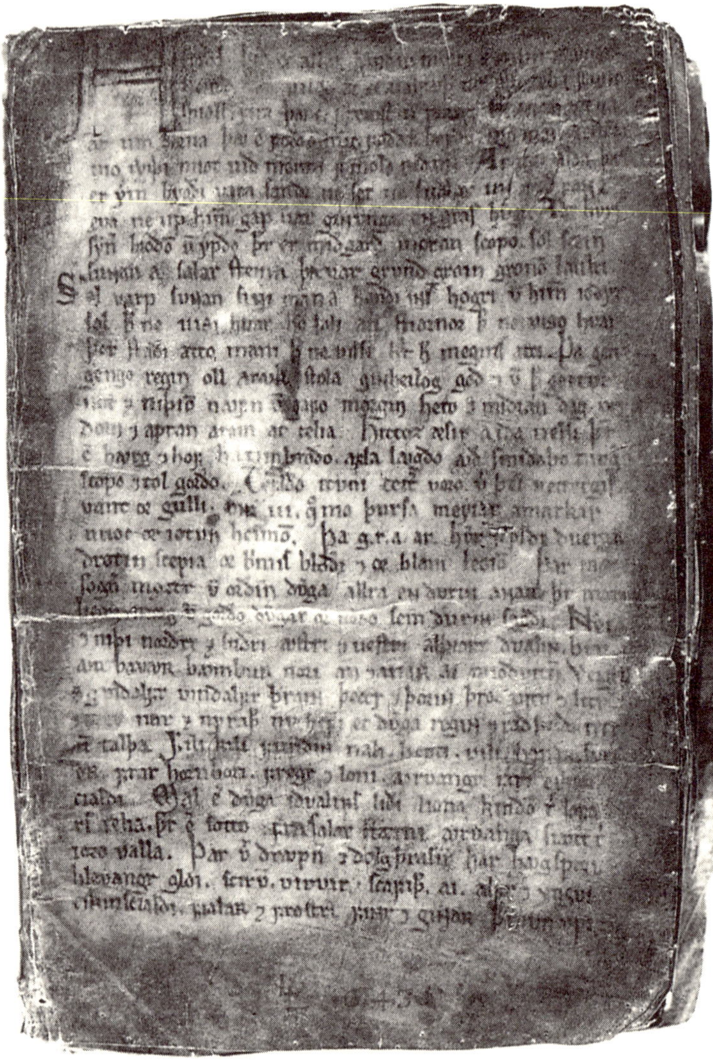

Abb. 17: Codex Regius, 1. Seite.

Zur Älteren Edda

Überlieferung

Haupthandschrift ist der berühmte Codex Regius („Königliche" oder „Pracht-Handschrift"). Ein erster Besitzeintrag findet sich 1643 unter dem Namen des Bischofs Sveinsson. Davor ist über den Weg des Codex nichts Sicheres bekannt. Noch im 17. Jahrhundert gelangte die Handschrift in die königliche Bibliothek – daher die Namensgebung – zu Kopenhagen. Seit 1971 wird sie im Isländischen Handschrifteninstitut zu Reykjavík aufbewahrt. Niedergeschrieben wurde sie um 1270 von einem Schreiber nach einer schriftlichen Vorlage, einer Liedersammlung, die das Ergebnis mannigfaltiger und gestufter Sammelarbeit Vieler gewesen sein muß und ca. 1240 fertig vorlag.
Der Codex Regius besteht aus 45 Pergamentblättern in 6 Lagen. Zwischen der 4. und 5. Lage (nach Blatt 32) fehlen 8 Blätter (1 Lage). Doch bis auf diese große Lücke sind die erhaltenen Lieder weitgehend vollständig überliefert, klar gegliedert in 2 Großgruppen (Helden- und Götterlieder) und innerhalb dieser 2 Gruppen in kleinere, sinnvolle Einheiten. Die Blätter sind 19 bis 19,4 cm hoch und 13 bis 13,4 cm breit. Der Ledereinband trägt Goldprägung. Der Beginn der Lieder ist durch Überschriften mit brauner Tinte sowie durch grüne oder rote Initialen gekennzeichnet. Gelegentlich finden sich bei Dialogliedern Abkürzungen am Rande. Unterhalb des Textes hat der Schreiber Blatt-, Blumen- oder Strichornamente sowie einige Tierfiguren und Menschenköpfe angebracht. Der Text ist durchgehend geschrieben; Verse und Strophen sind nicht abgesetzt (siehe Abb. S. 360). – Simrock, der Übersetzer der vorliegenden Ausgabe, folgt dem handschriftlichen Text genau, weicht aber in der Anordnung der Lieder gelegentlich von der Reihenfolge in der Handschrift ab. Darüber hinaus druckt Simrock noch weitere Edda-Lieder ab, die nicht in der Haupthandschrift stehen, aber eine enge Beziehung zu ihnen haben.

Entstehung der Liedersammlung des Codex Regius

Obwohl in der Edda-Forschung die Frage der Entstehung lange und unterschiedlich diskutiert worden ist, gilt es doch als weitgehend sicher, daß auf eine Phase der mündlichen Überlieferung die schrift-

liche in zwei Phasen einsetzte. Zunächst könnte es kleinere Sammlungen von Liedgruppen gegeben haben, bis es zu einer großen Sammlung gekommen ist. Diese Sammlung war entweder die Vorlage für den Codex Regius oder der Codex Regius selber.
Für die Entstehung im einzelnen wären im wesentlichen 3 Auffassungen anzuführen. A. Heusler (1923) geht von einer Liederheft-Theorie aus. Er setzt ein „Odin-Heft" (3 Lieder), ein „Spruchheft" (6 Einzellieder, später als Havamal – Lied 6 – zusammengefaßt), ein „Helgi-Heft" (3 Lieder) und ein umfangreiches „Sigurd-Heft" voraus. Alle 4 Hefte seien stufenweise ausgebaut worden.
E. Wesen (1945) glaubt, daß Snorri Sturluson deswegen einen hohen Anteil an der Entstehung der Edda-Sammlung gehabt habe, weil er einige Lieder (1–3: Völuspa, Grimnismal und Vafthrudnismal) besonders genau in seinen Gylfaginning 1220 zitiert, während die Lieder ja erst ca. 1270 im Codex Regius das Licht der Welt erblickten. Snorri könnte sogar der Aufzeichner der 3 Lieder gewesen sein. Dazu seien weitere Aufzeichnungen von Liedern gekommen, deren Produkte planmäßig von einem späteren Redakteur in die Reihenfolge des Codex Regius gebracht worden seien.
G. Lindblad (1954–1980) folgert aus handschriftlichen Untersuchungen, daß es grundsätzlich 2 getrennte Sammlungen gegeben haben muß. Einmal seien es einzelne oder paarweis aufgezeichnete Lieder, die systematisch zum Götterliederteil des Codex Regius geordnet wurden. Zum anderen sei der Heldenliederteil von vornherein als Liederzyklus oder sogar als „Familiensage in Versen" geplant gewesen. Im einzelnen könnte die Entstehung des Heldenliederteils so gewesen sein: Schaffung eines Sigurd-Liederzyklus mit Sigurd als Zentralgestalt, dann Anschluß von Dichtungen über die Wölsungen und Niflungen, schließlich Anbindung von Dichtungen über Helgi den Hundingstöter und über den Gotenkönig Ermanarich.

Sprache

Die Originalsprache der Älteren (und Jüngeren) Edda ist Altnordisch, genauer: A l t i s l ä n d i s c h (die Sprache der 874–830** die Insel Island besetzenden Norweger).

***landnama-tid* „Landnahmezeit".

*Urnordisch (erschlossene Sprachstufe)				ca. 200
Altnordisch/ **Altisländisch**				ca. 700
(Alt) WESTNORDISCH		(Alt) OSTNORDISCH		ca. 900
Alt-isländisch	Alt-norwegisch	Alt-dänisch	Alt-schwedisch	ca. 1250 Über-gangszeit
(Neu-) Isländisch	(Neu-) Norwegisch	(Neu-) Dänisch	(Neu-) Schwedisch	ca. 1400

Das Isländische gehört also zum nordgermanischen oder skandinavischen Sprachstamm. Dieser bildet eine ausgeprägte Einheit gegenüber dem Ostgermanischen (Gotischen) und Westgermanischen (der deutschen und anglofriesischen Sprachgruppe).

Als Literatur-/Dichtersprache ist das Altisländische gegenüber den anderen altnordischen Sprachen, die vor allem Rechtsliteratur überliefern, von großer Bedeutung durch die Überlieferung von einzigartigen poetischen Denkmälern: den Edda-Liedern, der Skaldendichtung und der Sagadichtung (13./14. Jh.). Kein anderes Land hat im Verhältnis zu seiner Bevölkerung eine so reich entwickelte Dichtung hervorgebracht wie Island im Mittelalter.

Sprachleistung *(Kenningar)*

Die Sprache der Edda stellt eine für ihre Zeit herausragende, ja singuläre Schöpfung dar. Sie ist eine außerordentlich weit entwickelte Kunstssprache, die sich der Stabreimtechnik (siehe unten S. 365) bedient, vor allem charakterisiert ist durch ein nahezu barockes Schwelgen in Bildern, Vergleichen und Umschreibungen. Diese

Umschreibungen, *Kenningar* (Sgl. *Kenning* „das (Wieder-)Erkennen") sind besonders gezielt eingesetzte, aber auch nicht immer leicht zu verstehende Stilmittel, die sachliche oder mythologische (auf bestimmte Geschichten und Geschehnisse bezogene) Anspielungen enthalten.
Eine der vielen Umschreibungen für ‹Schiff› heißt „Rollenroß", weil die Schiffe auf Rollen an Land gezogen wurden; eine andere heißt „Pferd der Schwanberge" (Pferd der Wellen). Der ‹Kampf› ist ein „Schwertertreffen" oder ein „Speergewitter". Das ‹Schwert› wird „Blutschlange" oder „Wundenflamme" genannt.
Unter den mythologischen *Kenningar* gibt es einfacher zu verstehende wie die für den ‹Hort› (der Niflungen): „Fafnirs Erbe", „Fafnirs Lager", „Grans Bürde" u. a. m. Schwer oder gar nicht zu verstehen, weil an die Kenntnis von mythologischen Erzählungen gebunden, sind z. B. die *Kenningar* für ‹Gold›: „Sifs Haar" (das ist die Geschichte von Thor, den Loki zwingt, das Sif abgeschnittene Haar in Gold zu verwandeln, S. 324–326) oder für ‹Goldenes Zeitalter›: „Frodis Friede" (siehe Register → Frodis Friede).

Erzählform

Erzählt wird nicht in epischer Breite, sondern knapp und kurz, manchmal sehr gerafft; immer pointiert, zugespitzt auf ein Ereignis, Schicksal oder eine Weisheit. Oft besteht ein ganzes Lied aus einem einzigen Frage- und Antwortspiel; durch den dialogischen Charakter kommt ein dramatisierendes Element hinzu. Durchgängiges Erzählprinzip ist der reihende Stil: unkompliziert folgt ein Geschehnis dem andern.
Bei den Liedern der Älteren Edda herrscht die strophische Form vor. Prosa-Stücke leiten meist ein Lied ein oder bilden gar den Rahmen eines Liedes; gelegentlich finden sich in den Liedern verbindende kurze Prosastücke. Zwei Lieder sind ganz in Prosa abgefaßt (Nr. 21 und 30).

Weltbild

Fremd, aber reizvoll mutet das Weltbild an, welches die Edda vermittelt. Es ist die versunkene heidnisch-germanische Welt, in der Schuld nicht Vergebung und Sühne, sondern wieder nur neue Schuld nach sich zieht. Den Mord am Vater hat der Sohn zu rächen (Blutrache),

und die neue Mord-Tat ruft unerbittlich abermals die tödliche Vergeltung nach sich. So herrscht allenthalben ein düsterer Fatalismus. Zwar wird Fehlverhalten – wie Eifersucht, Verleumdung, Goldgier – verurteilt. Es wird aber für unabänderlich gehalten. Alles ist festgelegt. Eine überraschende Entwicklung, eine Schlichtung von Konflikten gibt es nicht. Weil das Schicksal bestimmt ist, ist es auch voraussehbar. Daher die häufigen Voraussagen, Weissagungen und Träume. Ja selbst der betroffene Held kennt seinen Untergang. Er stemmt sich ihm nicht mit aller Kraft entgegen, sondern ergibt sich ihm fatalistisch. Seine Vorbestimmung hindert ihn aber nicht am Handeln. Dieses Handeln, obwohl es zum Untergang führt, adelt ihn, gibt ihm seinen Wert: er erhält die Gewißheit, nach seinem ruhmvollen Tod einen Platz in Odins Walhalla zu erhalten.
Nur wenig Christliches ist in die eddische Dichtung – am eindrucksvollsten noch in der Weissagung der Seherin, Nr. 1 am Ende – eingeflossen. Christliches ist dieser Dichtung nicht gemäß. Es muß als spätere Zutat der Schreiber, die die Zeit der Christianisierung erlebt haben, verstanden werden.

Stabreim

Die in Strophen abgefaßten Lieder der Älteren Edaa bedienen sich der frühmittelalterlichen Kunstform der Stabreimtechnik. Befinden sich in der geläufigen Endreimdichtung die Reimwörter am Ende jeder Zeile

> Es schlug mein Herz, geschwind zu **Pferde!**
> Es war getan fast eh **gedacht.**
> Der Abend wiegte schon die **Erde,**
> Und in den Bäumen hing die **Nacht ...**
>
> (Goethe, Willkommen und Abschied),

so stehen in der Stabreimdichtung die sich aufeinander beziehenden Reimwörter im Innern der Zeile und betreffen den Anfang (den Anlaut) des Reimwortes

> **Hell** lachte Högni, da sie das **Herz** ihm schnitten
> **Keiner Klage** gedachte der **kühne** Helmschmied.
> **Blutig** auf der Schüssel **brachten** sie's Gunnarn.
>
> (Das alte Atli-Lied, Nr. 34, Str. 24)

In der Regel korrespondiert hier mindestens ein stark betontes Reimwort, ein ‹Stab›, der 1. Halbzeile mit einem entsprechenden der 2. Halbzeile. Häufig stehen zwei Stäbe in der 1. Halbzeile.
Der Stabreim ist, wie jedes echte Formelement, äußeres Zeichen für die innere Form, also den Gehalt der Dichtung. So kommt in den Stabreimen das manchmal fast schlagwortartig komprimierte Geschehen kraftvoll und prägnant zum Ausdruck, ebenso wie das unaufhaltsame Hineingeraten des Helden in das erbarmungslose Räderwerk seines von Anfang an ausweglosen Schicksals. Die Form der Stabreimdichtung unterstreicht auch das oft angewandte Frage- und Antwortspiel, hilft Wesentliches der Dialogpartner ‹auf den Punkt› bringen – das gilt besonders für die Spruchdichtung, wo mit Witz und Ironie Lebensweisheiten vorgetragen werden.
Wie jede alte Dichtung war auch die Edda eine mündlich vorgetragene. Dies sollte der heutige Leser berücksichtigen und gelegentlich sich einige Passagen laut vorlesen oder – noch besser – sich vorlesen lassen.

Strophenform

Die beiden Hauptversmaße sind Fornyrdislag und Liodhattr. Das Fornyrdislag („Versmaß alter Erzählung“) setzt die Tradition der altgermanischen Langzeilendichtung fort. Es besteht aus zwei zweihebigen Kurzzeilen (Halbversen oder Kurzversen), die miteinander durch Stabreim verbunden sind. Im Anvers kann eine der beiden Hebungen den Stabreim tragen, im Abvers stabt nur die erste Hebung (″: stabende Hebung; ′: nichtstabende Hebung):

B′is B″örs S′öhne die B″älle erh′oben
S′ie, die das m″ächtige M″idgard sch′ufen,
Die S″onne von S″üden sch″ien auf die F′elsen
Und dem G″rund en″tgrünte g″rüner L′auch.

(Lied 1, Str. 4; Weissagung der Seherin)

Das zweite Versmaß, der Liodhattr (ursprünglich „Liedweise, Gesangesweise“), beginnt mit einer Langzeile, es folgt darauf aber eine Vollzeile (Einzelvers), in der Regel mit zwei Hebungen:

Der Ausgänge halber, bevor du eingehst,
Stelle dich sicher
Denn ungewiß ist, wo Widersacher
Im Hause halten.

(Lied 6, Str. 1; Des Hohen Lied)

Die Zweihebigkeit der Vollzeile (Zeilen 2/4) ist nicht immer gewahrt. Sehr oft ist eine Vollzeile dreihebig.
Der Liodhattr wird hauptsächlich in der Spruchdichtung (Verkündung von Lebensweisheiten) und in der belehrenden Dichtung (Einführung in die Weltentstehung, Götter- und Menschenlehre) verwendet (z. B. in Lied 6 oder in Lied 2) sowie in Liedern, die überwiegend aus direkter Rede bestehen (z. B. Lied 9, Oegisdrecka). Er findet sich nicht in erzählenden Liedern. Insgesamt wird der Liodhattr in der Lieder-Edda von ca. 25 %, das Fornyrdislag von 75 % der Lieder benutzt.
In einigen Liedern (z. B. 20–22, den Helgi-Liedern) und in Liedern, die stark mit Prosa durchsetzt sind (z. B. 23, 24 und 25 – also in der Jungsigurd-Dichtung), finden sich Strophen im Fornyrdislag und Liodhattr.

Inhalt/Gehalt der einzelnen Lieder

Die GÖTTERLIEDER (1–16) sind überwiegend „Wissensdichtung", teils in ernstem, teils in heiterem Ton abgefaßt. Sie umspannen eine denkbar große Themenfülle: von der Erschaffung der Welt bis hin zur Erörterung alltäglicher Fragen ethisch-moralischen Verhaltens. So wird in den Götterliedern das ganze Panorama heidnisch-germanischer Welt in seiner bunten Vielfalt, aber auch in seiner inneren Einheit und Geschlossenheit entworfen.
Die Wissensvermittlung geschieht im wesentlichen in zwei Formen: ein Wißbegieriger stellt Fragen, oder es findet ein Wissenswettstreit zwischen zwei Dialog-Partnern statt. Hauptfigur in den ersten Götterliedern (1–7) ist Odin. Danach treten Thor, Loki, Thrym, Alwis, Freyr u. a. in den Mittelpunkt.
Der kleinere, aber nicht weniger reizvolle Teil der Götterlieder ist ‹Spruchdichtung›: Weisheits- oder Tugendlehre. Hier wird das hohe Terrain der Göttersphäre verlassen und eingetaucht in die bunte

Vielfalt des Lebens (Lieder 6 und 7). Einige, wohl spät entstandene (also junge) Lieder (7–10) sind in einem teils spöttischen, teils schwankhaften Ton abgefaßt. Das Thema Brautwerbung behandeln 3 Lieder (12–14), Ständesatire und Liebessehnsucht 2 (15 und 16). Insgesamt zeigt der 1. Teil der Lieder-Edda eine bewußt aufgebaute Reihenfolge der Lieder: vom Allgemeinen über Wissensdichtung in Einzelnes und Episodenhaftes gehend.

(1.) Eröffnet wird die eddische Liedersammlung mit der *Völuspa*, Der Seherin Weissagung, einer Visionendichtung. Das Lied ist ein grandioser Weltentwurf. Berichtet wird erstens von der Erschaffung der Welt (Urgeschichte der Götter und Menschen) in Harmonie; zweitens (Str. 25ff.) von dem Entstehen des ersten Krieges, der Gefährdung von Göttern und Menschen, vom Aufkommen chaotischer, endzeitlicher Verhältnisse, vom Untergang der Welt durch den Weltenbrand (Str. 56). Berichtet wird schließlich drittens (Str. 57ff.) vom Entstehen einer neuen Welt in wiedergewonnener Harmonie. Christliches Gedankengut spielt in die Schilderung der Endzeiterwartung hinein, doch bleibt das Lied im Grundton heidnisch-germanisch. Es ist eine der wichtigsten Quellen nordischer Mythologie und eines der großartigsten Lieder der Edda.
Erzähltechnisch besteht die Dichtung aus einem einzigen Monolog: Völva (Wala), eine mit visionärer Kraft ausgestattete Riesin, deren Geschlecht älter als das der Götter ist, gibt Odin, dem Weisheit suchenden Hauptgott, Auskunft. Sie spricht in der Ich-Form, gelegentlich auch in der dritten Person (Str. 39–41, 44). Der Sprachton ist feierlich verkündend – unterstrichen durch den am Ende häufiger gebrauchten Kehrreim „Wißt Ihr, was das bedeutet?“ – und versetzt den Leser in ein Spannungsfeld zwischen bedrückender Ungewißheit und verhalten froher Heilserwartung. – Die Fülle nebeneinandergestellter mythologischer Personen läßt dieses Lied schwer verständlich erscheinen. Die Jüngere Edda (S. 259–340), auf deren Abschnitte die hochgestellten Zahlen im Text verweisen, bietet hilfreiche Erläuterung.

(2.) *Grimnismal*, das Lied von Grimnir, ist eine mythologische Wissensdichtung mit Rahmenhandlung. Odin prüft unter dem Decknamen Grimnir seinen durch Brudermord an die Macht gekommenen Ziehsohn Geirröd, der die Prüfung nicht besteht und am Ende sich ins Schwert stürzt. Im großen Mittelteil breitet Grimnir (Odin) monologisch umfassendes Wissen aus, so über die Wohnungen der Götter, die Weltesche Yggdrasil, Walhalla, Weltentstehung und zählt seine zahlreichen Namen auf.

(3.) Eine weitere Wissensdichtung ist *Vafthrudnismal,* das Lied von Wafthrudnir oder Wafthrudnirs Sprüche. In einem Dialog führt Odin, von seiner Frau Frigg vergebens abgehalten, unter dem Namen Gangradr einen Wissensstreit mit dem gefürchteten Riesen Wafthrudnir. Wieder geht es um mythologische Themen (wie in Lied 1): Entstehung und Untergang der Welt, Götterschicksale, Tag und Nacht, Jahreszeiten, Astronomie. Odin obsiegt, weil der Riese eine Frage (was er, Odin, dem toten Baldur ins Ohr flüsterte) nicht beantworten konnte.

(4.) Ein Fragment rätselhaften Inhalts, dessen Echtheit zudem umstritten ist. Auch der Name *Hrafnagaldr Odins,* Odins Rabenzauber, ist sehr unsicher. Simrock vermutet, daß das Lied als Vorspiel zur Vegtamskvida (Nr. 5) gedichtet sein könne. Hauptfigur ist Idun, „die Verjüngende", eine selten erwähnte Göttin, die Äpfel aufbewahrt, deren Verzehr die Götter vorm Altern schützen.

(5.) Ein kurzes Visionenlied ist die *Vegtamskvida,* das Wegtamslied oder *Baldrs draumar,* Balders Träume. Odin, beunruhigt über Balders böse Träume, befragt unter dem Decknamen Wegtam in der Unterwelt die erweckte tote Seherin Wala. Deren Antworten offenbaren Balders Tod. Durch eine letzte, unlösbare Frage gibt sich Odin zu erkennen. – Balders Träume und Tod sind auch in der Jüngeren Edda (S. 303–306) erzählt.

(6.) Ganz anders in Ton und Inhalt bietet sich die umfang- und facettenreiche Spruchsammlung *Havamal,* Die Sprüche des Hohen [Odins] oder „Des Hohen [Odins] Lied" dar. Auch sie gehört zur Wissensdichtung, aber mit deutlich unterhaltendem Einschlag. Gegenstand sind Lebensregeln zum Alltag der isländischen Bevölkerung. Die Sprache ist knapp und schlagkräftig. Witz, Humor, Komik, Ironie und Drastik sind wichtige Stilmittel. Aus mehreren, unterschiedlichen Teilen zusammengesetzt, fügt sich das ganze Lied zu einer umfassenden „Sitten-Lehre".

Um allgemeine Verhaltensregeln geht es in den Str. 1–79: Gastfreundschaft, Weisheit, Trunkenheit, Schweigen/Reden, Fragen, Schlemmen, Maßhalten, Unglück u. a. m. Von der Liebe handeln die Str. 80–93. In Str. 94–110 berichtet Odin über seine Liebeserfahrungen. Lehren für einen jungen Mann (Loddfafnir, daher Loddfafnirslied) enthalten die Str. 111–138. Mit Odins Runenlied schließlich (Str. 139–165), einer Selbstbetrachtung darüber, wie er sich opferte und durch die Beherrschung der Runenkunst seinem Tod entging, endet die Tugendlehre.

(7.) Eine schwankhafte Dichtung folgt mit dem *Harbardsliod,* Harbardslied. Odin verweigert als Fährmann Harbard dem Thor die Überfahrt. Sie geraten in einen Wortstreit, in dessen Verlauf beide mächtig angeben: Odin wieder mit seinen Liebesabenteuern, Thor mit seinen Riesenkämpfen. Eine soziale Abstufung wird sichtbar, indem Odin als Verehrter der höheren Schicht der Höflinge erscheint, Thor als Repräsentant des niedrigen Bauernvolkes.

(8.) Eine Kette von kraftvollen Heldentaten Thors steht im Mittelpunkt der *Hymiskvida,* dem Lied von Hymir. Den Rahmen bildet der Auftrag Thors, den beim Riesen Hymir verwahrten Braukessel zum Hochzeitsmahl des Ägir zu holen. Von den Taten des Thor ragen hervor: das Fangen der Midgardschlange beim Angeln auf hoher See, Kraftproben mit Hymir, das Wegschleppen des Braukessels auf dem Kopf und das Erschlagen der Riesen mit dem Hammer. – Das Lied bedient sich Umschreibungen, sogen. *Kenningar,* auf die sich der Leser – auch in anderen Lieder der Edda – einstellen muß, so z. B. „Kinnwald“ für Bart (Str. 10). – Ist das übertrieben kraftmeierische Auftreten Thors ein parodistischer Zug? Jedenfalls ein Zeichen für den Abstand des Dichters von der heidnischen Götterwelt, die man mehr amüsiert wahrnimmt.

(9.) Spottlust und ein schwankhafter Ton beherrschen die *Oegisdrecka,* Oegirs [Ägirs] Trinkgelag, bekannter unter dem Titel *Lokasenna,* Lokis Schimpfrede. Loki, ungebetener Gast beim Gelage des Meerriesen Oegir [Ägir], beschimpft der Reihe nach die anwesenden Göttinnen und Götter. Keck greift er auch zum Mittel der Verleumdung. Einzig vor Thor weicht er zurück, als dieser droht, ihn mit seinem Hammer zu erschlagen. – Wie im vorigen Lied wird die Götterwelt nicht sonderlich ernst genommen und mehr durch die Brille der Menschen gesehen. Nur der Prosa-Schluß – mit dem Bericht über Lokis Ende – sprengt den Rahmen reiner Unterhaltung.

(10.) Den Reigen schwankhafter Götterlieder setzt *Thrymskvida*, Lied von Thrym oder auch *Hamarsheimt*, Heimholung des Hammers genannt, als eine Art Groteske fort. Der Riese Thrym hat Thors Hammer Miölnir gestohlen und will ihn erst zurückgeben, wenn er Freyja zur Braut bekommt. Listig ziehen – auf Heimdalls Rat – Thor, verkleidet als Braut, und Loki, verkleidet als Dienerin, zu Thrym. Am Ende rückt Thrym den Hammer als Hochzeitsgeschenk heraus, mit dem Thor Thrym und dessen ganze Familie erschlägt.

(11.) Der Zwerg Alwis steht im Mittelpunkt des konsequent dialogisch aufgebauten Liedes *Alvissmal*, Lied von Alwis/ vom Allwissenden. Alwis begehrt die Tochter Thors zur Frau. Thor läßt listig eine Wissensprüfung entscheiden. Alwis beantwortet zwar alle Fragen: wie Erde, Himmel, Mond u. a. in verschiedenen Sprachen – der Menschen, Götter, Asen, Wanen, Zwerge und der Hel – benannt werden; doch im Übereifer gewahrt er nicht das Erscheinen der Morgensonne. Er wird, als Felsenbewohner, zu Stein. – Das Lied gehört zur Wissensdichtung; es breitet eindrucksvoll poetisches Namensmaterial aus.

(12.) Wieder in Dialogform abgefaßt ist *Skirnisför*, Skirnis Fahrt/ Ritt. Das zarte Lied schildert eine Brautwerbung. Freyr hat sich von ferne heftig in die Riesentochter Gerda verliebt. Er sendet seinen Diener Skirnir (den „Strahlenden") – sein eigen Pferd und Schwert ihm beigebend – als Brautwerber aus. Skirnir überwältigt den Wächter Gerdas und überwindet den Flammenwall. Als die spröde Gerda kostbare Gaben (elf goldene Äpfel und Baldurs Ring) ablehnt, bedroht Skirnir sie so intensiv mit Runenzauber, bis sie nachgibt und einer Zusammenkunft mit Freyr in neun Tagen zustimmt. Freyr, dem nun Erhörten, scheint in seiner unbändigen Liebessehnsucht diese Frist allzu lang.

(13.) *Grogaldr*, Groas Erweckung, steht thematisch im Zusammenhang mit dem nächsten Lied (14). In beiden geht es um die Brautwerbung des Swipdagr um Menglada.

In diesem Lied (13) erweckt Swipdagr seine tote Mutter Groa, die ihm für seine Mission neun allgemeine Verhaltensregeln mit auf den Weg gibt.

(14.) *Fiölsvinnsmal,* Lied von Fiölswidr oder Fiölswidrs Sprüche, schildert die eigentliche Brautwerbung um Menglada, die auf einer Burg wohnt, umgeben von einer Waberlohe und beschützt vom Riesen Fiölswidr (dem „Vielwisser"). Zwischen Swipdagr, der sich zunächst Windkaldr nennt, und Fiölswidr kommt es zu einem Frage- und Antwortspiel, in dessen Verlauf Swipdagr (als Windkaldr) dem Riesen Zug um Zug Wissen entlockt bis hin zur Mitteilung, daß allein er – Swipdagr – für Menglada als Bräutigam bestimmt sei. Damit ist das Happy End eingeläutet: Swipdagr gibt seine Identität preis, Menglada tritt hinzu, und beide feiern freudig die Beendigung ihrer Liebessehnsucht.

(15.) Eine ständedidaktische Dichtung ist *Rigsmal,* das Lied von Rigr (sonst auch *Rigsthula,* Merkgedicht von Rigr genannt). Der Gott Heimdall tritt hier als Rigr (irisch „König") auf und wird zum Stammvater der drei Stände: Knechte, Bauern, Adlige. Er zeugt für drei kinderlose Ehepaare je einen Sohn, indem er sich je drei Nächte zwischen die Paare legt. Für Ai und Edda („Urgroßvater" und „Urgroßmutter") zeugt er den Thräl („Knecht"), der mit Thyr („Magd") eine Familie gründet. Für die Webersleute Afi und Amma („Großvater" und „Großmutter") zeugt er den Karl („Mann, Bauer"), der wiederum mit der Snör („Schnur") eine Verbindung eingeht. Schließlich zeugt er für die im adligen Stand lebenden „Vater" und „Mutter" den Sohn Jarl („Fürst"). Ihn weist er in die Runenkunde ein und adoptiert ihn. Auch Jarl schließt (mit Erna) eine standesgemäße Ehe mit Nachkommen. – Reizvoll an diesem Lied ist, daß es als einziges eine bis in die Namen hineinreichende kulturhistorische Beschreibung der Stände liefert.

(16.) Den Schluß der Götterlieder bildet das *Hyndluliod,* das Hyndlalied, eine spät entstandene Wissensdichtung und in größeren Abschnitten mehr den folgenden Heldenliedern nahe stehend. Nur der offensichtlich eingeschobene Mittelteil (Str. 28–41) ist Götterdichtung; er berührt sich mit der Völuspa (Lied 1), daher auch Kurze Völuspa genannt. Die darum gruppierten Textteile berichten, wie Freyja die Riesin Hyndla aufsucht, um bei einer Fahrt nach Walhall Kenntnisse über die Vorfahren des Ottar, eines norwegischen Helden, mit dem sie eine Liebschaft verbindet, zu erhalten. Hyndla erfüllt Freyjas Wunsch und breitet ihr reiches Wissen aus, jedoch am Schluß nicht ohne ironische Distanz: „Lauf in Liebesglut Nächte lang, / Wie zwischen Böcken die Ziege rennt."

Die HELDENLIEDER (17–40) stehen im Unterschied zu den Götterliedern in einem viel engeren Zusammenhang. Sie wirken wie ein Arrangement einer fortlaufenden Geschichte, die auf den furchtbaren Untergang der Niflungen am Hof Atlis zuläuft. So bilden denn auch die Lieder um Sigurd und den Niflungenuntergang (21–35) das Zentrum der Heldenlieder. Sie können als ein Liederzyklus angesehen werden.
Quasi als Vorspiel gruppiert, stehen das Lied von Wölundur (17) und vor allem die 3 Helgi-Lieder (18–20), die deutlich auf Sigurd vorausweisen. Die Lieder 26 und 27 bilden auch von ihrer Bedeutung her die Mitte: Entdeckung des Betrugs bei der Brautwerbung Sigurds für Gunnar um Brynhilde; Mordplan und Mord an Sigurd. Thema der folgenden Lieder ist der breit dargestellte Schmerz der um Sigurd betrogenen Frauen: Brynhild (27 und 28) und Gudrun (29, 31 und 32). Die beiden Atli-Lieder (34 und 35) bilden den dramatischen Höhepunkt des Zyklus: Fahrt der Niflungen zu Atli und Untergang. Wie ein Nachhall darauf muten die Lieder 36 und 37 an, in denen Gudrun – nun in 3. Ehe lebend – zur Rache an ihrer und Sigurds Tochter S(ch)wanhild ihre Söhne aufreizt.
Die wichtigsten Personen-Entsprechungen in den Edda-Liedern (links) und im (mittel- und hochdeutschen Nibelungenlied (um 1200), dem auch die Edda-Lieder als Material dienten:

Grimhild	–	Uote (Ute)
Gudrun	–	Kriemhilt (Kriemhild)
Gunnar	–	Gunther
Högni	–	Hagen
Sigurd	–	Sifrit (Siegfried)
Brynhild	–	Brünhilt (Brünhild)
Atli	–	Etzel

Anhangsweise werden noch 3 nicht im Codex Regius überlieferte Lieder (38–40) von Simrock wiedergegeben, von denen das Grottenlied (38), das vom Ende der friedfertigen Zeit handelt, von übergreifender Bedeutung für die Götter- und Heldenlieder ist.

(17.) Das erste der Heldenlieder, die *Völundarkvida,* Lied von Wölundur [= Wieland dem Schmied], besteht aus zwei Teilen. Im ersten (bis Str. 6) wird die Sage von den Schwanenjungfrauen erzählt. Drei Brüder zwingen drei Schwanenmädchen zur Ehe, indem sie deren Federkleider rauben. Doch nach neun Jahren finden die Schwanenmädchen ihre Fluggewänder wieder und entfliehen. Zwei der drei Brüder machen sich auf die Suche nach den Entschwundenen. Der dritte, Wölundur, bleibt zu Hause und schmiedet Ringe für seine Frau Ahlwit („Allweiß"), deren Rückkehr er erwartet. Im zweiten Teil (ab Str. 7) folgt die eigentliche Wielandsage. König Nidudr läßt Wölundur gefangen nehmen und ihm die Sehnen der Knie durchschneiden; er übergibt die Ahlwit zugedachten Ringe seiner Tochter Bödwild. Grausam rächt sich Wölundur dafür. Er schlägt hinterlistig den zwei jungen Söhnen des Königs die Köpfe ab, fertigt daraus Schmuck, den er der ahnungslosen Königsfamilie zusendet und schwängert die Königstochter. Bevor Wölundur sich unangreifbar in die Lüfte erhebt, erklärt er das Geschehene.

(18.) Mehr in der Art eines Rittermärchens ist *Helgakvida Hjörvardssonar,* das Lied von Helgi dem Sohn Hiörwards, in 4 Erzählabschnitten verfaßt. Zunächst (I.) wird über König Hiörwards zweimalige Werbung um die schöne Sigurlinn berichtet, die er sich mit Hilfe der Vogelweissagung erwählt. Beider Sohn Helgi (II.) wächst namenlos und stumm auf. Die Walküre Swawa gibt ihm Namen und Sprache, weist ihn auf ein besonderes Schwert hin und macht ihn somit zum Ritter, den sie fortan schützend auf seinen Ritterfahrten begleitet. Helgi zieht mit dem Vasallen Atli los und tötet u. a. den Riesen Hati. Nun (III.) tritt die böse Riesin Hrimgerd auf, die Gegenspielerin Swawas, die den Mord an ihrem Vater Hati rächen will. Nur wenn Helgi mit ihr schliefe, ließe sie davon ab. Helgi verneint, fragt sie aber so lange über Swawa aus, bis die Morgensonne erscheint und Hrimgerd zu Stein wird (vgl. den Schluß des Alwiss-Liedes, Nr. 11). Im letzten Abschnitt läßt sich Hedin, der Bruder Helgis, von einer Waldhexe dazu verleiten, die Braut des Bruders – Swawa – zu besitzen. Hedin überkommt Reue. Doch Helgi, in richtiger Vorahnung seines Todes im bevorstehenden Kampf mit

Alfur, dessen Vater Hreidmar er tötete, willigt sentimental in den Plan ein: „Ich bitte dich, Swawa, … breite meinem Bruder Hedin ein Bette." – Eine sehr junge Dichtung von minderer Komposition und dichterischer Qualität.

(19.) Um das Schicksal eines anderen Helden Helgi, einem Bruder Sigurds, geht es in den folgenden beiden Liedern. Im ersten, der *Helgakvida Hundingsbana fyrri,* dem ersten Lied von Helgi dem Hundingstöter, wird Helgis strahlender Weg von der Geburt und Jugend bis zu seinem Sieg über Hödbrodd im hohen Ton eines Preisliedes erzählt. Stationen dieses Heldenlebens sind: Geburt, Beistand der Nornen, Schwertleite, Tötung Hundings als Vaterrache, Erscheinen der ihn begünstigenden Walküren. Dann – breiter ausgeführt – der Kampf für Sigrun gegen den ihr aufgezwungenen Bräutigam Hödbrodd: Gefahr der Vernichtung von Helgis Flotte durch Oegirs Töchter, Oegirs herbes Streitgespräch zwischen zwei Kämpfern (Sinfiötli und Gudmund) und Schlacht mit siegreichem Ausgang für Helgi, der damit auch gleichzeitig Sigrun erringt (Parallele zu: Parzival/Condwiramurs in Wolframs von Eschenbach <Parzival>?). Das Lied ist von ergreifender Eindringlichkeit und Geschlossenheit, von sanfter wie intensiver Sprachkraft. Es gehört zu den großartigsten Liedern der Edda. Sein ahnungsvoll visionärer Sprachton stellt es ganz in die Nähe zur Weissagung der Seherin (Lied 1), welche die Edda-Sammlung eröffnet. Gibt die Weissagung der Seherin einen umfassenden Ausblick auf die gesamte Weltentwicklung, so bietet dieses Lied einen Ausblick auf die Entwicklung eines Einzelnen: auf den Helden Helgi – der wiederum in seinem Schicksal auf die spätere Hauptfigur der Heldenlieder, auf Sigurd hinweist.
Es scheint, als handele dieses Lied nur vom strahlenden Aufstieg Helgis. Doch in Str. 13, wo es heißt, „Frodis Freude zerbrach", ist äußerst knapp, aber höchst bedeutungsvoll auch das tragische Scheitern des Helden thematisiert (→ Register „Frodis Friede").
Die besondere Bedeutung dieses Liedes geht auch daraus hervor, daß es in der Handschrift (Codex Regius) den Reigen der Heldenlieder eröffnet (Simrock hält sich hier nicht an die Anordnung der Handschrift).

(20.) Das zweite Helgi-Lied, *Helgakvida Hundingsbana onnur,* das zweite Lied von Helgi dem Hundingstöter, behandelt in

düsterer Schau Helgis Leben von der Jugend bis zum Tod. Es greift Bekanntes aus dem vorigen Lied auf und besteht aus 4 Teilen, die von nicht weniger als 8 Prosastücken zusammengehalten werden. Seine literarische Qualität ist bescheiden.
Teil I. handelt von Helgis Geburt, der für alle folgenden Heldenlieder zugrundeliegenden Ur-Feindschaft zwischen Hunding und Sigmund sowie von einer Jugendepisode Helgis, der sich als Spion am Hof Hundings aufhält und von seinem Ziehvater Hagal als Magd verkleidet in einer Mühle versteckt wird.
Nur kurz wird im folgenden Teil (II.) Helgis erste Seeschlacht genannt, in der er Hunding aus Vaterrache tötet. In den Mittelpunkt tritt von nun an das Schicksal der Walküre Sigrune, die als Schützende und Liebende für Helgi bestimmt ist. Sie begehrt noch einmal Auskunft über den Kampf mit Hunding, obwohl sie in den Wolken nahe Augenzeugin war. Teil III. thematisiert den Konflikt um Höddbrod, der ihr von ihrem Vater als Bräutigam aufgezwungen war. Sigrun offenbart Helgi ihre Liebe und bittet um seinen Beistand. Es folgt die Vorbereitung auf den zweiten Seekampf. Die Wölsungen unter Helgis Führung siegen. Höddbrod und alle seine Verwandten fallen – bis auf Dag.
Im letzten Teil (IV.) vollendet sich die Katastrophe. Gerade haben Sigrun und Helgi ihr Eheglück gefunden, als Dag, obwohl durch Eid gebunden, Helgi aus Vaterrache ermordet. Helgi geht ehrenvoll in Walhall ein; Odin bietet ihm die Mitherrschaft an. Theatralisch erscheint dann Helgi als Toter im großen Gefolge der Sigrun am Grabhügel. Dort sehnt sich Sigrun die Todesvereinigung mit dem Geliebten, dem sie ein Bett bereitet, herbei.

(21.) Das kurze Prosastück *Sinfiötlalok,* Sinfiötlis Ende [Tod], leitet direkt über zu den Nibelungensagen. Zunächst ist vom Schicksal Sinfiötlis, dem ältesten Sohn Sigmunds und Bruder von Sigurd, die Rede. Sinfiötli bringt aus Eifersucht den Bruder seiner Stiefmutter um. Diese – obwohl sie die angebotene Buße annimmt – sinnt auf Rache. Zwei Versuche, Sinfiötli zu vergiften, schlagen fehl. Der dritte gelingt. Im Ton eines Götterliedes wird dann Sinfiötlis Heimgang nach Walhall geschildert: Sigmund übergibt den toten Sohn Odin, der als Fährmann Sinfiötlis letzte Reise bewerkstelligt. Im letzten Teil wird nachdrücklich auf Sigurd, den großen Helden der Nibelungensage verwiesen: seine Geburt, Kindheit und seine imponierende Überlegenheit allen anderen Helden gegenüber.

(22.) Im ersten der Sigurd-Lieder, der *Sigurdarkvida Fafnisbana fyrsta edha Gripisspa,* Erstes Lied von Sigurd dem Fafnirstöter oder Gripirs Weissagung, sagt der schicksalskundige Gripir seinem jungen und ungestüm drängenden Neffen Sigurd die Zukunft voraus. Dabei entwirft er ein umfassendes Lebensbild des Helden. Ein sehr geschlossenes, in sich konzentriertes Lied in streng gewählter Dialogform und in einem vertraulichen Sprachton gehalten. Obwohl es offensichtlich auf der Kenntnis älterer Lieder (18, 20, 21, 23, 24 und 25) beruht, bindet es mühelos die verschiedenen Lebensstadien Sigurds in eine ruhig dahinfließende Darstellung ein. In voller Klarheit nimmt Sigurd, von dem Gripir sagt, „So edlen Mann wird die Erde nicht mehr noch die Sonne schauen", den ihm vorgegebenen Lebensweg an: „Das Geschick bezwingt man nicht" (Str. 52f.).

Sigurds Jugend haben die folgenden drei Lieder (23, 24, 25) zum Inhalt.

(23.) Bis zur Aufreizung zum Töten des Drachen Fafnir erzählt *Sigurdarkvida Fafnisbana önnur,* das andere [zweite] Lied von Sigurd dem Drachentöter, auch *Reginsmal,* Lied von Regin bezeichnet.
Der Zwerg Regin, ein kunstfertiger Schmied, ist Ziehvater Sigurds. Er berichtet auch Sigurd vom fluchbeladenen Schatz des Nibelungenhortes: Loki erschlug seinen Bruder Otur, als dieser die Gestalt eines Otters angenommen hatte. Zur Buße zwangen Regin und sein Bruder Fafnir die Götter; diese müssen den Balg des Otters mit Gold füllen. Loki erpreßte das Gold von Andwari. Dieser sprach einen Fluch darüber aus. Erste böse Tat: der goldgierige Hreidmar wird von seinem Sohn Fafnir umgebracht, der den Schatz an sich bringt und ihn in Gestalt eines Drachen auf der Heide hütet. Regin entzweit sich darüber mit seinem Bruder Fafnir und schmiedet das Wunderschwert Gram, mit dem Sigurd Fafnir töten soll (Prosa nach Str. 14). Doch Sigurd hat zunächst anderes im Sinn: Rache zu üben an den Söhnen Hundings für den Tod seines Vaters. Eine Flotte wird gerüstet, die in ein Unwetter gerät. Odin – als Hnikar auftretend – besänftigt den Sturm und gibt Weisheiten über Kampfverhalten von sich (Str. 20–25). Den anschließenden Kampf gewinnt Sigurd. Zurückgekehrt, wird er von Regin abermals zum Töten des Fafnir aufgereizt. – Das

Lied mischt bunt Götter- und Heldensagenmotive, weist zahlreiche Prosaeinschübe auf und bedient sich wieder ausgiebig der Dialogform.

(24.) In *Fafnismal,* dem Lied von Fafnir, wird nur ganz kurz in der Prosaeinleitung die Erschlagung des Drachen Fafnir dargestellt. Die erste Hälfte des Liedes (Str. 1–22) besteht aus dem fesselnden Dialog zwischen dem sterbenden Fafnir und seinem Mörder Sigurd. Nachdem Fafnir die Identität Sigurds erfragt hat, prophezeit er ihm, der Schatz werde zu seinem Verderben (Str. 9, wiederholt in Str. 20), und warnt ihn vor der Falschheit Regins. Der zweite Teil des Liedes (Str. 23–44) berichtet, wie Regin, der beim Kampf feige abseits stand, nun zu Sigurd zurückgekehrt ist. Beide rechten darüber, was letzlich den Sieg bewirkt habe: Sigurds Mut oder Regins Schwert. Sigurd brät dann Fafnirs Herz. Als ihm Herzblut auf die Zunge kommt, versteht er die Vogelsprache. Sieben Vögel raten ihm, Fafnirs Herz ganz zu essen, den falschen Regin zu erschlagen und sich des Schatzes zu bemächtigen. Sigurd erschlägt Regin, ißt Fafnirs Herz, trinkt beider Brüder (Fafnirs und Regins) Blut. Wieder sprechen die Vögel zu ihm: er werde ein schönes Mädchen (Gudrun) ehelichen und die starke Brynhild besiegen. Sigurd reitet darauf weg, den Schatz zu holen.

(25.) Nur fragmentarisch überliefert ist das dritte Lied mit Episoden aus Sigurds Jugend: das *Sigrdrifomal,* das Lied von Sigrdrifa. Es handelt von der Erlösung der auf einem Berg schlafenden Walküre Sigrdrifa durch Sigurd. Die erweckte Sigrdrifa betrachtet Sigurd als ihren Verlobten, dem sie freudig einen Begrüßungstrunk reicht. Sigurd bittet um Wissensbereicherung, und Sigrdrifa (die „Sieg-Vorantreiberin“) weiht ihn in die Runenkunde ein (Str. 5–20). Auch Sigurds zweite Bitte nach Erteilen von Verhaltensregeln erfüllt sie (11 Regeln in Str. 21–37). – Daß Weisheitslehre hier im Mittelpunkt steht, stimmt zu der allgemeinen Tendenz der Götter- und Heldenlieder der Edda und geschieht in diesem Lied, um Sigurds wachsende (geistige) Größe zu kennzeichnen. – Im verlorengegangenen Schluß könnte die Verlobung Sigurds mit Sigrdrifa besungen worden sein.

(26.) Wieder nur Fragment ist das folgende Sigurd-Lied, von Simrock noch *Brot af Brynhildarkvida,* Bruchstück eines Brynhildenliedes genannt, jetzt aber *Brot af Sigurdarkvida,* Fragment eines Sigurdliedes bezeichnet. Überliefert sind folgende Textpartien: Mordplan an Sigurd, Högnis Bericht von Sigurds Tod (Str. 5, 7), quälende Unruhe von Gunnar und Brynhild nach dem Mord. Der Beginn fehlt. Er kann aus anderen Dichtungen (bes. der Wölsungensage) erschlossen werden: Sigurd – eigentlich für Brynhild bestimmt – wird durch einen Vergessenheitstrunk Gudrun als Ehemann zubestimmt. Gunnar (Gudruns Bruder) soll Brynhild ehelichen, ist aber zu schwach zur Eroberung seiner künftigen Gattin. In Gunnars Gestalt durchreitet Sigurd den gefährlichen Flammenwall – die Waberlohe – und erobert Brynhild für Gunnar. Bei einem Zank zwischen Gudrun und Brynhild kommt der Betrug später heraus. Brynhild fordert für Sigurd den Tod. Gunnar und Högni, die mit Sigurd Blutsbrüderschaft getrunken hatten, überlassen die Ausführung des Mordes Gutthorm. – Der fehlende Schluß könnte so ausgesehen haben: Brynhild begeht aus Verzweiflung Selbstmord; in der Hel (Unterwelt/Totenreich) geschieht die Vereinigung derjenigen, die ursprünglich füreinander bestimmt waren: Brynhild und Sigurd.

(27.) Auch dieses Lied, von Simrock als *Sigurdarkvida Fafnisbana thridja,* das dritte Lied von Sigurd dem Fafnirstöter bezeichnet, häufiger aber bekannt unter dem Namen *Sigurdarkvida in skamma,* Kurzes Sigurdlied oder Jüngeres Sigurdlied, erzählt das Schicksal Sigurds. Doch ist hier mehr ins Zentrum die Figur der Brynhilde gerückt: unbändig vor Liebe, Eifersucht und Rachsucht.

Nur kurz (Str. 1–4) wird erzählt, wie Sigurd Brynhild für Gunnar erobert (ohne den Flammenwall-Ritt). Schnell ist der Dichter bei Brynhildens Konflikt: entweder Sigurds Liebe oder seinen Tod. Eifersüchtig auf Gudrun, hetzt sie Gunnar zum Mord auf. Dieser, bang um den Verlust Brynhildens und gierig nach dem Reichtum Sigurds, überhört Högnis Warnungen (Eidbrüchigkeit), gewinnt seinen Bruder Gutthorm zum Mörder, der Sigurd mit dessen Schwert im Bett, an der Seite Gudruns liegend, erschlägt. Der sterbende Sigurd verweist auf Brynhilde als Verursacherin seines Schicksals. In einer langen Rede gibt Brynhilde über ihr Leben Rechenschaft, wählt den Freitod – nicht ohne vorher sentimental und selbstherrlich zugleich den Auftrag über das detaillierte Bestattungsritual gegeben zu haben: Seite an Seite mit Sigurd.

(28.) Das kurze Lied *Helreid Brynhildar,* Brynhildens Todesfahrt, setzt in der Situation ein, als Brynhilde nach ihrem Tod auf dem Weg in die Hel – die Unterwelt, das Totenreich – begriffen ist und jäh von einer Riesin aufgehalten wird. Die Riesin bezichtigt Brynhild unehrenhafter Taten, insbesondere den Untergang der Niflungen verschuldet zu haben. Selbstherrlich und sich einseitig rechtfertigend antwortet Brynhild darauf. Dabei läßt sie die wichtigsten Stationen ihres Lebens Revue passieren, verschweigt jedoch, daß sie es war, die zum Mord an Gunnar aufreizte. Am Ende steht die Befriedigung, das irdische Leben verlassen zu haben und der Vereinigung mit Sigurd im Jenseits entgegenzugehen.

(29.) Wie das vorige Lied geht dieses, *Gudrunarkvida fyrsta,* das erste Gudrun-Lied oder Gudruns Gattenklage, ebenso von einer Situation aus: Gudrun starr an der Bahre ihres ermordeten Gatten Sigurd. Auch die Tröstungen der Trauergäste, die vom eigenen erlebten großen Leid berichten, lassen sie unbewegt. Erst Gullrönds Rat, den toten Sigurd zu umarmen und zu küssen, löst Gudrun. Sie weint und beginnt eine vehemente Klage (Str. 18–22) über den Verlust ihres einzigartigen Geliebten, die in eine Anklage mündet und das düstere Ende des Niflungenuntergangs prophezeit. Darüber geraten Gullrönd und Brynhilde in einen heftigen Dialog. Gullrönd kontert den Vorwurf, mit ihrem Rat Gudrun erneut Schmerzen zugefügt zu haben, mit Hinweis auf Brynhilds schuldbeladenes Leben. Höchst aufgewühlt steht Brynhild an der Bahre Sigurds. Kurz berichtet der Prosaschluß, daß Gudrun danach sich nach Dänemark aufgemacht habe, Brynhild aber sich selbst umbrachte.

(30.) Als nackte Faktenreihung bietet *Drap Niflunga,* Mord der Niflunge oder Wie die Niflungen [Nibelungen] erschlagen wurden, das Geschehen nach der Ermordung Sigurds komprimiert dar. Das kurze Prosastück mag für den Leser als Zusammenfassung, als Bindeglied der einzelnen Lieder gedacht sein. Atli, über den Tod seiner Schwester Brynhild tief verletzt, erzwingt zur Versöhnung die Ehe mit Gudrun. In böser Absicht lädt er später Gunnar und Högni ein. Umsonst warnt Gudrun ihre Brüder. Umsonst versucht sie, durch ihre Söhne Schonung für Gunnar und Högni zu erwirken. Högni wird das Herz aus der Brust geschnitten, Gunnar stirbt im Schlangenturm an einem Natternbiß.

(31.) Den Lebenslauf der Gudrun hat die *Gudrunarkvida önnur*, das andere [zweite] Gudrun-Lied, zum Inhalt. Rückblickend berichtet Gudrun von ihrem Glück mit Sigurd, dem Neid der Brüder (Gunnar und Högni) gegenüber der Machtfülle ihres Gatten, von der Ermordung Sigurds, ihrem großen Schmerz und ihrem über dreieinhalbjährigen Aufenthalt in Dänemark, wo der Gedanke der Gattenrache in ihr reifte. Im Mittelpunkt des Liedes (ab Str. 17) stehen die Bemühungen ihrer Mutter Grimhild, den Mord an Sigurd vergessen zu machen: durch Reichtum, den Vergessenheitstrank und vor allem durch die Ehe mit Atli. Gudrun zögert und weist auf kommendes Unheil hin (Str. 31), willigt aber schließlich ein. Ab Str. 37 ist die Rede vom Geschehen nach dem Untergang der Niflungen an Atlis Hof: Gudrun will nun den Tod ihrer Brüder an Atli rächen. Eindrucksvoll: Atlis düstere Visionen (Str. 37ff.). – Das Lied ist fragmentarisch überliefert (Schluß fehlt), enthält einige Widersprüche und mehrere dunkle Stellen. Stofflich steht es den Liedern 26 und 34 nahe.

(32.) Wie sich Gudrun vom Vorwurf reinigt, sie hintergehe mit Dietrich von Bern ihren Gatten Atli, erzählt die *Gudrunarkvida thridja*, das kurze dritte Gudrun-Lied oder „Gudruns Gottesurteil“. Herkia, einstige Geliebte Atlis, verleumdet aus Eifersucht Gudrun bei Atli. Ein Gottesurteil (christliches Motiv!) entscheidet: aus einem Kessel mit siedend heißem Wasser zieht Gudrun ihre Hände unversehrt hervor, Herkias Hände aber verbrühen; sie wird ins Moor verstoßen (heidnisches Motiv).

(33.) Motive aus dem Niflungenuntergang verwendet *Oddrunargratr*, Oddruns Klage, ein gefühlsreiches Klagelied einer unglücklichen Liebenden. Oddrun ist die Schwester Atlis und Brynhilds. Erst nach Brynhilds Tod ist es Oddrun vergönnt, ihre Liebe – wenn auch nur kurz – mit Gunnar zu verwirklichen. Die Rahmenhandlung zeigt Oddrun der Borgny beim Gebären mit Zaubersprüchen behilflich (bis Str. 13). Dann gibt Oddrun ihren bewegenden Lebensbericht (Str. 13–32): Gunnars Verblendung, Brynhild als Gattin zu wählen; Brynhilds Tod nach der Ermordung Sigurds; die beginnende Liebe zu Gunnar (ab Str. 20); Atlis Aussenden von Boten, die bis zum Liebeslager vorstoßen (Str. 25); der Untergang der Niflungen (Str. 28); Gunnars Hoffnung, aus dem Schlangenturm von Oddrun gerettet zu werden; Gunnars Tod. Das Lied, das die Haupthandlung eigenwillig nach Dänemark verlegt, endet mit einem elegischen Ausblick Oddruns.

(34.) Eins der ältesten und eindrucksvollsten Heldenlieder der Älteren Edda ist die *Atlakvida*, die Sage von Atli; präziser und bekannter als das alte Atli-Lied (im Unterschied zu dem erst spät entstandenen jüngeren Atli-Lied, Nr. 35).
Es besingt den Zug der Burgunden (Niflungen/Giukungen) von Worms an Atlis Hof ins Hunnenland, den Untergang der Burgunden und Gudruns Bruderrache an ihrem Gatten Atli.
Stofflich geht es in die Völkerwanderungszeit zurück (5. Jh. n. Chr.) und fügt kunstvoll zwei getrennte historische Ereignisse zusammen: einmal die Vernichtung des Burgunden-Reiches mit König Gundaharius durch den Römer Aetius 437 n. Chr. und zum andern die Verheiratung der Germanin Hildika mit dem Hunnenkönig Attila (453 n. Chr.), der in der Hochzeitsnacht starb.
Vom großen (mittelhoch-)deutschen Nibelungen-Lied (um 1200) aus gesehen, gestaltet das alte Atli-Lied den 2. Teil: der Nibelungen Untergang – jedoch mit dem Unterschied, daß Gudrun nicht ihren Gatten Sigurd rächt (wie Kriemhild im Nibelungen-Lied furchtbare Rache für den Tod Siegfrieds nimmt), sondern ihre Brüder Gunnar und Högni – die Mörder Sigurds!

Um an den reichen Hort der Niflungen zu gelangen, lädt Atli die Burgunden (Niflungen/Giukungen) ein (Str. 1–5). Gunnar berät sich mit Högni, der in dem von ihrer Schwester Gudrun gesandten Wolfshaar (an einem Ring) eine Warnung sieht. Auch alle andern am Hof raten von der Fahrt ab. Fatalistisch gebietet dennoch Gunnar den Aufbruch – sicher, daß der Hort niemals in den Besitz Atlis gelangen werde (Str. 11, 12). Am Hunnenhof angekommen, warnt Gudrun erneut vor dem streitsüchtigen Gastgeber Atli (Str. 15, 16). Gunnar wird überwunden und gefesselt. Nur gegen die Herausgabe des Hortes will man ihn am Leben lassen (Str. 20). Gunnar fordert darauf, das Herz Högnis zu sehen. Es wird ihm aber das Herz Hiallis, eines Feiglings, gebracht. Gunnar erkennt den Schwindel: Hiallis Herz zittert. Erneut fordert er das Herz Högnis. Dem lachenden Högni wird es aus dem Leib geschnitten und Gunnar gebracht. Jetzt spielt Gunnar seinen letzten Trumpf aus: nun wisse nur noch er, wo der Hort ruhe. Gefesselt wird er in den Schlangenturm geworfen; dort schlägt er mit den Füßen die Harfe bis zu seinem Tod. Da holt Gudrun, die nur widerwillig Atlis Gattin wurde, zum letzten Schlag aus. Sie tötet ihre und Atlis Kinder (Erp und Eitil), erstickt den betrunkenen und ahnungslosen Atli und zündet – nachdem sie reiche Schätze verteilt hat – die Säle an, in denen Gut und Menschen zu Schutt und Asche verbrennen.

(35.) Den selben Stoff wie das vorangegangene Lied – Zug der Burgunden (Niflungen/Giukungen) zum Hunnenkönig Atli – behandelt auch das *Atlamal*, das Lied von Atli oder das jüngere Atli-Lied, auch als das Grönländische Atli-Lied (*Atlamal in groenlendsku*) bezeichnet, vermutlich in Grönland entstanden.
Es ist spät aufgeschrieben, ziemlich umfangreich (103 Str.), malt einzelne Episoden breiter aus und fügt neue Personen und Motive hinzu. Vor allem entfernt es sich vom hohen Ton des Heldenliedes, bewegt sich mehr zum alltäglich Privaten und zieht die fürstlichen Personen ins Bäuerliche hinab. Trotzdem und trotz einer gewissen Langatmigkeit entbehrt es nicht anschaulich heiterer und unterhaltsamer Züge.
Atli lädt durch Wini die Burgunden (Niflungen/Giukungen) ein. Die Gattinnen Gunnars und Högnis, Glaumwör und Kostbera, sind geplagt von Schreckensvisionen und wollen deshalb ihre Männer von der Fahrt abhalten (Str. 9–26). Vergebens. Dem Abschied (Str. 28–34) folgt der wildentschlossene Aufbruch. Bei Atli angekommen, findet nun nicht der Kampf um den Hort statt – davon ist in diesem Lied nirgends die Rede –, sondern eine Auseinandersetzung der Sippen. Gudrun begrüßt ihre Brüder, wagt einen letzten Schlichtungsversuch (Str. 44, 45), bevor sie selbst am erbittert geführten Kampf teilnimmt. Högni wird überwältigt, Gunnar gefangen in den Schlangenturm geworfen (Str. 61, 62), wo er die Zither (Harfe) schlägt.
Das letzte Drittel des Liedes (ab Str. 64) gilt der Auseinandersetzung zwischen Gudrun und Atli. Gudrun inszeniert die Trauerfeier für ihre Brüder in eine Rache-Orgie um. Sie bringt zunächst ihre und Atlis Kinder (Erp und Eitil) um, läßt aus deren Schädeln Atli Bier trinken und gibt ihm die Herzen der Kinder als Bratspieß zum genußvollen Verzehr. Schließlich läßt sie Atlis Ermordung von Hniflung ausführen, der danach auch sie selbst kurzerhand erschlägt. Im folgenden Schlußdialog (ab Str. 88) reflektieren als Abgelebte Gudrun und Atli noch einmal zänkisch und klagend ihr Lebensschicksal.

(36.) Aus zwei Teilen besteht die *Gudrunarhvöt*, Gudruns Aufreizung /Anstiftung oder auch Gudruns Sterbelied benannt.
Im ersten Teil (Str. 1–8) reizt Gudrun ihre Söhne aus dritter Ehe, Hamdir und Sörli, zur Rache an König Jörmunrek für den Tod ihrer Tochter S(ch)wanhild (aus der Ehe mit Sigurd) auf. Hamdir äußert Bedenken: es sei widersinnig, Gunnar und Högni, die Mörder ihres Gatten Sigurd, als beispielgebende Helden hinzustellen; auch sei es töricht gewesen, die Söhne aus der (zweiten) Ehe mit Atli (Erp und Eitil) umzubringen. Dennoch machen sich Hamdir und Sörli auf die Fahrt, von der sie nicht mehr zurückkommen werden. – Das Hamdir-Lied (Nr. 37) wird näher davon berichten. – Im zweiten Teil (Str. 9–21) blickt Gudrun elegisch auf ihr Leben zurück. Sie läßt die tragischen Situationen Revue passieren: den Verlust des einzigartigen Sigurd, die aufgezwungene Ehe mit Atli, ihre Tötung der eigenen Kinder (Erp und Eitil), den mißglückten Selbstmordversuch (Str. 13), den Verlust ihrer Tochter S(ch)wanhild aus erster Ehe, noch einmal den Mord an Sigurd und den Verlust ihrer Brüder Gunnar und Högni, die sie noch richtig in Str. 10 als Mörder ihres Gatten Sigurd bezeichnete. Am Schluß wünscht sie sich die Vereinigung mit dem toten Sigurd auf einem Scheiterhaufen – eine direkte Parallele zum selben Wunsch der Brynhild in Lied 28, Schluß. – Das Lied besticht mit seiner Übersichtlichkeit und seiner klaren, eindringlichen Sprache.

(37.) *Hamdismal (in forno),* das [alte] Lied von Hamdir“, knüpft an Teil 1 des vorigen Liedes (Nr. 36) an und kann als dessen Fortsetzung gelesen werden.
Gudrun hetzt ihre Söhne Hamdir und Sörli zur Rache an Jörmunrek für den Tod ihrer Tochter S(ch)wanhild auf. Nur ungern machen sich die Söhne auf die Fahrt, nachdem sie die Mutter beschuldigten, selbst schon genug Unheil über die Familie gebracht zu haben (Str. 1–11). Unterwegs treffen sie auf Erp, ihren Halbbruder, der ihnen Hilfe anbietet. Unklug reagieren sie auf ein ehrverletzendes Wort des Halbbruders. Im Jähzorn spalten sie diesen der Länge nach auf. Sie ziehen weiter, zwei Warnungen mißachtend: Randwer am Galgen aufgeknüpft (Str. 17) und Jörmunreks Begrüßungsworte (Str. 21,22). Sie überwinden den beim Gelage schwelgenden Jörmunrek und verstümmeln ihn (Str. 24). Dieser kann aber noch den Befehl zum

Steinigen seiner Mörder geben. Im Schlußdialog beschuldigen sich die Brüder gegenseitig. Sörli, der klügere, erkennt im jähzornigen Erschlagen des Halbbruders Erp die entscheidende Schwächung ihrer Kampfkraft. Fatalistisch vereint, sehen sie ihrem Ende entgegen. – Snorri (S. 332 f.) erzählt auch diese Geschichte.
Zusammen mit dem alten Atli-Lied (Nr. 34) gehört dieses Lied zu den ältesten der Edda. Auch der Stoff ist sehr alt. Er geht geschichtlich auf den Untergang des Ostgotenkönigs Ermanarich 375 n. Chr. zurück.

(38., S. 334–337) Das kurze, aber bedeutungsvolle Grottenlied (*Grottasöngr,* Lied von der Mühle Grotti) handelt vom Ende des Königs Frodi und damit vom Ende des Friedens überhaupt. – Frodi, ein sagenhafter dänischer König aus dem Geschlecht der Skiöldunge und somit Nachfahre von Odin selbst, war für seine friedvolle Herrschaft so berühmt, daß man beispielhaft von „Frodis Friede" sprach. In der mythischen Mühle Grotti, die alles nach Wunsch mahlt, stellte er einst Menja und Fenja, 2 Berg-Riesinnen von gewaltiger Kraft an, die Mühlsteine zu bewegen. Doch anstatt auftragsgemäß Gold, Friede und Glück zu mahlen (Str. 5 f.), überkommt sie die ihnen eingeborene Zerstörungslust (Str. 11 ff.). In ihrem rasenden Zorn mahlen sie nun ein feindliches Heer dabei. Frodis Untergang ist damit besiegelt; die Mühle birst und bricht in die Tiefe.
Das Lied ist nicht in der Haupthandschrift (Codex Regius) enthalten – und es ist weder Götter- noch Heldenlied. Seine große Bedeutung liegt jedoch darin, daß es den zentralen Punkt in den Edda-Liedern bezeichnet: das Hereinbrechen der Disharmonie, das Aufflammen von Entzweiung, welche zum Untergang der Welt führt. In den Götterliedern wird dies in dem Visionenlied Weissagung der Seherin (Lied 1, Str. 25 ff.) markiert. Für die Heldenlieder ist das Ende von Frodis Friedensherrschaft der scharfe Signalton, der die Ur-Feindschaft zwischen den Geschlechtern der Hundinge und Wölsunge ankündigt, von der das unaufhaltsam tragische Geschehen um Sigurd seinen Ausgang nimmt. – Fast wehmütig heißt's im 1. Lied von Helgi dem Hundingstöter (19, Str. 13): „Frodis Friede zerbrach zwischen den Feinden: Granis Grauhunde fuhren gierig durchs Land."

(39., S. 341–351) Das *Solarliod,* Sonnenlied, ist religiösen Inhalts („Sonne" bedeutet „Christus"). Es bietet Belehrungen eines Toten an seinen Sohn in 5 Abschnitten: 5 Gleichnisse, 7 gute Ratschläge, Lebenslauf des Vaters, Beschreiben des Lebens der Sünder und Seligen im Jenseits und Allegorie und Schlußbitte.

(40., S. 352–355) „Gunnars Harfenschlag" ist eine wohl von Gunnar Pâlsson im 18. Jahrhundert verfaßte Nachdichtung eines verlorengegangenen alten Liedes, das Gunnars Harfenspiel in der Schlangengrube beim Untergang der Niflungen zum Inhalt hat (vgl. auch Nr. 30 Schluß; Nr. 33, Str. 30; Nr. 34, Str. 31 und Nr. 35, Str. 62).

Zur Jüngeren Edda

Das Werk des Snorri Sturluson ist in 4 Haupthandschriften überliefert. Der Autor hat es verfaßt für „junge Skalden, welche die Sprache der Dichtung lernen und ihren Wortschatz mit alten Ausdrücken vermehren oder das, was in (alten) Gedichten verhüllt (‹dunkel›) ausgedrückt ist, verstehen können möchten. Sie sollen dieses Buch zur Wissensbereicherung und Unterhaltung studieren, und nicht soll man diese Erzählungen vergessen oder zu widerlegen suchen, indem man aus der Dichtung die alten Umschreibungen entfernt, die von den Hauptdichtern verwendet worden sind. Christenmenschen sollen aber nicht an heidnische Götter und auch nicht an die Wahrheit dieser Erzählungen auf eine andere Weisen glauben als so, wie hier zu Anfang des Buches dargelegt ist" (c. 8 der *Skaldskaparmal*).
Es besteht aus drei Teilen, von denen hier Teil 1 vollständig und Teil 2 in Auszügen wiedergegeben sind.

1. *Gylfaginning,* Täuschung Gylfis

Eine weitgehend in Erzählform gehaltene Beschreibung der gesamten Götterwelt der Germanen. Snorri faßt als überzeugter Christ mit Distanz und heiterer Gelassenheit alles Wissen über nordische Mythologie und Kosmogonie zusammen: das oft menschliche Züge tragende Tun der Götter, die Welt der Riesen und Zwerge, der Alben und Asen, Beginn und Ende der Welt u. v. a. m. Dabei greift er auch auf die Götterlieder der Älteren Edda zurück. Es entsteht ein äußerst lebendiger, praller, phantasiereicher, grotesker wie märchenhafter Kosmos. Arthur Häny (Snorri Sturluson: Prosa-Edda, Zürich 1991) schreibt: „Alles ist möglich in dieser Welt: ein Gott kann sich in eine Schlange, ein Riese in einen Adler verwandeln; eine Riesin kommt auf einem Hof dahergeritten; eine Zaubermühle mahlt Gold; ein böser Wolf rennt hinter der Sonne her, um sie zu verschlingen. Gott Heimdall ist der Sohn von neun Mädchen zugleich, die überdies alle Schwestern sind."
In der Rahmenhandlung läßt Snorri den sagenhaften König Gylfi auftreten, der in seiner universellen Wißbegierde Auskunft über alles Wesentliche von drei Göttern erheischt. Dies geschieht in Dialogform im Hauptteil der Erzählung. Am Ende, als die drei Götter der

Fragen überdrüssig werden, steht Gylfi alleingelassen auf einem Feld – wie von einem Spuk getäuscht.

2. *Skaldskaparmal,* Sprache der Dichtkunst

Eine Poetik (Dichtungsanweisung) für junge Skalden (Dichter), in der Snorri einerseits Strophen-Beispiele anderer Skalden zitiert und andererseits Geschichten, Mythen erzählt. Der Skaldskaparmal geht ein „Prolog" voraus, in dem Snorri sein Werk allgemein einleitet und distanzierende Stellung bezieht zur heidnisch-germanischen Welt.
Im Mittelpunkt der Poetik steht die Lehre von den *Kenningar* (Singular: *Kenning*); das sind Umschreibungen für Sachen, Sachverhalte und Personen. Diese Umschreibungen sind durch ihre ausgeprägte Ornamentik eine bedeutende Bereicherung der poetischen Sprache. Sie machen aber auch die Sprache dunkler, rätselhafter und gelegentlich gar nicht mehr verständlich – wenn nicht die Geschichte erzählt wird, die dahinter steckt. So verbirgt sich hinter der Umschreibung für Gold „Oegirs [Ägirs] Feuer" eine mythische Geschichte, die Snorri, wie viele andere, mitteilt. Auch in der *Skaldskaparmal* bedient sich Snorri einer Rahmenhandlung. Er läßt den wißbegierigen Meer-Riesen Oegir [Ägir] und den Gott der Dichtung Bragi in einen Dialog treten. Dieser Eingangsteil ist unter dem Titel *Bragarödur,* Bragis Gespräche mit Oegir (zusammen mit sieben weiteren Abschnitten) in dieser Ausgabe (S. 314–319) vertreten.
Von den anderen abgedruckten Textpartien ist der Abschnitt „Die Niflungen und Giukungen" (S. 326–333) besonders interessant, weil er in bündiger Sprache den gesamten Stoff der Nibelungensage behandelt, der in den Heldenliedern der Älteren Edda bunt und vielfältig dargestellt ist.

3. *Hattatal,* Verzeichnis der Versformen

Eine Sammlung von 102 Preisliedern, die Snorri auf seine Gönner Jarl Skuli und König Hákon gedichtet hat. Snorri kommentiert diese Lieder und hebt sie als eine Aufstellung aller ihm bekannten Formelemente (Stabreim, Silbenzahl, Strophenordnung u. a.) heraus. – Der Text oder Teile davon sind hier nicht abgedruckt.

Zur Bearbeitung dieser Ausgabe

Zu Grunde liegt die Ausgabe: „Die Edda, die ältere und jüngere nebst den mythologischen Erzählungen der Skalda. Übersetzt und mit Erläuterungen begleitet von Karl Simrock. Achte, durchgesehene Auflage. Stuttgart, Verlag der Cotta'schen Buchhandlung 1882."

Der Text dieser Ausgabe wurde kritisch durchgesehen und wo nötig verbessert: alte Druckfehler getilgt, divergierende Schreibformen identischer Namen/Begriffe beseitigt und vor allem die in vielen Fällen veraltete Orthographie durch eine zeitgemäße ersetzt. Besonders war Simrocks Namensgebung für Personen zu korrigieren. Hier war Orientierung Genzmer. Bei der Überarbeitung der Übersetzung wurden vor allem veraltete Wörter ersetzt. Stellen, die ganz unverständlich waren, wurden neu übersetzt.
Tiefer gehende Eingriffe hätten die Einheitlichkeit der Simrockschen Übersetzung zerstört und zu einem unfruchtbaren Mischmasch von zwei Sprachzuständen (19. Jahrhundert und Gegenwartssprache) geführt.
Im Nachwort (S. 357–367) wurde versucht, die wichtigsten Hilfen für das Verstehen der im ganzen nicht einfachen eddischen Dichtung zu geben. Vor allem der Abschnitt „Inhalt/Gehalt" (S. 367–386) will dem Leser einen Leitfaden in die Hand geben, an dem er sich fürs erste orientieren kann.
Mit dem neu erstellten Register (S. 393ff.), das in vielen Fällen Kurzerläuterungen vor allem zu Personen enthält, sollen dem Leser weitere Informationen in Ergänzung zum Nachwort gegeben werden. Vollständig will und kann es nicht sein. Einen durchgehenden Kommentar zu den Edda-Liedern gibt es übrigens noch nicht.

Zu Karl Simrock und seiner Übersetzung

Leben

Er wurde am 28.8.1802 in Bonn geboren und starb dort am 18.7.1876.
Karl Simrock war Germanist, Übersetzer, Nachdichter und Dichter.
Er studierte Rechtswissenschaft (1818–1822) in Bonn und Berlin,

beschäftigte sich aber schon früh mit altdeutscher (althochdeutscher und mittelhochdeutscher) Dichtung und verfaßte Gedichte. 1826 wurde er Referendar beim Kammergericht Berlin. 1830 aus dem Preußischen Justizdienst wegen seines die französische Julirevolution 1830 feiernden Gedichts „Drei Tage und drei Farben“ entlassen, wandte er sich nun ganz der Literatur zu. Seit 1832 lebte er wieder in Bonn; zunächst als Privatgelehrter, seit 1850 als Professor für deutsche Sprache und Literatur.

Werk (in Auswahl)

- Das Nibelungenlied. [Übers.] Berlin 1827. – 42. Aufl. 1892.
- Walther von der Vogelweide. [Übers.] Berlin 1933.
- Wieland der Schmied. Deutsche Heldensage. Nebst Romanzen und Balladen. Bonn 1835. – 3. Aufl. 1851.
- Rheinsagen aus dem Munde des Volkes und deutscher Dichter. Bonn 1837. – 7. Aufl. 1874.
- Die deutschen Volksbücher, gesammelt und in ihrer ursprünglichen Einheit wieder hergestellt. Ab 1839. Gesamtausgabe, 13 Bände. Bonn 1845–1867.
- Parcival und Titurel von Wolfram von Eschenbach. [Übers.] Stuttgart/Tübingen 1842.
- Gedichte. [1. Sammlung] Leipzig 1844.
- Deutsches Heldenbuch. Stuttgart/Tübingen 1843–1850.
- Die deutschen Sprichwörter. Frankfurt/M 1846.
- Dr. Johann Faust. Puppenspiel. Frankfurt/M 1846.
- Das deutsche Kinderbuch. Frankfurt/M 1848.
- Die geschichtlichen deutschen Sagen. Aus dem Munde des deutschen Volkes und deutscher Dichter. Frankfurt/M 1850.
- Die deutschen Volkslieder. Frankfurt/M 1851.
- Die Edda, die ältere und jüngere, nebst den mythischen Erzählungen der Skalda. Übersetzt und erläutert Stuttgart/Tübingen 1851. – 9. Aufl. 1888. – Und weitere Auflagen, so in Reclams Universal-bibliothek in 3 Bänden bis 1947.
- Das deutsche Rätselbuch. Frankfurt/M 1853–1863.
- Handbuch der deutschen Mythologie, mit Einschluß der nordischen. Bonn 1853–1855. – 3. Aufl. 1869.
- Altdeutsches Lesebuch in neudeutscher Sprache. Mit einer Übersicht der deutschen Literaturgeschichte. Stuttgart/Tübingen 1854.

- Legenden. Bonn 1855.
- Tristan und Isolde. [Übers.] Leipzig 1855.
- Heliand. [Übers.] Elberfeld 1856.
- Lieder der Minnesinger. [Übers.] Elberfeld 1857.
- Der Wartburgkrieg. Geordnet und übersetzt. Stuttgart/Augsburg 1858.
- Beowulf, das älteste deutsche [englische!] Epos. Übersetzt und erläutert. Stuttgart/Augsburg 1859.
- Deutsche Weihnachtslieder. Leipzig 1859.
- Freidanks Bescheidenheit. Ein Laienbrevier. Neudeutsch. Stuttgart 1867.
- Sebastian Brandts Narrenschiff in neudeutscher Übersetzung. Bonn 1872.
- Goethes Westöstlicher Divan. Herausgegeben Heilbronn 1875.

- Ausgewählte Werke, hrsg. von G. Klee. 12 Bände. Leipzig 1907.
- Karl Simrocks Briefe an die Brüder Grimm, hrsg. von W. Ottendorf-Simrock. In: Bonner Geschichtsblätter 9, 1955.

Über Karl Simrock:

- Edward Schröder in: Allgemeine Deutsche Biographie, 30. Band, 1892.
- Hugo Moser: Karl Simrock. Universitätslehrer und Poet. Germanist und Erneuerer von „Volkspoesie" und älterer „Nationalliteratur". Ein Stück Literatur-, Bildungs- und Wissenschaftsgeschichte im 19. Jahrhundert. Bonn 1976.

Übersetzungsleistung

Ohne Frage ist Simrock der bedeutendste Übersetzer alter germanischer und altdeutscher (alt- und mittelhochdeutscher) Dichtung im 19. Jahrhundert. Allein seine Übersetzung des mittelhochdeutschen Nibelungenliedes, die er zum ersten Mal als Fünfundzwanzigjähriger noch zu Goethes Lebzeiten – und von diesem gerühmt – 1827 vorlegte, erreichte bis zum Jahre 1892 stattliche 42 Auflagen. Mit seinen zahlreichen Übersetzungen hat Simrock ganz erheblich zur Verbreitung älterer Dichtung beigetragen und zu ihrer Erforschung angeregt.

Die Übersetzung der in altnordischer (genauer: altisländischer) Sprache verfaßten Älteren und Jüngeren Edda nahm er in reiferen Jahren vor (erste Ausgabe 1851). Zwar gab es vor ihm nicht wenige Versuche der Eindeutschung der Edda – seit dem 18. Jahrhundert, und auch die Brüder Grimm legten 1815 eine deutsche Ausgabe vor –, doch war seine Übersetzungsleistung so durchschlagend, daß sie von der Mitte des 19. Jahrhunderts bis heute Maßstab, zumindest Orientierung war.
Zwei Merkmale kennzeichnen Simrocks Übersetzungsleistung: der mitreißende Sprachschwung und die große Treue gegenüber dem in den Handschriften überlieferten Text. Beides beruht auf dem der Romantik verpflichteten Denken, der Ursprünglichkeit, Urtümlichkeit von Dichtung nahe zu kommen, ja sie zu erschließen.
Simrock war lebenslang getragen von Begeisterung für Dichtung. Sie wollte er besonders mit seinen Übersetzungen wecken. Möge auch der heutige Leser sich davon anstecken lassen!

Manfred Stange

Davos, im Sommer 1994

Register

Angeführt wird eine Auswahl wichtiger Namen, Sachen, Wörter und Begriffe. Hauptstellen sind durch Fettdruck markiert.

C

D

E

Edda/Edda-Lieder
(„Urgroßmutter“ oder von *odr* „Gesang, Dichtung“ abgeleitet: „Buch von der Dichtung, Poetik“)
Der Name bedeutet zunächst einmal allgemein: Dichtungen, die im Island des 13. Jahrhunderts aufgeschrieben wurden.
In der gesamten Lieder-Edda (Ältere Edda) taucht der Name nur in einem Lied in der Bedeutung von „Großmutter“ zweimal auf (15, 217). Andererseits heißt es in der ältesten Handschrift der Jüngeren Edda (Upsala, DG 11) *Bok þessi heitir Edda:* „Dieses Buch heißt Edda, Snorri hat es zusammengesetzt, so wie es hier geordnet ist.“ Damit ist der Name Edda sehr früh und für lange Zeit für Snorris Werk gebraucht.
Wesentlich später, 1643, fand man eine Handschrift (den Codex Regius, siehe S. 365 f. und Abb. S. 364), in der Texte vorkamen, die schon bei Snorri zitiert wurden. Man nannte die Texte der Handschrift Ältere Edda, weil man annahm, es sei eine Textsammlung, die vor Snorri existierte. Diese Ältere Edda (Lieder-Edda) schrieb man fälschlicherweise dem Saemundr Sigfússon (1056–1133, Islands erster namentl. belegter Autor) zu und nannte sie daher Saemundar-Edda im Gegensatz zur Snorra-Edda.
Als man jedoch wenig später Handschriftenfragmente fand, die sich inhaltlich und formal mit den Liedern im Codex Regius deckten, wurde der Begriff Edda-Lied(er) damit erweitert.
Heute wird er als Gattungsbegriff verwendet.
K. Schier, einer der besten Edda-Forscher, definiert ihn so: „Lieder von der Art, wie sie sich im Codex Regius finden.“
121 f.

Edel Lauch
→ Lauch

Ehebruch
19, 63, 198

Eide
17, 44, 141, 166, 176–178, 197 f., 199, 201, 204, 212, 225, 236, 285 f., 292 f., 330

Eilimi
König, der von den Ödlingen abstammt.
Vater des weissagenden Zwergen → Gripir.
Vater der → Swawa und der Hiördi, der Mutter Sigurds.
→ Hundings Söhne bringen Eilimi um.
130, 145, 149 f., 170, 172 f., 328

Einherier
(„die allein Kämpfenden“)
Gefallene Krieger, die von den → Walküren vom Schlachtfeld zu → Odin nach → Walhall geführt werden und dort in einem Kriegerparadies sorgenfrei leben: tagsüber gegeneinander kämpfend, abends gemeinsam in froher Runde zechend. – Ein lebendes Totenheer ist auch bei Tacitus (Germania 43) beschrieben.
25, 27, 29, 37, 157, 276, 288–290, 309

Eitil
→ Erp 1

Eldir
Der Diener → Oegirs.
81 f.

Snorri beschreibt den beispielhaften Frieden unter Frodi in der Skadlskaparmal (S. 313) wie folgt: „Fridleifs Sohn hieß Frodi, der nach seinem Vater das Königtum überkam. Das war in der Zeit, da Kaiser Augustus in der ganzen Welt Frieden stiftete und Christus geboren ward, und weil Frodi der mächtigste aller Könige in den Nordlanden war, ward ihm dieser Friede in der dänischen Zunge beigelegt und nannten ihn die Nordmänner Frodis Frieden. Niemand beschädigte da den andern, wenn er auch seines Vaters oder Bruders Mörder getroffen hätte, los oder gebunden. Da war auch kein Dieb oder Räuber, so daß ein Goldring lange Zeit unberührt auf Jalangersheide lag."
Das Ende von Frodis Friede und Frodis Tod ist eindrucksvoll im „Grottenlied" (Nr. 38, S. 334–337) gestaltet. Frodi läßt die 2 Riesinnen → Menja und Fenja in der mythischen Mühle Grotti, die alles mahlt, was man sich wünscht (das Friedvolle wie das Chaotische), arbeiten. In Riesenzorn geraten, agieren Menja und Fenja zerstörerisch: sie mahlen statt Gold, Friede und Glück nunmehr Feuer, Waffen und ein feindliches Heer unter Führung des Seekönigs Mysinger herbei, der Frodi tötet, beraubt und die Mühle mitsamt Menja und Fenja in den Untergang (Meer) zieht.
Die Gestalt des Frodi darf, auch wegen seiner Herkunft, nicht unterschätzt werden. Frodi ist als Skiöldunge Sohn des Friedleif, dessen Vater Skiöld einer der Söhne Odins ist. –
Man kann geradezu von einer Zeit nach Frödi sprechen: der Zeit der Entsetzung, Entzweiung, des Betrugs, des Mordes, der Rache – wie in der Völupsa (Lied 1, Str. 25 ff.) eindrucksvoll dargestellt. – Zu „Frodis Friede" korrespondiert „Frodis Mehl" = Gold, das in der Mühle Grotti (Lied 38, S. 334–337) gemahlen wird.
128 f., **153, 333–337**

G

Gangleri
Anderer Name für → Gylfi.
263–313

Gangradr
(„der Entgegen-Rater")
Name Odins im Wissensstreit mit → Wafthrudnir.
30–39

Garm
Mythologischer Höllenhund. Wahrscheinlich identisch mit dem → Fenriswolf, einem Sohn Lokis und Hauptfeind der Götter. Beim Weltuntergang (→ Ragnarök) bricht er seine Fesseln los.
18 f., 290, 309

Geer
Eigentlich „Wurfspies": Speer.

Gefion
(„die Gebende")
Fruchtbarkeits- und Schutzgöttin, gehört zur Familie der → Asen. Odin sandte sie zur Landsuche nach Norden. Sie verwandelt ihre 4 Söhne in Stiere und spannt diese vor einen Pflug.
84, 260, 285, 314

Geirröd
(„Speerschutz")
Riese, Ziehsohn → Odins. Er fordert → Thor zu einem sportlichen Kräftemessen heraus, indem er ihm einen glühenden Eisenkiel

Hönir
Gott. Gibt den Menschen Verstand. – Tritt in anderen Dichtungen mit → Odin und → Loki auf. Vielleicht ein Gott der Schweigsamkeit und der kultischen Feierlichkeit.
15, 21, 180, 278, 314

Hiörwald
König in Norwegen, einer der → Hundings-Söhne. Er warb zweimal um die schöne → Sigurlinn. Beider Söhne sind Hedin und → Helgi 1.
143–146, 149–151, 153, 162 f.

Holm
Insel.

Hort der Niflungen
→ Goldschatz

Hreidmar
Bauer, gewaltig und zauberkundig. Vater von → Otur, Fafnir und Regin. Sein Sohn Otur wird als Otter in einem Wasserfall von → Loki erschlagen. Hreidmar und seine Söhne Fafnir und Regin fordern dafür Geldbuße. Hreidmar erhält den fluchbeladenen Goldschatz (den Odin dem Zwergen → Andwari abnötigte), will ihn aber nicht mit seinen Söhnen teilen. Daraufhin erschlägt Fafnir seinen Vater und bemächtigt sich des Schatzes.
179–182, 327 f.

Hrimfaxi
(„Rußpferd")
Pferd, das die Nacht bringt (→ Skinfaxi bringt den Tag).
33, 42, **268**

Hrimgerd
(„Frostgerda")
Eine Riesin, Schöpfung der Heldensage. Wird als Tochter des Riesen → Hati 1 bezeichnet, der → Helgi 1, den Sohn Hiorwards, tötet. Ihr Versuch, ihren Vater zu rächen, mißlingt, weil Helgi sie so lange in ein Gespräch verwickelt, bi die Morgensonne erscheint und sie versteinert.
146–148

Hrimgrimnir
(„Reif-Grimnir")
Riese, der im Totenreich haust.
108

Hrimthursen
(„Reifriesen")
Name für die Riesen, weil der Ahnherr der Riesen, → Vmir, aus dem Eis entstanden ist und deswegen „Reifriese" bezeichnet wird.
Außerdem verbindet sich mit dieser Bezeichnung die Vorstellung, daß lebensbedrohende Mächte ihren Wohnort im kalten Norden haben.
27, 107 f., 263 f., 271 f., 309

Hrodmar
König, der → Eilimi erschlug und dessen Schätze unrechtmäßig an sich nahm. → Helgi 1, der Sohn Hiörwalds, rächt diese Tat, wird aber dafür von Alfur, Hrodmars Sohn, getötet.
144–146

Hrotti
Das Schwert → Fafnirs. → Sigurd erwirbt es.
192, 328

Hrungnir
(„Lärmer")
Ein Riese, der bei einem Göttergelage droht, alle Götter zu erschlagen. Im Zweikampf unterliegt er schließlich → Thor.
70, 78, 90 f., 319–322, 335

U

Unter der dritten Wurzel der Esche, die zum Himmel geht, ist ein Brunnen, der sehr heilig ist, Urds Brunnen genannt: da haben die Götter ihre Gerichtsstätte.“
15, 17, 19f., 26–28, 39, 116, **271–280**, 290, 309f.

Ymir
(„Zwilling, Zwitter“)
Der sechsköpfige Ur-Riese der nordischen Schöpfungsmythologie, aus dessen Körper die Erde wird. Ymir gilt auch als Stammvater der → Zwerge.
Ymir entstand aus dem Zusammenprall von Kälte im Norden (→ Ginnungagap) und Hitze im Süden (→ Muspelheim). Ymir zeugte unter seinem Arm und mit einem seiner Füße in Autogamie das Geschlecht der Frostriesen (→ Hrimthursen). Nach der Geburt der ersten Götter – Odin, Wili und We – erschlagen diese Ymir. Odins Brüder → Wili und We bringen Ymirs toten Körper in die Mitte von Ginnungagap und erschaffen aus ihm die Welt: aus seinem Blut wird das Meer, seinem Fleisch die Erde, seinen Knochen die Berge, seinen Zähnen und Knochensplittern die Felsen, seinem Schädel der Himmel, seinen Haaren die Bäume, seinem Gehirn die Wolken und aus seinen Brauen die Welt der Menschen (→ Midgard). – Der Ur-Riese Ymir ist nicht zu verwechseln mit dem Riesen Ymir → Hymir.
13, 28, 21f., 131, **264–267**

Z

Zeitung
Begebenheit, Ereignis; Nachricht (eigentl. „Bericht über ein Ereignis“).

Zier
Schön, kostbar.

Zwerge
In der eddischen Dichtung treten häufig Zwerge auf, über 100 Namen sind (z. T. in Listen) genannt. Sie zeichnen sich durch Weisheit aus (→ Alwis, der „Vielwissende“, → Fiölswidr, „Vielwisser“), vor allem durch Kunstfertigkeit. Fast alle Kleinode der Götter wurden durch sie geschaffen: so Thors Hammer → Miöllnir, Odins Speer → Gungnir, Heimdalls Ring Draupnir, Freyjas Halsband Brisingamen, Freyrs Schiff → Skidbladnir, die Kette Gleipnir des → Fenriswolfs. Sigurd erhält vom Zwergen → Gripir das Schwert → Gram. Zwerge wohnen unter Bergen und Felsen, gelten als Hüter von Schätzen (→ Andwari → Goldschatz/Hort der Niflungen), und es wohnen ihnen magische Kräfte inne. – Einerseits werden sie zu den → Alben gestellt, andererseits gliedert man sie in die Hierarchie der → Asen ein. Über ihre Erschaffung liegen 2 Vorstellungen vor: aus dem Blut des Riesen → Brimir (Lied 1, Str. 9), oder aus dem Fleisch des Ur-Riesen → Ymir. Ihre Herkunft sieht man in Naturgeistern oder in Totendämonen.
14f., 19, 40, 65, 96–102, 129, 180f., 266, **270f.**, **283f.**, 292f., 317f., 324–326

Zu den Abbildungen

Abb. 1: Bro. Kirche I.
1: Groß-Rondell (Durchmesser 68 cm ohne Strahlenkranz),
2: Kleinrondelle (Durchmesser 34 bzw. 35 cm).
Kalksteinplatte, in der SW-Ecke der Kirche eingemauert.
[Gotlands Bildsteine, Bd. I, Tafel 5, Figur 11]

Abb. 2: Klinte Hunninge I.
Monumentaler vorchristlicher Bildstein (Höhe 284 cm, größte Breite 158 cm, Dicke 20 cm), Kalkstein; Entstehung um 700, gefunden um 1860.
Oberes (Kopf-)Feld: Pferd mit kleinem Reiter, einen Schild und einen Speer tragend. Darüber: zwei miteinander kämpfende Krieger. Links ein fast liegender (getöteter?) Mann, rechts eine Frau (mit Horn in der Hand?); darunter ein Hund. Die Szene bedeutet: Einzug eines Verstorbenen in Walhalla. Das Schiff unterhalb der Querborte zeigt 7 Krieger mit Schilden (und Schwertern?). In die Wellen links eingemeißelt: ein rechteckiges Gehege, in dem ein auf dem Boden liegender Mann mit Schlangen kämpft (Gunnar in der Schlangengrube?). Rechts versucht eine Frau, eine Schlange zu ergreifen, links unten scheint eine andere Frau eine Schlange zu bringen. Im größeren Rechteck unten rechts sind 6 Häusergiebel zu sehen, darüber ein Rind und zwei Krieger mit Pfeil und Bogen. Links: ein Mann, vermutlich von einem Pfeil getroffen und im Fallen begriffen. Unter ihm ein bereits getöteter, liegend. Darunter wieder Häusergiebel. – Wahrscheinlich bedeuten die unter dem Schiff dargestellten Szenen die Aufforderung des Gestorbenen (oben, Kopffeld) zur Rache.
[Gotlands. Bildsteine, Bd. 1, Tafel 52, Figur 128]

Abb. 3: Karlsruher Reiter.
Hängescheibe aus einem alemannischen Grab.
[Badisches Landesmuseum Karlsruhe]

Abb. 4: Bildstein von Alskog-Tjängvide I.
Kalksteinplatte ca. 30 × 30 cm, 1844 gefunden. Schauseite beschädigt. Durch Zeichnung rekonstruiert.
Das obere Teilfeld zeigt (u. a.) einen Reiter auf einem achtfüßigen Pferd mit Schwert: Odin auf Sleipnir (→ Register). Vor ihm eine Frau in der Tracht der Wikingerzeit, in der Rechten wohl ein Horn haltend. Der Hund ist vermutlich Odins Begleiter. Über Odin: ein gefallender Krieger. Über diesem: ein Speer. Krieger und Speer weisen auf ein halbrundes Gebäude: Walhall? Über dem Hund: Mann und Frau, die einander zugewandt sind. Das untere Teilfeld zeigt ein großes Schiffsbild. Zwischen rechter Randborte und Schiff verläuft ein Band mit Resten einer Runeninschrift.
[RLGA, Bd. 1, Tafel 18]

Abb. 6: Reiterstein von Hornhausen und Morsleben.
Kalkstein; ursprünglich als Schrankenplatte, später als Grabstein verwendet. Der Reiter (Odin?) ist ein mit Rundschild, Hiebwaffe und Flügellanze bewaffneter Krieger. Die Standlinie: Quetschband, das in einen Schlangenkopf ausläuft. Entstehungszeit: um 700.
[RLGA, Bd. 2, Tafel 48a. Mit freundlicher Genehmigung des Landesamts für archäologische Denkmalpflege Sachsen-Anhalts, Halle]

Abb. 7: Goldbrakteat von Gerete.
Gotland, 6. Jahrhundert.
[RLGA, Bd. 5, Tafel 26a]

Abb. 8: Reiterbild. Bullion, Invergowri, Angus, Schottland.
National Museum of Antiquities of Scotland.
[Gotlands Bildsteine, Bd. I, S. 136, Abb. 262]

Abb. 9: Reiter vom Helm aus Vendel. Grab I.
Preßblech auf einem Helm. Wurm- (Schlangen-) Kampf eines berittenen Helden. Die beiden Vögel: ein Adler (links) und ein Rabe. Die Herstellung von Preßblechen reicht bis in die spätantike Waffenproduktion des 4. Jahrhunderts zurück.
[RLGA, Bd. 2, Abb. 115]

Abb. 10: Stenkyrka Lillbjärs III.
Vorchristlicher Bildstein (Höhe 86 cm, größte Breite 45 cm). Kalkstein, Entstehung um 700.
Reiter mit Helm und großem Schild auf im Schritt gehendem Pferd. In seinem Nacken eine Triangelgruppe, vor ihm eine Hörnergruppe. Rechts (auf dem hervorgehobenen Pferdebein) eine Frauenfigur. Darunter eine männliche Figur mit ausgestreckter Hand. Er steht auf einem Band mit Runeninschriften. Im Schiff sind zwei Männer abgebildet, die je eine Schlote halten. Ganz unten: zwei nach rechts brechende Wellen mit stilisierten Schaumköpfen, die mit der Bandornamentik korrespondieren.
[Gotlands Bildsteine, Bd. I, Tafel 43, Figur 104]

Abb. 11: Bildstein von Lärbro-Store Hammers I (Hildesage/Sigurdsage)
Monumentaler vorchristlicher Bildstein (Höhe 391 cm, größte Breite 162 cm; Dicke 25–30 cm). Kalkstein; Entstehung um 700, entdeckt 1905. Szenenfolge aus der Hildesage (S. 339f.: Högni und Hilde). 1. Feld (von oben): Hildes Gefangennahme und Entführung. 2. Feld: Högni rüstet zum Rachekampf. 3. Feld: detailliert geschilderte Opferszene (Gewinnung der Götter zur Kampfeshilfe). 4. Feld: Landung der Rächer und Vermittlungsversuch durch eine Frauengestalt. 5. Feld: Kampf. – Neuere Untersuchungen ergaben, daß dieses Feld eine Szene aus einer anderen Sage, der Sigurd-Sage, darstellt: Sigurds Tod und der mit dem Hort beladene Grani, der nicht von Sigurd weichen will.
Auf dem Bildstein von Lärbro Tängelgårda I ist in einer ausführlichen Szenenfolge Sigurds Tod geschildert (siehe S. 358).
[RLGA, Bd. 2, Tafel 66. Mit freundlicher Genehmigung des Statens historiska museer, Stockholm]

Abb. 12: Brakteat. Hamburg (Schleswig)
[RLGA, Bd. 3, Tafel 33b. Mit freundlicher Genehmigung von Prof. Dr. Karl Hauck, Münster]

Abb. 13: Emaille, »Escutcheon« mit Wirbelmuster.
[RLGA, Bd. 7, Abb. 68]

Abb. 14: Hablingbo Havor II.
Bildstein; Kalksteinplatte (Höhe 110 cm; größte Breite 100 cm). Diente als Deckstein einer Grabkiste.
2 Längs-, eine Querborte; 1 Rondell (Durchmesser 46 cm).
[Gotlands Bildsteine, Bd. 1, Tafel 11, Figur 23]

Abb. 15: Wotan-Odin aus Torslunda.
Als einäugiger Kriegsgott.
[RLGA, Bd. 5, Abb. 47. Mit freundlicher Genehmigung von Prof. Dr. Karl Hauck, Münster]

Abb. 16: Lärbro Tängelgårda I. (Sigurdsage)
Monumentaler vorchristlicher Bildstein (Höhe 253 cm, größte Breite 144 cm, Dicke: 26 cm). Kalkstein, Entstehung um 700, gefunden 1861.
Die hier geschilderte Szenenfolge mutet wie die nähere Erläuterung des 5. Feldes des Bildsteins von Lärbro-Store Hammers I (siehe S. 260) an: Sigurds Tod und Heimführung nach Walhall. 1. Feld (von oben), halbkreisförmiges Spitzenfeld: Odin, der Schlachtengott und Gott der Toten, wird in Vogelgestalt »zitiert«. Darunter (von links): die Eidesleistung auf den Eber im Haus, die im Wald heimtückisch begangene Ermordung von hinten, das geladene Pferd, das sich nicht von Sigurd trennen will. 2. Feld: Beginn der Jenseitsreise. Rechts das achtbeinige Totenroß Sleipnir (→ Register) Odins; links drei besiegte Krieger mit der Auslieferungs-Gebärde. 3. Feld: triumphale Helden-Einholung in Walhalla. Reiter und Begleiter schwingen je einen Siegerkranz; die Figur links streckt der Gruppe willkommenheißend die Hand entgegen. 4. Feld: großes Schiffsbild (beinahe 100 × 100 cm); 9 Mann Besatzung, unten das Blatt des Steuerruders und sich brechende Wellen.
[Gotlands Bildsteine Bd. I, Tafel 31, Figur 86]

Abb. 17: Codex Regius, 1. Seite (s. S. 360)
[Handschrifteninstitut Reykjavík]

Quellen:

- Reallexikon der Germanischen Altertumskunde. Begr. von Johannes Hoops. 2., völlig neu bearb. u. erw. Aufl. hrsg. v. H. Beck u. a., Berlin/New York 1973 f.
  [= RLGA]
- Gotlands Bildsteine: Gesammelt und untersucht von Gabriel Gustafson und Frederik Nordin. Mit Zeichnungen von Olof Sörling. Photographien von Harald Faith-Ell. Nach erneuter Durchsicht und Ergänzung des Materials herausgegeben von Sune Lundquist.
  Bd. I, Stockholm 1941
  Bd. II, Stockholm 1942.
  [= Gotlands Bildsteine]